新时代新理念职业教育教材·铁道运输类

铁路运输企业管理

主　编　杨建峰

副主编　尹秉鲁

北京交通大学出版社

·北京·

内容简介

本书结合铁路运输企业管理的特点，以综合能力培养为主线，通过学习目标、案例导入、例题解答、案例分析、复习思考题等环节完成本书的内容设置，内容新颖，贴近工作实际。

本书共包含十章内容，首先介绍企业管理基础知识，然后分专题介绍铁路运输企业计划管理、生产管理、质量管理、人力资源管理、财务管理、设备管理、物资管理、营销管理以及管理创新。

本书既注重管理理论的认知，又注重管理技能的培养，让学生树立现代管理的思想观念，掌握管理学基础理论知识，用以提高学生的专业实践技能及创新能力，并能将常用管理学方法应用于铁路运输企业生产经营活动中，实现高职院校工学结合，进行高素质技能型专业人才的培养。

图书在版编目（CIP）数据

铁路运输企业管理/杨建峰主编．—北京：北京交通大学出版社，2019.8（2022.1 重印）
ISBN 978－7－5121－4023－3

Ⅰ．①铁…　Ⅱ．①杨…　Ⅲ．①铁路企业-企业管理-高等职业教育-教材　Ⅳ．①F530.6

中国版本图书馆 CIP 数据核字（2019）第 178849 号

铁路运输企业管理
TIELU YUNSHU QIYE GUANLI

策划编辑：陈跃琴　　责任编辑：陈跃琴
出版发行：北京交通大学出版社　　　　　电话：010－51686414　　http://www.bjtup.com.cn
　　　　　北京市海淀区高梁桥斜街 44 号　邮编：100044
印 刷 者：北京时代华都印刷有限公司
经　　销：全国新华书店
开　　本：185 mm×260 mm　　印张：15.75　　字数：405 千字
版 印 次：2019 年 8 月第 1 版　　2022 年 1 月第 3 次印刷
印　　数：5 001~7 500 册　　定价：48.00 元

本书如有质量问题，请向北京交通大学出版社质监组反映。对您的意见和批评，我们表示欢迎和感谢。
投诉电话：010－51686043，51686008；传真：010－62225406；E-mail：press@ bjtu.edu.cn。

序　言

改革开放以来，我国铁路事业取得了辉煌的成就，对国家经济和社会发展作出了积极贡献。截至 2018 年年底，中国铁路运营里程首次突破 13 万 km，高铁运营里程达 2.9 万 km，占世界高铁总里程的 2/3。在祖国广袤的大地上，铁路网密布，高铁飞驰，目前我国已建成世界上最现代化的铁路网和最发达的高铁网，铁路服务经济社会发展的保障能力显著增强，国家铁路年旅客发送量增长到 33.17 亿人，货物年发送量增长到 31.9 亿 t，我国铁路完成的旅客周转量、货物发送量、货物周转量均居世界第一位。此外，我国已由过去运能严重不足的瓶颈制约型运输发展为运能紧张基本缓解的逐步适应型运输，铁路科技创新取得重大突破，总体技术水平迈入世界先进行列，部分达到世界领先水平，铁路运输企业的发展动力和经营活力大幅提升，我国铁路的国际影响力和竞争力显著提升。

近几年，中国铁路迎来铁路发展史上的最大变革，也是影响最深远的改革。2013 年铁道部被撤销，中国铁路总公司和国家铁路局成立，铁路系统迈出改革第一步，完成"政企分开"。2017 年，中国铁路总公司国铁企业公司制改革取得重大进展，18 个铁路局改制为集团有限公司，总公司机关组织机构改革顺利完成。2019 年 6 月，中国铁路总公司更名为中国国家铁路集团有限公司，标志着铁路公司制改革最后一步完成。公司制改革要求铁路运输企业实行现代企业管理制度，铁路运输企业的管理应该适应公司制改革的要求，进一步提高铁路运输企业人才的质量。

本书根据铁路运输企业改革和发展的要求编写，基本编写思路如下：传统管理突出生产管理、质量管理的重要性。本书在重视生产管理、质量管理的基础上，突出人、财、物、营销的管理，与当前和未来铁路发展的方向相适应。教材内容既注重管理理论的认知，又注重管理技能的培养，目的是让学生树立现代管理的思想观念，掌握管理学基础理论知识，用以提高学生的专业实践技能及创新能力，并能将常用管理学方法应用于铁路运输企业生产经营活动中，实现高职院校工学结合，以完成高素质技能型专业人才的培养。

本书从铁路运输企业改革的实际情况出发，突出实践性、应用性和先进性，聘请具有多年从业经验的现场管理人员参与并指导本书编写。本书主要适用于高职高专类专业教学，也可用作铁路职业教育、职工培训用书，还可作为普及铁路管理知识的科普图书。

本书由包头铁道职业技术学院杨建峰担任主编，尹秉鲁担任副主编。各章的编写人员分别是：包头铁道职业技术学院尹秉鲁编写第一章、第二章，杨建峰编写第三章、第八章，张茹编写第四章，白旸昱编写第五章，孔荣编写第六章，肖延午编写第九章，胡满满编写第十章；中国铁路呼和浩特局集团有限公司包头站杨磊编写第七章。

由于编写时间仓促，编者水平有限，书中不妥之处在所难免，恳请广大读者批评指正。

编　者

2019 年 6 月

目　　录

第 一 章

企业管理概述

（1）理解和掌握管理理论的三个发展阶段，了解企业的分类。

（2）掌握现代企业制度的内容，掌握现代企业制度与传统企业制度的区别。

（3）了解我国铁路发展的历程。

（4）理解铁路运输企业管理一般原理。

案例导入

《孙子兵法》不仅是我国现存最早的兵书，也是世界上最古的兵书，在国际上享有很高的声誉，它不仅对世界军事思想产生了重大的影响，还被推广运用于社会的各个领域，尤其在企业经营管理中得到了广泛的运用。孙子是世界上第一个形成战略思想的伟大人物，他在著作中对谋略问题着墨尤其多。孙子的主要管理思想如下：

第一，战略思想。孙子强调要在战前对事关全局的战略进行部署和谋划，综合考虑多种因素，按照战争中各个方面、各个阶段的关系来决定军事力量的准备和运用。孙子提倡"上兵伐谋"。计谋的主要内容是五事：道、天、地、将、法；共有七计：主孰有道，将孰有能，天地孰得，法令孰行，兵众孰强，士卒孰练，赏罚孰明。谋略需要"知己知彼"，孙子强调只有通过各种方法获得敌方的信息，才能明白对方的意图，从而采取有针对性的措施，达到"保护自己，打击敌人"的目的。

第二，人才管理思想。孙子说："故善战者，求之于势，不责于人，故能择人而任势。""择人"者，善于量才用人也；"任势"者，善于造势和利用形势也。所谓"择人而任势"，就是要求军事指挥员应重视选用人才、利用形势，以战胜敌人。从"择人"方面而言，兵战固然是军事实力的较量，但更重要的是人才竞争。在战争中，谁拥有人才，谁就会掌握战争的主动权，谁就有赢得战争胜利的可能。因此，挑选将领是决定战争胜败的关键。什么人能当将领？孙子的标准是："将者，智、信、仁、勇、严也。"

思考：《孙子兵法》中有哪些企业管理之道？

第一节　管理理论的产生与发展

管理，自古有之，凡是有人类活动的地方就存在管理。在长期的管理实践中，由于社会化生产的发展需要，管理思想逐渐形成系统的管理理论。十四五世纪，欧洲出现了资本主义萌芽，到 18 世纪末期，英国与其他资本主义国家相继发生了产业革命，随着生产力的不断发展，管理思想和管理理论已经发展成为比较完整的学科体系。管理理论的发展大致经历了传统管理阶段、科学管理阶段和现代管理阶段三个阶段。

一、传统管理阶段

18 世纪到 19 世纪的工业革命，是资本主义的机器大工业代替以手工技术为基础的工厂手工业的一场重大变革。工业革命既是生产技术的革命，也是生产关系的革命，其标志是以机器大生产为代表的现代意义上的工厂在资本主义国家大量出现。而工厂制度的发展，促使人们对管理普遍关注，从而促进了管理思想的新发展和管理理论的产生。这一时期的主要代表人物有亚当·斯密、罗伯特·欧文、查尔斯·巴贝奇。

（一）亚当·斯密

亚当·斯密是经济学的主要创立者，他的经济思想体系结构严密，主要观点如下。

1. 分工理论

亚当·斯密认为，社会分工可以极大地提高劳动生产率，每个人都应专门从事他最有优势的产品生产，然后彼此进行交换，这对每个人都有利。这种适用于一国内部不同个人或家庭之间的分工原则，也适用于各国公司。

他以制针业为例来进行说明："如果他们各自独立工作，不专习一种特殊业务，那么他们不论是谁，绝对不能一日制造二十枚针，说不定一天连一枚针也制造不出来。他们不但不能制出今日由适当分工合作而制成的数量的二百四十分之一，就连这数量的四千八百分之一，恐怕也制造不出来。"

分工能促进劳动生产力发展的原因有三：第一，劳动者的技巧因专业而日进；第二，由一种工作转到另一种工作，通常需损失不少时间，有了分工，就可以免除这种损失；第三，许多简化劳动和提高劳动效率的机械发明，只有在分工的基础上方有可能。

2. 经济人

经济人又称作"经济人假设"，即假定人的一切行为都是为了最大限度地满足自己的利益，工作是为了获得经济报酬，这也常用作经济学和某些心理学分析的基本假设。"经济人假设"来自亚当·斯密《国富论》中的一段话："我们每天所需要的食物和饮料，不是出自屠户、酿酒家和面包师的恩惠，而是出于他们自利的打算。"

（二）罗伯特·欧文

罗伯特·欧文是威尔士空想社会主义者，也是一位实业家、慈善家，现代人事管理之父，人本管理的先驱。

欧文对管理学的贡献是：摒弃了过去那种把工人当作工具的做法，着力改善工人劳动条件，例如提高童工参加劳动的最低年龄、缩短雇员的劳动时间、为雇员提供厂内膳食、设立按成本向雇员出售生活必需品的模式，从而改善当地整个社会状况。

欧文的哲理是："良好的人从事管理会给雇主带来收益，因而这是每个主管人员的一项重要工作。"欧文在给其属下的一个指示中宣称："你们中有许多人从长期的生产经营中体验到了结构坚固而且设计精致、制造完美的机器的好处。如果说，对无生命的机器给予细心照顾尚能产生有利的效果，那么如果你们以同样的精力去关心构造比无生命的机器奇妙得多的有生命的机器，那么还会有什么事办不成呢？"

（三）查尔斯·巴贝奇

查尔斯·巴贝奇是一名英国发明家，科学管理的先驱者。查尔斯·巴贝奇进一步发展了亚当·斯密关于劳动分工的利益的思想，分析了分工能提高劳动生产率的原因。他提出了一种"观察制造业的方法"，这种方法同后人提出的"作业研究的、科学的、系统的方法"非常相似。观察者用查尔斯·巴贝奇的这种方法对制造业进行观察时，会用到一种印好的标准提问表，表中的项目有：生产所用的材料，正常的耗费、费用、工具、价格，最终市场，工人、工资、需要的技术，工作周期的长度等。

二、科学管理阶段

（一）泰勒的科学管理思想

泰勒科学管理思想产生于 19 世纪末 20 世纪初。泰勒是科学管理的创始人，在资本主义管理史上被称为"科学管理之父"，反映他的科学管理思想的主要著作有《计件工资制》《车间管理》《科学管理原则》等。泰勒的管理思想内容可概括为以下几个方面。

1. 提高效率

泰勒认为，要制造出有科学依据的工人的"合理的日工作量"，就必须进行工时和动作研究。方法是选择技术熟练的工人，把他们的每一项动作、每一道工序所使用的时间记录下来，加上必要的休息时间和其他延误时间，就得出完成该项工作所需要的总时间，据此定出一个工人"合理的日工作量"。为了提高劳动生产率，必须为工作挑选"第一流的工人"。所谓第一流的工人，泰勒认为"每一种类型的工人都能找到某些工作，使他成为第一流的，除了那些完全能做好这项工作而不愿去做的人。"在制定工作定额时，泰勒是以"第一流的工人在不损害其健康的情况下维护较长年限的速度"为标准的。这种速度不是以突击活动或持续紧张为基础，而是以工人能长期维持正常速度为基础。管理当局的责任在于为雇员找到最合适的工作，培训他成为第一流的工人，激励他尽最大的努力来工作。

2. 劳动方法标准化

劳动方法标准化就是把工人多年积累起来的知识和技艺进行收集、记录、整理，加以研究，归纳成规律、规则，并对工人的劳动操作与劳动时间进行实验研究，建立起科学的作业方法，以代替过去凭各个工人的经验进行作业的方法。具体做法是：采用时间研究和动作研究的方法，制定出标准的作业方法，实行作业所需的各种工具和作业环境的标准化，按照标准的作业方法和合理的组织与安排，确定工人一天必须完成的标准的工作量。差别计件工资制度就是确定两种不同的工资率，对完成和超额完成工作定额的工人，以较高的工资率计件支付工资；对完不成工作定额的工人，则以较低的工资率支付工资，甚至使他们得不到基本的日工资。

3. 管理职能专业化

一方面，泰勒主张明确划分计划职能与执行职能，由专门的计划部门来从事调查研究，为定额和操作方法提供科学依据，制定科学的定额和标准化的操作方法及工具，拟定计划并发布指示和命令，比较"标准"和"实际情况"，进行有效的控制工作。至于现场的工人，则按照计划部门制定的操作方法和指示，使用规定的标准工具，从事实际的操作，不得自行改变，即计划职能同执行职能分开。

另一方面，泰勒主张实行职能管理，将管理的工作予以细分，使所有的管理者只承担一种职能。他设计出八个职能工长，代替原来的一个职能工长，其中四个在计划部门，四个在车间，每个职能工长负责某一方面的工作，在其职能范围内可以直接向工人发出命令。后来的事实表明，一个工人同时接受几个职能工长的多头领导，容易引起混乱，所以"职能工长制"没有得到推广。但泰勒的这种职能管理思想为以后职能部门建立和管理的专业化提供了参考。

(二) 法约尔的科学管理思想

法约尔与泰勒一样同属于管理学派，泰勒的管理理论侧重于在工厂中提高劳动生产率，而法约尔则侧重于高层管理理论，他们的理论互为补充。法约尔认为，管理就是计划、组织、指挥、协调、控制，并对这 5 个要素进行了分析。

1. 计划

法约尔认为，要想制订一个好的行动计划，必须有一个精明的、有经验的领导。领导必须具有管理人的艺术、积极性、勇气、专业能力、处理事务的一般知识。缺乏计划或计划不好，是领导没有能力的标志，因为计划即预见，是管理的首要因素，具有普遍的适用性，而且是一切组织活动的基础。

2. 组织

组织分为物质组织与社会组织，法约尔所论及的仅是社会组织，用于为企业经营提供所有必要的原料、设备、资金、人员。

3. 指挥

指挥即让社会组织发挥作用，是一种以某些个人品质和对一般管理原则的了解为基础的艺术。

4. 协调

协调指的是，企业的一切工作都要和谐地配合，以便于企业经营的顺利进行，并有利于企业取得成功。应使各职能的社会组织机构和物质组织机构之间保持一定比例，在工作中做到先后有序、有条不紊。

5. 控制

控制就是要证实一下各项工作是否都与已订计划相符合，是否有缺点和错误，以便加以纠正并避免重犯。对物、对人、对行动都可以进行控制。控制涉及企业的一切方面，包括商业方面、技术方面、财政方面、安全方面和会计方面。

三、现代管理阶段

现代管理阶段主要指行为科学学派及管理理论丛林阶段。

(一) 行为科学学派阶段

行为科学学派阶段主要研究个体行为、团体行为与组织行为，重视研究人的心理、行为等对高效率地实现组织目标的影响。行为科学的主要成果有梅奥的人际关系理论、马斯洛的需求层次理论、赫茨伯格的双因素理论、麦格雷戈的"X 理论-Y 理论"等。

（二）管理理论丛林阶段

随着行为科学学派得到长足发展，许多管理学者都从各自不同的角度发表自己对管理学的见解。这其中主要的代表学派有：管理过程学派、管理科学学派、社会系统学派、决策理论学派、系统理论学派、经验主义学派、经理角色学派和权变理论学派等。这些管理学派研究方法众多，各个学派都有自己的代表人物，都有自己的用词意义，以及所主张的理论、概念和方法，孔茨称其为管理理论丛林。

1. 管理过程学派

管理过程学派又称管理职能学派，是美国加利福尼亚大学的教授哈罗德·孔茨和西里尔·奥唐奈里奇提出的。管理过程学派认为，无论组织的性质和组织所处的环境有多么不同，但管理人员的管理职能却是相同的，都计划、组织、人事、领导和控制五项职能，而协调是管理的本质。孔茨利用这些管理职能对管理理论进行分析、研究和阐述，最终建立起管理过程学派。孔茨继承了法约尔的理论，并把法约尔的理论更加系统化、条理化，使管理过程学派成为管理各学派中最具有影响力的学派。

2. 管理科学学派

管理科学学派的管理科学理论是，以系统的观点，运用数学、统计学的方法和计算机技术，为管理决策提供科学依据，通过计划和控制来解决企业中生产与经营问题。该理论是对泰勒科学管理理论的继承和发展，其主要目标是探寻最有效的工作方法或最优方案，以最短的时间、最少的支出取得最大的效果。

3. 社会系统学派

社会系统学派是从社会学的角度来分析各种组织。它的特点是将组织看作是一种社会系统，是一种人的相互关系的协作体系。它是社会大系统中的一部分，受到社会环境各方面因素的影响。美国的切斯特·巴纳德是这一学派的创始人，他的著作《经理的职能》对该学派有很大的影响。

4. 决策理论学派

决策理论学派是在"二战"之后，吸收了行为科学、系统理论、运筹学和计算机等学科的内容发展起来的，代表人物为西蒙。西蒙是美国管理学家、计算机学家和心理学家，是决策理论学派的主要代表人物。

决策理论学派认为：管理过程就是决策的过程，管理的核心就是决策。西蒙强调决策职能在管理中的重要地位，以有限理性的人代替有绝对理性的人，用"满意原则"代替"最优原则"。

5. 系统理论学派

系统理论学派是指将企业作为一个有机整体，把各项管理业务看成相互联系的网络的一种管理学派。该学派重视对组织结构和模式的分析，应用一般系统理论的范畴、原理，全面分析和研究企业和其他组织的管理活动和管理过程，并建立起系统模型以便于分析。

系统理论学派的重要代表人物是弗里蒙特·卡斯特。卡斯特是美国系统管理理论的重要代表人物，著名的管理学家，主要著作有《系统理论与管理》《组织与管理：系统与权变方法》等。

6. 经验主义学派

经验主义学派又称为经理主义学派，以向大企业的经理提供管理当代企业的经验和科学方法为目标。它重点分析成功管理者的实际管理经验，并加以概括、总结，找出他们成功经验中具有的共性东西，然后使之系统化、合理化，并据此向管理人员提供实际建议。其中的代表人物有彼得·德鲁克、欧内斯特·戴尔等。

7. 经理角色学派

经理角色学派是以对经理所担任角色的分析为中心来考虑经理的职务和工作的。该学派认为，针对经理工作的特点及其所担任的角色等问题，有针对性地采取各种措施，将有助于提高经理的工作成效。经理角色学派的代表人物是亨利·明茨伯格。

8. 权变理论学派

权变理论学派认为，企业管理方法要根据企业所处的内、外部环境条件随机应变，没有一成不变、普遍适用的"最好的"管理理论和方法。企业管理层要根据企业所处的内部环境和外部环境来决定其管理手段和管理方法，即要按照不同的情景、不同的企业类型、不同的目标和价值，采取不同的管理手段和管理方法。其代表人物卢桑斯在1976年出版的《管理导论：一种权变学》是系统论述权变管理的代表性著作。

第二节　企业与企业制度

一、企业

(一) 企业的概念

企业是指以营利为目的，运用各种生产要素（土地、劳动力、资本、技术和企业家才能等），向市场提供商品或服务，实行自主经营、自负盈亏、独立核算的法人或其他社会经济组织。

(二) 企业的分类

根据《宪法》和有关法律规定，我国目前有国有经济、集体所有制经济、私营经济、股份制经济、联营经济、涉外经济等经济类型，相应地我国企业立法的模式也是按经济类型来安排，从而形成了按经济类型来确定企业法定种类的特殊情况。这里介绍几种企业类型。

1. 国有企业

这是指企业的全部财产属于国家，由国家出资兴办的企业。国有企业的范围包括中央和地方各级国家机关、事业单位和社会团体使用国有资产投资所举办的企业，也包括实行企业化经营、国家不再核拨经费或核发部分经费的事业单位及从事生产经营性活动的社会团体，还包括上述企业、事业单位、社会团体使用国有资产投资所举办的企业。

2. 集体所有制企业

这是指一定范围内的劳动群众出资举办的企业。它包括城乡劳动者使用集体资本投资兴办的企业，以及部分个人通过集资自愿放弃所有权并依法经工商行政管理机关认定为集体所有制的企业。

3. 私营企业

私营企业是指由自然人投资设立或由自然人控股，以雇佣劳动为基础的营利性经济组织。即企业的资产属于私人所有，有法定数额以上的雇工的营利性经济组织。在我国，这类企业由公民个人出资兴办，并由其所有和支配，而且其生产经营方式是以雇佣劳动为基础，雇工数额应在 8 人以上。这类企业原以经营第三产业为主，现已涉足第一、第二产业，向科技型、生产型、外向型方向发展。

4. 股份制企业

企业的财产由两个或两个以上的出资者共同出资，并以股份形式而构成的企业。我国的股份制企业主要是指股份有限公司和有限责任公司（包括国有独资公司）两种组织形式。股份有限公司，由 2 人以上 200 人以下的发起人组成，公司全部资本为等额股份，股东以其所持股份为限对公司承担责任。有限责任公司，由 50 个以下的股东出资设立，每个股东以其所认缴的出资额对公司承担有限责任，公司法人以其全部资产对公司债务承担全部责任的经济组织。

某些国有、集体、私营等经济组织虽以股份制形式经营，但未按公司法有关既定改制规范的，未以股份有限公司或有限责任公司登记注册的，仍按原所有制经济性质划归其经济类型。

5. 有限合伙企业

有限合伙企业由普通合伙人和有限合伙人组成，普通合伙人对合伙企业债务承担无限连带责任，有限合伙人以其认缴的出资额为限对合伙企业债务承担有限责任。有限合伙企业适用于风险投资基金、公司股权激励平台（员工持股平台）等。

6. 联营企业

这是指企业之间或者企业、事业单位之间联营，组成新的经济实体。具备法人条件的联营企业，独立承担民事责任；不具备法人条件的联营企业，由联营各方按照出资比例或者协议的约定，以各自所有的或者经营管理的财产承担民事责任。如果按照法律规定或者协议的约定负连带责任的，则要承担连带责任。

7. 外商投资企业

这类企业包括中外合营者在中国境内经过中国政府批准成立的，中外合营者共同投资、共同经营、共享利润、共担风险的中外合资经营企业；也包括由外国企业、其他经济组织按照平等互利的原则，按我国法律以合作协议约定双方权利和义务，经中国有关机关批准而设立的中外合作经营企业；还包括依照中国法律在中国境内设立的，全部资本由外国企业、其他经济组织或个人单独投资、独立经营、自负盈亏的外资企业。

8. 个人独资企业

这类企业指的是个人出资经营、归个人所有和控制、由个人承担经营风险和享有全部经营收益的企业。投资人以其个人财产对企业债务承担无限责任。个人独资企业适用于个人小规模的小作坊、小饭店等，常见于对名称有特殊要求的企业。

9. 港、澳、台资企业

这是指港、澳、台投资者依照中华人民共和国有关涉外经济法律、法规的规定，以合资、合作或独资形式在大陆举办的企业。在法律适用上，均以中华人民共和国涉外经济法律、法规为依据，在经济类型上它是不同于涉外投资的经济类型。

10. 股份合作企业

这是指一种以资本联合和劳动联合相结合作为其成立、运作基础的经济组织，它把资本与劳动力这两个生产力的基本要素有效地结合起来，具有股份制企业与合作制企业优点的新兴的企业组织形式。

二、企业制度

企业是在一定的财产关系基础上形成的，企业的行为倾向与企业产权结构之间有着某种对应关系，企业在市场上所进行的物品或服务的交换实质上也是产权的交易。因此了解企业制度，必须从产权这一概念入手。

（一）产权的概念与经济功能

1. 产权的概念

产权是财产权利的简称，指财产所有权以及与财产所有权有关的财产权利。产权的基本内涵包含所有权、占有权、使用权、收益权和处分权等，是涵盖一组权利的整体，从这个意义上讲，产权的总和相当于所有权的概念。但是，产权和所有权并不是对等的关系。在所有权的内在权能发生分离的情况下，所有权只是产权的一种，而不是唯一的表现形式，产权代表着与产权客体处置有关的一组财产权利。在这组财产权利中，所有权处于核心地位，其他一切财产权利都是从所有权中派生出来的。

2. 产权的经济功能

1) 保障产权主体的合法权益

产权具有排他性，产权所有者的权益受法律的保护，他人不得侵犯。产权的这种功能是维护社会的所有制与生产关系、稳定社会经济结构的重要法权支柱和基础。

2) 有利于资源的优化配置

产权具有可让渡性和可分性。任何一项交易活动实质上就是不同产权之间的交易，明确界定的产权可以提供一种对经济行为的规范或约束。

3) 为规范市场交易行为提供制度基础

产权强调的是规则或行为规范，它规定了财产的存在及其使用过程中不同权利主体的行为权利界限和约束关系。产权关系的复杂化和明晰化乃是市场经济的重要特征，也是其顺利运行的法权基础。

（二）企业制度的分类

企业制度是企业产权制度、企业组织形式和经营管理制度的总和。企业制度的核心是产权制度，企业组织形式和经营管理制度是以产权制度为基础的，三者分别构成企业制度的不同层次。企业制度是一个动态的范畴，它是随着商品经济的发展而不断创新和演进的。从企业发展的历史来看，具有代表性的企业制度有以下三种。

1. 业主制

这一企业制度的物质载体是小规模的企业组织，即通常所说的独资企业。在业主制企业中，出资人既是财产的唯一所有者，又是经营者。企业主可以按照自己的意志经营，并独自获得全部经营收益。这种企业一般规模小，经营灵活。正是这些优点，使得业主制这一古老的企业制度一直延续至今。但业主制也有其缺陷，如资本来源有限，企业发展受限制；企业主要对企业的全部债务承担无限责任，经营风险大；企业的存在与解散完全取决于企业主，企业存续期限短等。因此，业主制难以适应社会化商品经济发展和企业规模不断扩大的要求。

2. 合伙制

这是一种由两个或两个以上的人共同投资，并分享剩余、共同监督和管理的企业制度。合伙企业具有以下特点：

① 资本由合伙人共同筹集，扩大了资金来源；

② 合伙人共同对企业承担无限责任，可以分散投资风险；

③ 合伙人共同管理企业，有助于提高决策能力；

④ 合伙人在经营决策上也容易产生意见分歧，合伙人之间可能出现偷懒的道德风险。

所以，合伙制企业一般都局限于较小的合伙范围，以小规模企业居多。

3. 公司制

现代公司制企业的主要形式是有限责任公司和股份有限公司。公司制的特点是：

① 公司的资本来源广泛，使大规模生产成为可能；

② 出资人对公司只负有限责任，投资风险相对降低；

③ 公司拥有独立的法人财产权，保证了企业决策的独立性、连续性和完整性；

④ 所有权与经营权相分离，为科学管理奠定了基础。

（三）现代企业制度

现代企业制度是指以完善的企业法人制度为基础，以有限责任制度为保证，以公司企业为主要形式，以产权清晰、权责明确、政企分开、管理科学为条件的新型企业制度，其主要内容包括：企业法人制度、企业自负盈亏制度、出资者有限责任制度、科学的领导体制与组织管理制度。

1. 现代企业制度的基本特征

从企业制度演变的过程看，现代企业制度是指适应现代社会化大生产和市场经济体制要求的一种企业制度，也是具有中国特色的一种企业制度。党的十四届三中全会把现代企业制度的基本特征概括为"产权清晰、权责明确、政企分开、管理科学"十六个字。1999年9月党的十五届四中全会再次强调要建立和完善现代企业制度，并重申了对现代企业制度基本特征"十六字"的总体要求。

1）产权清晰

所谓"产权清晰"，主要有两层含义：

第一，有具体的部门和机构代表国家对某些国有资产行使占有、使用、处置和收益等权利；

第二，国有资产的边界要"清晰"，也就是通常所说的"摸清家底"。首先要搞清实物形态国有资产的边界，如机器设备、厂房等；其次要搞清国有资产的价值和权利边界，包括实物资产和金融资产的价值量、国有资产的权利形态（股权或债权，占有、使用、处置和收益权的分布等）、总资产减去债务后净资产数量等。

2）权责明确

"权责明确"是指合理区分和确定企业所有者、经营者和劳动者各自的权利和责任。所有者、经营者、劳动者在企业中的地位和作用是不同的，因此他们的权利和责任也是不同的。

权利是指所有者按其出资额，享有资产受益、重大决策和选择管理者的权利，企业破产时则对企业债务承担相应的有限责任。企业在其存续期间，对由各个投资者投资形成的企业法人财产拥有占有、使用、处置和收益的权利，并以企业全部法人财产对其债务承担责任。

经营者受所有者的委托在一定时期和范围内拥有经营企业资产及其他生产要素并获取相应收益的权利。劳动者按照与企业的合约拥有就业和获取相应收益的权利。

责任是与上述权利相对应的。严格意义上说，责任也包含了通常所说的承担风险的内容。要做到"权责明确"，除了明确界定所有者、经营者、劳动者及其他企业利益相关者各自的权利和责任外，还必须使权利和责任相对应或相平衡。此外，在所有者、经营者、劳动者及其他利益相关者之间，应当建立起相互依赖又相互制衡的机制，这是因为他们之间是不同的利益主体，既有共同利益的一面，也有不同乃至冲突的一面。相互制衡就要求明确彼此的权利、责任和义务，要求相互监督。

3）政企分开

"政企分开"的基本含义是政府行政管理职能、宏观和行业管理职能与企业经营职能分开，主要有以下两方面的含义：

第一，政企分开要求政府将原来与政府职能合一的企业经营职能分开后还给企业，改革以来进行的"放权让利""扩大企业自主权"等就是为了解决这个问题；

第二，政企分开还要求企业将原来承担的社会职能分离后交还给政府和社会，如住房、医疗、养老、社区服务等。

应注意的是，政府作为国有资本所有者对其拥有股份的企业行使所有者职能是理所当然的，不能因为强调"政企分开"而改变这一点。当然，问题的关键还在于政府如何才能正确地行使而不是滥用其拥有的所有权。

4）管理科学

"管理科学"是一个含义宽泛的概念，有以下两层含义：

① 从较宽的意义上说，"管理科学"包括了企业组织合理化的含义；

② 从较窄的意义上说，"管理科学"要求企业管理的各个方面，如质量管理、生产管理、供应管理、销售管理、研究开发管理、人事管理等方面的科学化。

管理致力于调动人的积极性、创造性，其核心是激励、约束机制。要使"管理科学"，当然要学习、创造，引入先进的管理方式，包括国际上先进的管理方式。对于管理是否科学，虽然可以从企业所采取的具体管理方式的"先进性"上来判断，但最终还要从管理的经济效率上，即管理成本和管理收益的比较上做出评判。

2. 现代企业制度的主要内容

在较为具体的层面，现代企业制度主要包括以下内容：

① 企业资产具有明确的实物边界和价值边界，具有确定的政府机构代表国家行使所有者职能，切实承担起相应的出资者责任；

② 企业通常实行公司制度，即有限责任公司和股份有限公司制度，按照《公司法》的要求，形成由股东代表大会、董事会、监事会和高级经理人员组成的相互依赖又相互制衡的公司治理结构，并有效运转；

③ 企业以生产经营为主要职能，有明确的盈利目标，各级管理人员和一般职工按经营业绩和劳动贡献获取收益，住房分配、养老、医疗及其他福利事业由市场、社会或政府机构承担；

④ 企业具有合理的组织结构，在生产、供销、财务、研究开发、质量控制、劳动人事等方面形成了行之有效的企业内部管理制度和机制；

⑤ 企业有着刚性的预算约束和合理的财务结构，可以通过收购、兼并、联合等方式谋

求企业的扩展，在经营不善难以为继时，可通过破产、被兼并等方式寻求资产和其他生产要素的再配置。

3. 现代企业制度与传统企业制度的区别

现代企业制度与传统的国有企业制度不同，与改革开放以来形成的过渡性企业制度也不同。这种不同绝不是形式上的、次要方面的，而是实质性的、主要方面的，表现在以下5个方面：

① 通过建立和完善现代企业制度，国家依其出资额承担有限责任，企业依法支配其法人财产，从而改变以往政企不分、政府直接经营管理企业、承担无限责任、企业则全面依赖于政府的状况；

② 企业内部建立起由股东大会、董事会、监事会、经理层构成的相互依赖又相互制衡的治理结构，党组织在贯彻党的路线、方针、政策上发挥监督、保证作用，从而改变以往企业领导体制上权利不明、责任不清、要么"一元化"领导，缺少监督制约，要么相互扯皮摩擦、内耗过大的状况；

③ 企业以生产经营为主要职责，有明确的盈利目标，改变职工全面依赖企业、企业对职工承担无限责任的状况；

④ 企业按照市场竞争的要求，形成适宜的企业组织形式和科学的内部管理制度，从而改变以往作为政府行政体系附属物、大而全、小而全、内部管理落后的状况；

⑤ 企业各种生产要素有足够的开放性和流动性，与外部的资本市场、经营者市场、劳动力市场及其他生产要素市场相配合，通过资产的收购、兼并、联合、破产，通过经营者的选择和再选择，通过劳动者的合理流动，使企业结构得以优化，竞争力得到有效提高，从而改变以往生产要素条块分割、封闭呆滞，优不胜、劣不汰，行政性重复建设严重的状况。

第三节 铁路运输企业概述

一、新中国铁路发展历程

1949 年，中国人民革命军事委员会铁道部（"军委铁道部"）成立；1949 年 10 月 1 日，中华人民共和国成立后，军委铁道部改组为中央人民政府铁道部，受中央人民政府政务院领导，作为国家政府机构对全国铁路实行归口管理。

1954 年，中央人民政府铁道部改为中华人民共和国铁道部；1967 年 6 月，铁路由铁道部军事管制委员会领导；1970 年 7 月，铁道部与交通部、邮电部所属邮政部分合并，成立新的交通部；1975 年 1 月，铁道、交通两部分设，恢复成立铁道部。

1994 年，国务院办公厅印发的《铁道部职能配置、内设机构和人员编制方案》中明确指出：铁道部兼负政府和企业双重职能。1998 年机构改革时，国务院办公厅印发的《铁道部职能配置、内设机构和人员编制规定》中指出：铁道部实行政企分开，根据行业特点和当前实际，通过改革界定政府管理职能、社会管理职能、企业管理职能、并逐步分离。

2008 年，根据《国务院关于机构设置通知》，经中华人民共和国第十一届全国人民代表大会审议批准的国务院机构改革方案中确定保留铁道部。2009 年 3 月 2 日，国务院办公厅印发《铁道部主要职责、内设机构和人员编制规定》。

2013 年 3 月 14 日，全国人大审议通过了《国务院机构改革和职能转变方案》。铁道部被撤销，实行铁路政企分开。铁道部拟订铁路发展规划和政策的行政职责划入交通运输部。

同时将铁道部相关资产、负债和人员划入中国铁路总公司，将铁道部对所属 18 个铁路局（含广州铁路集团公司、青藏铁路公司）、3 个专业运输公司及其他企业的权益作为中国铁路总公司的国有资本。中国铁路总公司的国有资产收益，应按照国家有关法律法规和有关规定执行，历史债务问题没有解决前，国家对公司暂不征收国有资产收益。在保证有关企业合法权益和自身发展需要的前提下，公司可集中部分国有资产收益，由公司用于再投入和结构调整。

建立铁路公益性运输补贴机制。对于铁路承担的学生、伤残军人、涉农物资等公益性运输任务，以及青藏线、南疆线等有关公益性铁路的经营亏损，研究建立铁路公益性运输补贴机制，研究采取财政补贴等方式，对铁路公益性运输亏损给予适当补偿。

二、中国铁路总公司

中国铁路总公司以铁路客货运输服务为主业，实行多元化经营。中国铁路总公司成立时有 20 个内设机构，下设 18 个铁路局、3 个专业运输公司等企业。

中国铁路总公司是经国务院批准，依据《中华人民共和国全民所有制工业企业法》设立，由中央管理的国有独资企业，由财政部代表国务院履行出资人职责，交通运输部、国家铁路局依法对公司进行行业监管。

中国铁路总公司以铁路客货运输服务为主业，实行多元化经营，主要功能如下：

① 负责铁路运输统一调度指挥，负责国家铁路客货运输经营管理，承担国家规定的公益性运输，保证关系国计民生的重点运输和特运、专运、抢险救灾运输等任务；

② 负责拟订铁路投资建设计划，提出国家铁路网建设和筹资方案建议；

③ 负责建设项目前期工作，管理建设项目；

④ 负责国家铁路运输安全，承担铁路安全生产主体责任。

中国铁路总公司的领导班子由中央管理；公司实行总经理负责制，总经理为公司法定代表人。中国铁路总公司为国家授权投资机构和国家控股公司，财务关系在财政部单列，并依照国家有关法律和行政法规，开展各类投资经营业务，承担国有资产保值增值责任，建立健全公司的财务会计制度。

中国铁路总公司组建后，继续享有国家对原铁道部的税收优惠政策，国务院及有关部门、地方政府对铁路实行的原有优惠政策继续执行，继续明确铁路建设债券为政府支持债券。对企业设立和重组改制过程中涉及的各项税费政策，按国家规定执行，不增加铁路改革成本。

中国铁路总公司继承原以铁道部名义签订的债权债务等经济合同、民事合同、协议等权利和义务；承继原铁道部及国家铁路系统拥有的无形资产、知识产权、品牌、商标等权益，统一管理使用。妥善解决原铁道部及下属企业负债，国家原有的相关支持政策不变，在中央政府统筹协调下，综合采取各项措施加以妥善处理，由财政部会同国家有关部门研究提出具体处理方式。

中国铁路总公司组建后的主要工作如下：

① 加强铁路运输调度集中统一指挥，维护良好运输秩序，保证重点运输、公益性运输，确保铁路运输安全和职工队伍稳定；

② 有序推进铁路建设，按期完成规划建设任务；

③ 根据国家产业政策，完善路网结构，优化运输组织，强化安全管理，提升服务质量，提高运输效率和效益，不断增强市场竞争力；

④ 继续深化铁路企业改革，按照建立现代企业制度的要求，推进体制机制创新，逐步建立完善的公司法人治理结构，不断提高管理水平和市场竞争力。

组建中国铁路总公司是深化铁路管理体制改革、实现政企分开、推动铁路建设和运营健康可持续发展的重要举措。

三、中国国家铁路集团有限公司

2019 年 6 月 18 日，经国务院批准同意，中国铁路总公司改制成立中国国家铁路集团有限公司，简称中国铁路。中国国家铁路集团有限公司是依据《中华人民共和国公司法》设立的国有独资公司，直接由中央管理。

中国国家铁路集团有限公司承担国家规定的铁路运输经营、建设和安全等职责，负责铁路运输统一调度指挥，统筹安排路网性运力资源配置，承担国家规定的公益性运输任务，负责铁路行业运输收入清算和收入进款管理。未来，中国国家铁路集团有限公司将以铁路客货运输为主业，实行多元化经营。

第四节　铁路运输企业管理一般方法

一、经济管理方法

（一）经济管理方法内容

经济管理方法是经济管理者行使经济管理职能和达到经济运行目标所采用的措施、手段和途径的总称。

经济管理方法按其对经济运行的作用特点可以分为若干类，每类又有很多具体的方法或手段。这些不同类别、不同具体方法的关系及其总和便是经济管理方法的结构模式，或称经济管理方法模式。各种经济管理方法的具体结构不同，经济管理方法模式的特点也不同。

经济管理按其过程来讲，包括信息收集、目标确定、组织实施、调节控制、信息反馈等环节。经济管理方法从总体上讲不是经济管理过程某一个环节的方法，而是经济管理全过程的方法。因此，不能把经济管理过程某一个环节的方法（如信息收集方法、目标确定方法、组织实施方法、调节控制方法）与经济管理整个过程的方法等同起来。当然，经济管理过程某些环节的方法，如组织实施方法、调控方法在方法种类上可以与经济管理总体方法相一致，形成吻合。由于这种一致性和吻合，有的人误把经济调控及其调控方法当成管理整个经济的方法或经济管理的总体方法。

经济管理方法按内涵层次划分，其内容有管理的手段（实施管理的物质条件、技术装备和具体作用形式）、管理的措施（管理过程的具体组织形式）、管理的途径（管理过程的组织系统、组织渠道）。可见，经济管理手段是经济管理方法的一个内容。但有的学者将经济管理的不同方法称为不同的经济管理手段，将方法与手段混淆起来。经济杠杆是间接作用于经济体，使之推动经济运行、转变经济行为的措施，如税金、利润、工资、利息等。因此，经济杠杆只是经济管理方法的一小部分，而不是与之相并列的方法。

经济管理方法，按抽象层次划分，可以划分为三个层次。

① 第一个层次，即按方法的自身属性和特点划分，可以分为五类，即行政方法、法律方法、经济方法、思想教育方法、技术方法。这个层次是经济管理方法的总体分类层次，属第一级抽象。

② 第二个层次，按某一类总体方法中的方法形式分，如经济方法中的工资、价格、信贷、税收等，又如行政方法中的法规、法令、条例等。这个层次是经济管理方法的具体形式层次，属第二级抽象。

③ 第三个层次是指某一具体形式中的具体方法名称，如工资具体形式中的津贴、奖金、基本工资，又如税收具体形式中的所得税、营业税、收入调节税等。第三个层次是直观的，在经济管理实际中可以直呼其名的方法，是没有经过抽象的具体方法。

（二）经济管理方法特征

1. 关联性

经济管理方法的各个经济杠杆之间相互关联，每一种经济杠杆的变化又都会影响到社会多方面的经济联系并产生连锁反应。每一种经济管理方法的实施，不仅会影响到与其直接有关的经济组织和个人的一系列经济活动，而且还会影响到其他一系列经济组织和个人的经济活动。经济管理方法的关联性特征使其作用范围广，有效性强。

2. 公开性

经济管理方法是按照市场规律进行的，必须要求公平、公开，尤其是各项经济政策必须公开。例如，经济技术指标或奖惩标准要公开，措施办法要公开，结果要公开，这样才能有效地发挥经济杠杆的调节作用，激发和调动组织成员的积极性。

3. 间接性

经济管理方法是通过对经济利益的调节来间接地影响组织和个人的行为，而不是靠直接干预来控制组织、个人的行为，这是经济管理方法与行政命令方法的显著区别。

在现代管理中，它表现为利用各种经济手段和经济杠杆去制约和影响人们的行为及经济往来，调节国家、集体和个人之间的关系。

4. 平等性

经济管理方法承认各单位、个人在获取自己的经济利益的权力上是平等的，不承认特权和特殊阶层。社会和组织按照统一的尺度来计算和分配经济成果，各种经济杠杆的运用对同样情况的组织和个人起同样的调节作用。经济合同的签订，其前提是各方都处于平等的地位。

5. 有偿性

经济管理方法要根据等价交换原则，互相计价，实行有偿交换。它以物质利益原则为基础，注重经济利益和经济法则，在平等、公平、公正和经济规律面前，强调劳动集体和个人的物质利益与工作成果相联系，以调动组织成员的积极性。

二、行政管理方法

（一）行政管理方法内容

行政管理方法即行政方法，是指行政机关及其工作人员为实现行政目标，从公共组织内、外部环境和管理对象的实际情况出发，在一定的管理思想和原则指导下所采取的各种措施、手段、办法、技巧的总和；是指国家行政机关和行政人员为贯彻行政管理原则，实现行政管理功能而采取的措施、手段和办法、技巧的总称。

行政管理方法是行政管理系统的有机组成部分。一个行政系统不仅要有正确的指导思想和科学的指导原则，还应当有使这些指导思想和原则付诸实践的环节和途径，这就是行政管理方法中的各种手段和措施。正是由于具备这些手段和措施，才使得行政组织机构有条不紊地运作起来，使得各种各样的公共行政管理问题得到解决。行政管理方法的内容包括三个方面：

第一，基本手段，主要有行政指令手段、法律手段、经济手段、思想工作手段；

第二，行政程序，它不只是一种办事的手续，也是一种规范行政行为的法律程序；

第三，技术方法。

（二）行政管理方法特征

1. 权威性

行政方法所依托的基础是管理机关和管理者的权威。管理者权威越高，他所发出指令的接受率就越高。所以管理者必须以自己的优良品质、卓越才能去强化自己的管理权威，而不能仅仅依靠职位带来的权力来强化自身权威。

2. 强制性

行政方法是建立在隶属关系和行政权力基础之上的，上级组织和部门发出的指令、指示、规定和要求，下级被管理者都必须认真执行。如果下级随心所欲，阳奉阴违，敷衍了事，上级有权追究其责任。

3. 直接性

行政方法借助于行政权威和行政服从，直接告诉人们允许做什么、不允许做什么。不需要与被管理者协商、征询意见即可做出决定，因而存在单向性，有利于迅速解决问题，提高工作效率。

4. 无偿性

运用行政方法进行管理，上级组织对下级组织人、财、物的调动、使用可以不遵循等价交换原则，一切均根据行政管理的需要进行。

三、社会心理学方法

（一）社会心理学方法概念

社会心理学方法，通过对职工的思想、情绪、态度、特长、爱好、愿望、要求和社会关系的研究，给他们以满足、引导，从而使企业形成和谐的劳动集体，并在集体中建立最佳心理状态，以实现企业目标的各种手段、方式和措施的总称。

社会心理学方法是以行为科学为其理论依据的。在企业管理中，行为科学以研究如何正确处理人际关系和人的行为问题为重点。

社会心理学方法是管理方法的"软件工程"。它和经济方法、行政方法、法律方法这些"硬件工程"相配套，就会相辅相成，使管理者相得益彰。因此，社会主义企业管理者应当努力学习和熟练地运用社会学、心理学的方法。

（二）社会心理学方法特点

1. 自觉自愿性

这是通过被管理者内心受激励，而使其自觉自愿去实现目标的方法，不带有任何强制性。

2. 持久性

这种方法是建立在被管理者觉悟和自觉服从的基础上的。因此，其作用持久，没有负面影响。其局限性主要表现为对紧急情况难以适应，而且单纯使用这一种方法常常无法达到目标。

（三）社会心理学方法的内容和实施方式

1. 社会管理学方法的内容

① 社会学方法内容：企业既是经济组织，也是社会组织。它不仅具有经济职能，也具有社会职能。社会学方法，则是用来调整和改善企业社会关系的方法。它包括管理群体的方法、管理群体内部现象过程的方法、管理个人行为的方法。

② 心理学方法内容：人的任何活动都同他的心理状态——思维、想象力、注意力、意识运动等相关联。职工的心理状态，直接影响他的劳动生产率。在管理过程中应用心理学成果进行管理的方法称为心理学方法。它包括社会心理学方法和启发心理学方法等。

2. 社会心理学方法的实施

社会心理学方法，符合我国古代管理思想中的"攻心为上"原则。它是现代企业管理方法武器库中的"软件"。这一类型方法使用起来不那么直接、简便，但它效果明显，影响深广。

案例分析

铁路运输企业准入许可实施细则（节选）

第一章　总则

第一条　为规范铁路运输企业准入许可实施工作，依据《中华人民共和国行政许可法》《铁路安全管理条例》《铁路运输企业准入许可办法》等法律、行政法规、规章和国家有关规定，制定本实施细则。

第二条　中华人民共和国境内拟从事铁路旅客、货物公共运输营业的，应当依法登记注册为企业法人后，向国家铁路局提出申请，经审查合格取得铁路运输许可证。

国家铁路局可以采取审查会或者书面征求意见等方式，邀请申请企业所在地省级人民政府有关部门、地区铁路监督管理局参与审查。

第三条　本实施细则所称铁路运输许可的范围分别为高速铁路旅客运输、城际铁路旅客运输、普通铁路旅客运输、铁路货物运输。

第四条　拥有铁路基础设施所有权的企业，有权自主决定铁路运输经营方式，包括独立、合作、委托以及其他合法经营方式。采取委托经营方式的，应当委托具备相应许可范围资质条件的铁路运输企业。无铁路基础设施所有权的企业应当采取独立经营方式。

第五条　铁路运输企业准入许可工作贯彻执行国务院规范行政审批行为、改进行政审批工作的要求，坚持依法审批、公开公正、便民高效、严格问责的原则，为申请企业提供便利条件，提高行政许可工作效率。

第六条　铁路运输企业无论采取何种经营方式都应当落实安全生产主体责任，承担铁路公益性运输义务。鼓励铁路运输企业之间开放合作，公平竞争，共同维护运输市场秩序，保障铁路网畅通和铁路运输安全。

第二章　许可条件

第七条　申请企业应当具备下列条件：

（一）拥有符合规划和国家标准的铁路基础设施的所有权或者使用权；

（二）拥有符合国家标准、行业标准以及满足运输规模需要数量的机车车辆的所有权或者使用权。但仅有铁路基础设施使用权的，应当拥有机车车辆的所有权；

（三）生产作业和管理人员符合铁路运输岗位标准、具备相应从业资格，且其数量满足运输规模需要；

（四）具有符合法律法规规定的安全生产管理机构或者安全管理人员，以及安全生产管理制度和应急预案；

（五）具有铁路运输相关的组织管理办法、服务质量标准、生产作业规范；

（六）法律法规和规章规定的其他条件。

第八条　拟从事高速铁路旅客运输的申请企业，铁路运输相关业务的主要负责人应当具有铁路运输管理工作 10 年以上经历，专业技术管理的主要负责人应当具有铁路运输本专业工作 8 年以上经历。

拟从事城际铁路旅客运输和普通铁路旅客运输的申请企业，铁路运输相关业务的主要负责人应当具有铁路运输管理工作 8 年以上经历，专业技术管理的主要负责人应当具有铁路运输本专业工作 5 年以上经历。

拟从事铁路货物运输的申请企业，铁路运输相关业务的主要负责人应当具有铁路运输管理工作 5 年以上经历，专业技术管理的主要负责人应当具有铁路运输本专业工作 3 年以上经历。办理危险货物或者特种货物运输的，相关设备设施应当符合相应货物运输的安全要求，相关生产作业和管理人员应当符合相应岗位标准和岗位培训要求。

在最近 2 年内因生产安全事故受到行政处分的，处分期内不得担任铁路运输相关业务的主要负责人、专业技术管理的主要负责人。

第九条　拥有铁路基础设施所有权的申请企业，可以通过合作、委托等经营方式满足本实施细则第七条、第八条规定的其他条件。

思考：

（1）铁路运输企业准入的基本原则有哪些？

（2）拟从事高速铁路旅客运输的申请企业需要具备什么条件？

复习思考题

1. 简述管理理论的发展阶段与主要理论学派。

2. 简述企业的概念与分类。

3. 现代企业制度的概念和基本特征是什么？

4. 现代企业制度与传统企业制度的区别是什么？

5. 中国国家铁路集团有限公司的企业名称核准登记注册有何意义？

6. 简述铁路运输企业管理一般方法。

第二章

铁路运输企业计划管理

学习目标

（1）理解预测的含义、作用和分类，掌握定性预测方法，理解和掌握定量预测方法。

（2）理解决策的含义，明确决策理论的内容，了解决策的过程和分类，掌握定性决策方法和定量决策方法。

（3）理解和掌握计划的含义与分类。

（4）理解和掌握目标管理的方法。

案例导入

卡贝定理又叫卡贝定律，由美国电话电报公司前总裁卡贝提出：放弃有时比争取更有意义。如果努力争取的东西与目标无关，或者目前拥有的东西已成为负累，或者劣势大于优势，那么还不如放弃。

1964 年，当松下已花费 5 年时间，投入 10 亿美元资金，而研发也很快要进入最后阶段的时候，突然宣布不再做大型电子计算机。因为松下幸之助考虑到大型计算机市场竞争十分激烈，一着不慎，就可能使整个公司陷入危机之中，等到那个时候再行撤退，可能就为时已晚。事实证明，这个撤退的决定是正确的，之后的市场正是按照松下幸之助的预测方向行进，西门子、RCA 这种世界性的公司，都陆续放弃了大型计算机的生产。

思考：（1）为什么说有时放弃比创新更有意义？

（2）你从松下幸之助的故事中得到什么启发？

第一节　预测与预测方法

一、预测的含义与作用

预测是指人们利用已经掌握的知识和手段，预先推知和判断事物未来发展状况的一种活动。具体来说，就是人们根据事物过去发展变化的客观过程和某些规律性，根据事物目前运动和变化的状态，运用各种定性和定量分析方法，对事物未来可能出现的趋势和可能达到的水平所进行的科学推测。预测作为一种人类认识活动，早就存在于人类社会实践中，并随着生产力和生产关系的发展而不断发展。预测的作用如下：

① 预测为制订一个切实可行的计划提供科学依据；

② 预测是避免决策片面性和决策失误的重要手段；

③ 预测既是计划的前提条件，又是计划工作的重要组成部分；

④ 预测是提高管理预见性的一种手段；

⑤ 预测是向前看，面向未来，做好准备，发现问题集中力量解决，在一定程度上决定组织成败。

二、预测分类

预测的种类很多，按照不同的标准可划分为不同的类型。

1. 按规划业务分类

按规划业务分类，企业的预测可分三种类型：经济预测、技术预测、需求预测。

① 经济预测，通过预计通货膨胀率、货币供给、房屋开工率及其他有关指标来预测经济周期；

② 技术预测，即预测会导致产生重要的新产品，从而带动新工厂和设备需求的技术进步；

③ 需求预测包括公司产品或服务需求预测。这些预测，也叫销售预测，决定公司的生产、生产能力及计划体系，并使公司财务、营销、人事作相应变动。

2. 按时间跨度来分类

按时间跨度来分类，也有三种分类，即短期预测、中期预测、长期预测。

① 短期预测。短期预测的时间跨度最长为1年，通常少于3个月。它用于购货、工作安排、所需员工、工作制定和生产水平的计划工作。

② 中期预测。中期预测的时间跨度通常是从3个月到3年。它用于销售计划、生产计划和预算、现金预算和分析不同作业方案。

③ 长期预测。长期预测的时间跨度通常为3年及3年以上。它用于规划新产品、资本支出、生产设备安装或添置，以及研究与发展。

中长期预测与短期预测的区别主要体现在以下三个方面：

第一，中长期预测要处理更多的综合性问题，并主要为产品、工厂、工序的管理决策提供支持；

第二，短期预测采用的方法通常与中长期预测不同。移动平均法、指数平滑法和趋势外推法等为短期预测常用的方法。

第三，短期预测往往比中长期预测更精确些。影响需求的因素每天都在发生变化，因此当时间跨度延长时，预测精确度往往随之下降。

三、预测方法

(一) 定性预测

定性预测是指预测者依靠熟悉业务知识、具有丰富经验和综合分析能力的人员与专家，根据已掌握的历史资料和直观材料，运用个人的经验和分析判断能力，对事物的未来发展做出性质和程度上的判断，然后，再通过一定形式综合各方面的意见，作为预测未来的主要依据。

定性预测主要用于研究和探讨对象在未来所表现的性质、状态，例如事物发展的总体趋势、事件发生和发展的各种可能性及其造成的影响，以及目前确定并将要执行的决策是否会达到制定决策的目的等。这类预测主要是凭借预测者的主观经验和逻辑推理能力，对事物未来表现的性质进行推测和判断。

1. 头脑风暴法

头脑风暴法出自"头脑风暴"一词。所谓头脑风暴（brain-storming），最早是精神病理学上的用语，是相对精神病患者的精神错乱状态而言的。而现在则成为无限制的自由联想和讨论的代名词，其目的在于产生新观念或激发创新设想。

头脑风暴法是由美国创造学家 A. F. 奥斯本于 1939 年首次提出、1953 年正式发表的一种激发性思维的方法。此法经各国创造学研究者的实践和发展，至今已经形成了一个发明技法群，如奥斯本智力激励法、默写式智力激励法、卡片式智力激励法等。

头脑风暴法可分为直接头脑风暴法（通常简称为头脑风暴法）和质疑头脑风暴法（也称反头脑风暴法）。前者是在专家群体决策时尽可能激发创造性，产生尽可能多的设想的方法，后者则是对前者提出的设想、方案逐一质疑，分析其现实可行性的方法。

采用头脑风暴法组织群体决策时，要集中有关专家召开专题会议，主持者以明确的方式向所有参与者阐明问题，说明会议的规则，尽力创造融洽轻松的会议气氛。主持人一般不发表意见，以免影响会议的自由气氛。由专家们"自由"提出尽可能多的方案。

2. 德尔菲法

德尔菲法，也称专家调查法。该方法要求企业组成一个专门的预测机构，其中包括若干专家和企业预测组织者。在德尔菲法的实施过程中，始终有两方面的人在活动，一是预测的组织者，二是被选出来的专家。

德尔菲法的大致流程是：在对所要预测的问题征得专家的意见之后，进行整理、归纳、统计，再匿名反馈给各专家，再次征求意见，再集中，再反馈，直至得到一致的意见。德尔菲法是一种利用函询形式进行的集体匿名思想交流过程。它有三个明显区别于其他专家预测方法的特点，即匿名性、多次反馈、小组的统计回答。

首先应注意的是，德尔菲法中的调查表与通常的调查表有所不同，它除了有通常调查表向被调查者提出问题并要求回答的内容外，还兼有向被调查者提供信息的责任，它是专家们交流思想的工具。德尔菲法的工作流程大致可以分为四个步骤，在每一步中，组织者与专家都有各自不同的任务。

1）开放式的首轮调研

第一，由组织者发给专家的第一轮调查表是开放式的，不带任何框框，只提出预测问题，请专家围绕预测问题提出预测事件。因为，如果限制太多，会漏掉一些重要事件。

第二，组织者汇总整理专家调查表，归并同类事件，排除次要事件，用准确术语提出一个预测事件一览表，并作为第二步的调查表发给专家。

2）评价式的第二轮调研

第一，专家对第二步调查表所列的每个事件作出评价。例如，说明事件发生的时间、争论问题和事件或迟或早发生的理由。

第二，组织者统计处理第二步专家意见，整理出第三张调查表。第三张调查表包括事件、事件发生的中位数和上下四分点，以及事件发生时间在四分点外侧的理由。

3）重审式的第三轮调研

第一，发放第三张调查表，请专家重审争论。

第二，对上下四分点外的对立意见做一个评价。

第三，给出自己新的评价（尤其是在上下四分点外的专家，应重述自己的理由）。

第四，如果修正自己的观点，也应叙述改变理由。

第五，组织者回收专家们的新评论和新争论，与第二步类似地统计中位数和上下四分点。

第六，总结专家观点，形成第四张调查表。其重点在争论双方的意见。

4）复核式的第四轮调研

第一，发放第四张调查表，专家再次评价和权衡，作出新的预测。是否要求作出新的论证与评价，取决于组织者的要求。

第二，回收第四张调查表，计算每个事件的中位数和上下四分点，归纳总结各种意见的理由以及争论点。

并不是所有被预测的事件都要经过四步。有的事件可能在第二步就达到统一，而不必在第三步中出现；有的事件可能在第四步结束后，专家对各事件的预测也不一定都能达到统一。不统一也可以用中位数与上下四分点来做结论。事实上，总会有许多事件的预测结果是不统一。

（二）定量预测

定量预测是使用历史数据或因素变量来预测需求的数学模型。它根据已掌握的比较完备的历史统计数据，运用一定的数学方法进行科学的加工整理，借以揭示有关变量之间的规律性联系，用于预测和推测未来发展变化情况。常用的定量预测方法有如下几种。

1. 加权算术平均法

用各种权数算得的平均数称为加权算术平均数，它可以自然数作权数，也可以项目出现的次数作权数，所求平均数值即为测定值。

2. 趋势平均预测法

趋势平均预测法是以过去发生的实际数为依据，在算术平均数的基础上，假定未来时期的数值是它近期数值的直接继续，而同较远时期的数值关系较小的一种预测方法。

3. 指数平滑法

指数平滑法是以一个指标本身过去变化的趋势作为预测未来的依据的一种方法。对未来预测时，近期资料的影响应比远期大，因而对不同时期的资料设置不同的权数，越是近期资料权数越大，反之权数越小。

4. 一元线性回归预测法

一元线性回归预测法的基本思想是：设变动直线方程为

$$y = a + bx$$

先根据 x、y 现有数据，寻求合理的 a、b 回归系数，得出一条变动直线，并使线上各点至实际资料上的对应点之间的距离最小。然后根据 a、b 预测 y 的取值。

优点：偏重于数量方面的分析，重视预测对象的变化程度，能做出变化程度在数量上的准确描述；它主要把历史统计数据和客观实际资料作为预测的依据，运用数学方法进行处理分析，受主观因素的影响较少；它可以利用现代化的计算方法，来进行大量的计算工作和数据处理，求出适应工程进展的最佳数据曲线。

缺点：比较机械，不易灵活掌握，对信息资料质量要求较高。进行定量预测，通常需要积累和掌握历史统计数据。

如果把某种统计指标的数值，按时间先后顺序排列起来，以便于研究其发展变化的水平和速度，则这种预测就是对时间序列进行加工整理和分析，利用数列所反映出来的客观变动过程、发展趋势和发展速度，进行外推和延伸，借以预测今后可能达到的水平。

第二节　决策与决策方法

一、决策与决策理论

（一）决策

1. 决策的概念

著名管理学大师彼得·德鲁克说过："在一个组织系统中，管理人员最终做出有效的决策比什么都重要。决策是管理活动的核心，贯穿于管理过程的始终。无论计划、组织、领导和控制，各项管理职能的开展都离不开决策。"

决策是人们在政治、经济、技术和日常生活中普遍存在的一种行为。它是为了实现特定的目标，根据客观的可能性，在一定信息和经验的基础上，借助一定的工具、技巧和方法，对影响决策的各种因素进行分析研究后，从两个以上的可行性方案中选择一个合理方案的分析判断过程。决策是人们思维过程和行动过程相互结合的产物，是对未来行为作出决定的过程。

现代铁路运输企业管理过程就是一个决策过程，它从提出问题、确定目标开始，利用已有的信息和经验，寻找为达到目标可供选择的各种方案，对方案进行比较、选优，从而做出决定并执行，并在方案执行过程中进行有效控制，以保证组织预定目标的实现。

2. 决策的基本要素

1）决策者

决策者作为决策活动的主体和决策组织的驾驭者，其素质水平的高低和素质结构的优劣直接关系到决策的成败。决策者有时以个人的形式出现，有时以团体的形式出现。作为决策者，必须具有良好的政治品质；决策者具有较强的综合能力和相应的组织能力；决策者具有一定的承担风险的胆量，主动承担责任，敢于做理智的冒险；决策者要有决断的魄力，既要有坚持原则的严肃性，还要有运用策略的灵活性。

从心理特征来分析，决策者素质类型大致可分为果断型、顽强型、多虑型三种。果断型决策者，往往善于选择一个恰到好处的时机；顽强型决策者能保持其决策的坚定性；多虑型决策者具有深思熟虑的沉着与稳健风格。

2）目标

决策目标是指决策者为了解决组织活动中出现的问题想要达到的目的。决策中的一切行为都是为实现这一目标服务，所以目标是贯穿全部决策过程的主线，任何活动都要围绕目标进行决策。目标首先应该是明确的，即简单明了，最好具有可测性，并且任何人都能对其有相同的理解；其次目标要有可行性，满足约束条件，经过努力能够实现。

3）信息

信息是决策的依据。作为决策基本要素的信息，可分为内信息和外信息。内信息决定了系统的功能，即内信息是决策系统运动、变化、发展的依据；外信息则是决策运动变化发展的条件。信息收集和传递的真实性，分析、推断的准确性，是科学决策的根本前提。没有信息，决策就要与决策对象分离，决策系统就会瓦解，决策就只能是决策者的主观臆断。

4）可行性方案

所谓可行性方案，就是实现决策目标的方法和途径。决策的过程就是方案择优的过程。任何实现决策目标的决策方案都有自身的利弊，因此在决策过程中需要充分考虑各种可行性方案的优缺点。在行为决策理论中，评价、选择方案的原则是"有限理性"原则和"满意度"原则。

5）决策方法

决策方法主要是指决策者的硬技术和软技术。决策硬技术是建立在数学模型基础上，运用计算机辅助决策者决策的技术。决策软技术是指针对决策硬技术中各种社会、政治和心理因素难以在数学模型中得到准确反映，各种数学方法对外界条件的变化既不敏感又缺乏自适应能力等局限性而发展起来的决策方法，这是一种建立在心理学、社会学、社会心理学、行为科学等基础上的，充分注意人的能动性、创造性、思维等因素在决策中的作用的方法。

（二）决策理论

1. 古典决策理论

古典决策理论盛行于20世纪初到20世纪50年代，它把决策者在决策过程中的行为看作是完全理性的，认为应从经济的角度看待决策问题，即决策的目的是使组织获得最大的经济效益。这种决策理论是基于以下基本观点和假设的：

① 决策者有现成的办法获得与决策情况有关的所有方面的信息，以全面掌握有关决策环境的信息；

② 决策者在识别和诊断问题时能够处理和记忆所有与决策有关的信息；

③ 决策者能够识别所有可行的解决问题的方案，并充分了解每个备选方案的结果；

④ 多重目标可以用单一的、简单的数学方程式表示；

⑤ 决策的目的是获得最大的经济效益，因此决策者作为一个理性的人，总是选择能够产生最大利润的备选方案；

⑥ 为保证决策的有效性，决策者应建立一个合理的、自上而下执行命令的组织系统；

⑦ 所有的决策者都用相同的方式处理信息，并做出相同的决策。

在20世纪的前50年，大多数经济学家在阐述他们的决策理论时，都是以这些假设为依据。他们认为，决策者拥有完整的个人偏好系统，这个系统允许他们在备选方案中做出选择；他们知道全部可行的备选方案；在进行复杂的计算并决定用哪个备选方案时，他们的能力不受限制。

古典模型的价值在于它促使管理者在制定决策时具有理性。近年来，由于定量决策技术的发展，古典模型得到了广泛应用。

2. 行为决策理论

行为决策理论的代表性人物是赫伯特·西蒙，他在《管理行为》一书中指出，理性的和经济的标准都无法确切地说明管理的决策过程，进而提出"有限理性"标准和"满意度"原则。影响决策者进行决策的不仅有经济因素，还有其个人的行为表现，如态度、情感、经验和动机等。因此，决策者在决策过程中的行为并非完全理性的，只是部分理性的，或者是有限理性的。基于此，西蒙提出以下几个观点：

① 人的理性介于完全理性和非理性之间，即人是有限理性的；

② 决策者在识别和发现问题中容易受知觉上的偏差的影响；

③ 由于受决策时间和可利用资源的限制，决策者选择的理性是相对的；

④ 在风险型决策中决策者往往厌恶风险，倾向于接受风险较小的方案；

⑤ 决策者在决策中往往只求满意的结果，而不愿费力寻求最佳方案。

行为决策理论抨击了把决策视为定量方法和固定步骤的片面性，主张把决策视为一种文化现象。除了西蒙的"有限理性"模式，林德布洛姆的"渐进决策"模式也对"完全理性"模式提出了挑战。林德布洛姆认为决策过程应是一个渐进的过程，而不应大起大落，否则会危及社会稳定，给组织带来组织结构、心理倾向和习惯等的震荡和资金困难，也使决策者不可能了解和思考全部方案并弄清每种方案的结果。这说明，决策不能只遵循一种固定的程序，而应根据组织内、外环境的变化进行适时的调整和补充。

二、决策的影响因素

1. 决策环境

第一，环境会影响组织活动的选择。如果在一个相对稳定的市场环境中，企业的决策相对简单，大多数决策都可以在过去决策的基础上做出；如果市场环境复杂，变化频繁，那么企业就可能要经常面对许多非程序性的、过去所没有遇到过的问题。

第二，对环境的习惯反应模式也影响组织活动的选择。即使在相同的环境背景下，不同的组织也可能做出不同反应。而这种组织与环境之间关系的模式一旦形成，就会趋向固定，影响人们对行动方案的选择。

2. 决策者的风险态度

决策是人们确定未来活动的方向、内容和行动的目标，由于人们对未来的认识能力有限，目前预测的未来状况与未来的实际情况不可能完全相符，因此任何决策都存在一定的风险。风险指的是一种不确定性。人们对待风险的态度是不同的，有人喜欢冒险，在多种选择中趋向于选择风险大的方案；而另一些人则不太愿意冒险，在多种选择中趋向于选择风险小的方案。因此决策者的风险偏好对决策的选择就会产生直接的影响。

3. 过去的决策

"非零起点"是一切决策的基本特点。因此，当前的决策不可能不受过去决策的影响。在大多数情况下，组织决策绝不是在一张白纸上进行初始决策，而是对初始决策的完善、调整或者改革。组织过去的决策是当前决策的起点；过去选择的方案的实施，不仅伴随着人力、物力、财力等资源的消耗，而且伴随着内部状况的改善，带来了对外部环境的影响。

过去决策对目前决策的制约程度，主要由过去决策与现任决策者的关系决定。如果过去的决策是由现任决策者做出的，由于决策者通常要对自己的选择及其后果负责，也为了保证决策的连续性，因此决策者一般不愿对组织的活动进行重大的调整，而趋向于仍将大部分资源投入到过去未完成的方案中；相反，如果现在的主要决策者与组织过去的重大决策没有很深的渊源关系，则会易于接受重大改变。

4. 组织成员对组织变化所持的态度

任何决策的制定与实施，都会给组织带来某种程度的变化。组织成员对这种可能产生的变化会表现出抵制或者是欢迎两种截然不同的态度。组织成员通常会根据过去的标准来判断现在的决策，总是会担心在变化中会失去什么，对将要发生的变化产生抵御的心理，则可能给任何新决策、特别是创新决策的实施带来灾难性的后果；相反，如果组织成员以发展的眼光来分析变化的合理性，并希望在可能的变化中得到什么而支持变化，这就有利于新决策的实施，特别是创新决策的实施。因此，组织成员对变化的态度对决策的影响是较大的。

三、决策过程与决策分类

（一）决策过程

决策过程一般涉及以下 6 个阶段。

1. 判断问题

决策是为了解决现实中提出的需要解决的问题或者为了达到需要实现的目标。决策是围绕着问题而展开的。没有问题就不需要决策；问题不明，则难以做出正确的决策。

决策的正确与否首先取决于判断的准确程度。因此，认识和分析问题是决策过程中最为重要，也是最为困难的环节。当然，在一个组织中，总是存在许许多多的问题。例如，在一个企业中，存在企业如何在市场竞争中发展自己、开发什么样的新产品、开发新产品的资金如何筹措等问题需要解决。在一个具有两个或两个以上层次的组织中，仅将问题提出来是不够的，还必须在提出问题的基础上，对众多的问题进行分析，以明确各种问题的性质，弄清楚哪些是涉及组织全局的战略性问题、哪些只是涉及局部问题、哪些是非程序性问题、哪些是程序性问题，由此确定解决问题的决策层次，避免高层决策者被众多的一般性问题所缠绕而影响对重大问题的决策。现代管理要求管理人员运用现代管理科学的"望远镜和显微镜"以及分析问题的系统化技术，揭开纷繁的表象，显示其本质和核心，以使管理决策立足于真正问题之源上。

作为一个高效率的管理者，必须时刻注视形势的变化，以免使自己因毫无思想准备而陷入被动状态。环境因素的许多暗示都会预示着是否面临决策的问题。管理者还应对环境的变化进行认真的分析，只有通过对各种预兆进行分析，才能透过表象看到环境变化的本质，才能找到造成问题的真正原因，对事物的发展做出超前的、正确的预计。不过，因为对形势的分析会受到决策者个人行为的影响，因此对同一现象，不同的管理者就可能得出不同的结论，自然也就做出了不同的决策。总之，决策的第一步就要求决策者必须主动地深入实际调查研究，及时发现并提出新问题，进而解决问题，以保证组织的健康发展。

2. 明确决策目标

在所要解决的问题及其责任人明确以后，则要确定问题应当解决到什么程度，明确预期的结果是什么，也就是要明确决策目标。所谓决策目标是指在一定的环境和条件下，根据预测，对这一问题所希望得到的结果。

目标的确定十分重要。同样的问题，由于目标不同，可采用的决策方案也会大不相同。

目标的确定，要经过调查和研究，掌握系统准确的统计数据和事实，然后进行一定的整理分析，根据对组织总目标及各种目标的综合平衡，结合组织的价值准则和决策者愿意为此付出的努力程度进行确定。

3. 拟订可供选择的行动方案

决策实际上是对解决问题的种种行动方案进行选择的过程。为解决问题，必须寻找切实可行的各种行动方案。各种行动方案都有其优点和缺陷，决策要求以"满意原则"来确定方案。

在拟订备选方案时，既要注意科学性，又要注意有创造性。无论哪一种备选方案，都必须建立在科学的基础上。方案中能够进行数量化和定量分析的，一定要将指标数量化，并运用科学、合理的方法进行定量分析，使各个方案尽可能建立在客观、科学的基础上，减少主观性。要充分发挥集体的智慧、才能，让大家畅所欲言，充分发表自己的意见，然后通过集体充分的讨论，这样拟订的备选方案往往会更有针对性和创造性。

4. 分析评价方案

决策过程的第四步是对已拟订的备选方案逐个地进行评价。为此，首先要建立一套有助于指导和检验判断正确性的决策准则。决策准则表明了决策者关心的主要是哪些方面，其中主要包括目标达成度、成本、可行程度等。其次根据这些方面来衡量每一个方案，并据此列出各方案满足决策准则的程度和限制因素，即确定每一个方案对于解决问题或实现目标所能达到的程度和所需的代价，以及采用这些方案后可能带来的后果。再次分析每一个方案的利弊，比较各方案之间的优劣。最后根据决策者对各决策目标的重视程度和对各种代价的承受程度进行综合评价，结合分析、比较结果，提出推荐方案。

5. 选择满意方案并组织实施

在对各方案进行理性分析、比较的基础上，决策者最后要从中选择一个满意方案并付诸实施。

在决策的时候，不要一味地追求最佳方案。由于环境的不断变化和决策者预测能力的局限性，以及备选方案的数量和质量受到不充分信息的影响，决策者只能对可能出现的结果做出一个相对令人满意的选择。

决策的实施要有广大组织成员的积极参与。为了有效地组织决策实施，决策者应通过各种渠道将决策方案向组织成员通报，争取成员的认同，对成员给予支持和具体的指导，调动成员的积极性。当然，最可取的方法是设计出一种决策模式，争取所有的成员参与决策，了解决策，以便更好地实施决策。此外，在方案实施的过程中，还要对新出现的问题进行协调和解决。

6. 监督与反馈

这是决策过程中的最后一个步骤。一个决策者应该通过信息的反馈来衡量决策的效果。决策是一种事前的设想，在实际的实施过程中，随着形势的发展变化，实施决策的条件不可能与设想的条件完全吻合，况且，在一些不可控因素的作用下，实施条件和环境与决策方案所依据的条件之间可能会有较大的出入，这时需要改变的不是现实，而是决策方案。所以，在决策实施过程中，决策者应及时了解、掌握决策实施的各种信息，及时发现各种新问题，并对原来的决策进行必要的修订、补充或完善，使之不断地适应变化了的新形势和条件。一项决策实施之后，对其实施的过程和情况进行总结、回顾，既可以明确功过，确定奖惩，也可以使自身的决策水平得到进一步的提高。比如，如果一个方案实施后达到了原来的要求，那么这一方案就达到了理想的效果；如果没有达到原来的要求，那么就要分析管理者是否对前一决策形势的认识和分析有错误，或者这一方案在执行过程中的方法是否正确，从而决定是对方案本身进行修改，还是对实施的方法进行改变。

（二）决策分类

决策活动在企业生产经营活动中普遍存在，人们从不同角度对决策加以分类，见表2-1。

表2-1 企业决策的分类

分类标准	类别	特点
决策者所处管理层	高层决策	企业最高领导层负责的决策，重点解决经营战略性问题，即经营决策
	中层决策	企业中层领导负责的决策，重点解决经营策略性问题，属执行性决策
	基层决策	企业基层所进行的业务性决策，重点解决生产、销售过程中常出现的技术性较强、时间紧、亟待解决的一些具体问题
决策问题发生的重复程度	程序性决策	解决常出现的问题，已有处理的经验程序和方法可按常规办法来解决
	非程序性决策	解决不常出现或新出现的问题，无处理经验，需靠决策者的判断和信念来解决的决策
决策在企业经营中的地位	业务决策	日常业务活动问题的决策，重点解决企业工作效率和生产效率的业务问题
	管理决策	实现战略决策过程中的具体战术决策，重点解决企业内部资源的问题
	战略决策	企业未来发展方向和远景的全局性、长远性问题的决策，重点解决企业和外部环境的平衡问题
决策目标或方法的性质	定性决策	难以用准确数量来表示目标，靠决策者的分析、判断进行决策
	定量决策	决策目标有准确的数量，可以采用数学方法做出的决策
决策问题所具备的条件	确定性决策	决策问题及各种可行方案的后果已知，一般能运用数学模型求得最优解
	风险性决策	每个方案有两个以上的自然状态，发生的可能性可以用概率来估计，各方案结果可以用概率计算出来，决策存在风险
	不确定性决策	决策者对未来的情况无法预知，各种可行方案的后果是不确定的，完全凭决策者的经验、感觉和估计进行决策

四、决策方法

管理决策是针对管理活动中存在的问题或进取愿望，制定各种可行的解决方案，选择并执行最佳方案的全部活动过程，决策者在决策过程中，离不开各种方法。决策方法大体上可分为定性决策和定量决策两大类。

（一）定性决策

定性决策又称主观决策，指的是在决策中主要依靠决策者或有关专家的智慧来进行决策的方法，这是一种"软技术"。管理决策者运用社会科学的原理并依据个人的经验和判断能力，采取一些有效的组织形式，充分发挥各自丰富的经验、知识和能力，从对决策对象的本质特征的研究入手，掌握事物的内在联系及其运行规律，对企业的经营管理决策目标、决策方案的拟订以及决策方案的选择和实施做出判断。

这种方法适用于受社会、经济、政治等非计量因素影响较大、所含因素错综复杂、涉及社会心理因素较多以及难以用准确数量表示的综合性问题。这种"软技术"方法是企业决策采用的主要方法，它弥补了"硬"方法对于人的因素、社会因素等难以奏效的缺陷。"硬""软"两类技术相互配合，取长补短，才能使决策更为有效。定性决策主要有德尔菲法、头脑风暴法、哥顿法、电子会议法等，由于前两种方法前文已经介绍，下面仅介绍后两种方法。

1. 哥顿法

哥顿法又称提喻法，是美国人哥顿于 1964 年提出的一种价值工程"方案创造"方法。该方法与头脑风暴法类似，步骤如下：

（1）先由会议主持人把决策问题向会议成员做笼统的介绍，然后由会议成员（即专家成员）海阔天空地讨论解决方案；

（2）当会议进行到适当时机时，决策者将决策的具体问题展示给会议成员，使会议成员的讨论进一步深化，最后由决策者吸收讨论结果，进行决策。

2. 电子会议法

电子会议法是群体决策与计算机技术相结合的决策方法。在使用这种方法时，先将群体成员集中起来，每人面前有一个与中心计算机相连接的终端。群体成员将自己有关解决决策问题的方案输入计算机终端，然后再将它投影在大型屏幕上，从而有效地进行集体决策。

电子会议法的优点如下：

（1）匿名，参与公共政策决策咨询的专家采取匿名的方式将自己的政策方案提出来，参与者只需把个人的想法用键盘输入就行了；

（2）可靠，每个人做出的有关解决公共问题的政策建议都能如实地、不会被改动地反映在大屏幕上；

（3）快速，在使用计算机进行政策咨询时，不仅没有闲聊，而且人们可以在同一时间中互不干扰地交换见解，它要比传统的面对面的决策咨询的效率高出许多。

电子会议法的局限性如下：

（1）对那些善于口头表达，但运用计算机的技能却相对较差的专家来说，电子会议会影响他们的决策思维；

（2）在运用这种预测方法时，由于是匿名，因而无法对提出好的政策建议的人进行奖励；

（3）人们只是通过计算机来进行决策咨询，因而只能是"人-机"对话，其沟通程度不如"人-人"对话便捷。

（二）定量决策

定量决策常用于数量化决策，应用数学模型和公式来解决一些决策问题，即运用数学工具、建立反映各种因素及其关系的数学模型，并通过对这种数学模型的计算和求解，选择出最佳的决策方案。对决策问题进行定量分析，可以提高常规决策的时效性和决策的准确性。定量决策方法主要包括确定性决策、风险性决策和非确定性决策。

1. 确定性决策

确定性决策问题只存在一种确定的自然状态，决策者可依科学的方法做出决策。确定性决策的方法有线性规划、库存论、排队论、网络技术等数学模型法，以及微分极值法、盈亏平衡法等分析法。

这里只介绍简单、常用的盈亏平衡分析法，也称量本利分析法。它是一种通过分析产品成本、销售量和销售利润这三个变量之间的关系，通过盈亏变化的临界点而进行决策的方法。其原理如图 2-1 所示。

盈亏平衡点产量计算公式为

$$Q = \frac{F}{P-V}$$

盈亏平衡点销售额的计算公式为

$$S = P \cdot Q$$

式中：Q——盈亏平衡点产量；

　　　S——盈亏平衡点销售额；

　　　F——固定成本；

　　　P——产品单价；

　　　V——单位变动成本。

当要实现一定的目标利润时，公式为

$$Q = \frac{F+B}{P-V}$$

式中：Q——实现目标利润的产量；

　　　B——目标利润额。

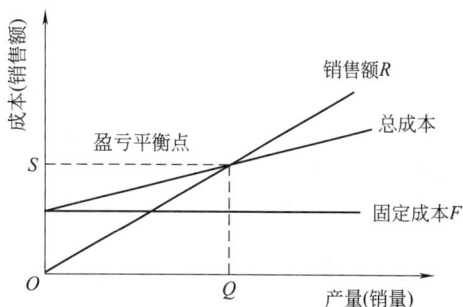

图 2-1　盈亏平衡分析法原理

【例 2-1】　某铁路运输企业推出一种运输产品，固定成本为 100 000 元，单位变动成本为 50 元/件，产品销售价格为 75 元/件。

计算：（1）盈亏平衡点产量是多少件？

　　　（2）如果实现 50 000 元的利润，产量应为多少件？

解：（1）$Q = \dfrac{F}{P-V} = \dfrac{100\ 000}{75-50} = 4\ 000$（件）

（2）$Q = \dfrac{F+B}{P-V} = \dfrac{100\ 000+50\ 000}{75-50} = 6\ 000$（件）

2. 风险性决策

风险性决策亦称"统计性决策"或"随机性决策"。这是一种面临至少两个发生概率为已知的随机自然状态、至少有两个可供选择的方案且已知损益矩阵的决策方法。期望值准则就是把每个方案的期望值求出来，加以比较，选择期望值最优的方案。

【例 2-2】　某铁路旅游线可开普通旅客列车，也可开优质旅客列车。根据调查研究，旅客上座率良好、一般、欠佳三种情况的概率和两种开行方式的年净收益额见表 2-2。

表 2-2　旅客上座率收益表　　　　　　　　　　　　　单位：万元

方案	概　率		
	良好（$P=0.5$）	一般（$P=0.3$）	欠佳（$P=0.2$）
开优质旅客列车	80	60	−20
开普通旅客列车	60	40	15

解：开优质旅客列车时，

期望值 = 0.5×80+0.3×60+0.2×（−20）= 54

开普通旅客列车时，

$$期望值 = 0.5×60+0.3×40+0.2×15 = 45$$

比较期望值大小，应该选择开优质旅客列车。

3. 非确定性决策

非确定性决策亦称"不确定性决策"。这是在未来发生的情况存在两种以上已知的自然状态，但其发生的概率无法确定时采取的决策方法。此种情况下，决策的有效性取决于决策者的能力与经验。

非确定性决策常用方法有3种。

① 悲观决策法：从最差的状态出发，在每个方案中选出最小收益值，再从这些收益值中选出最大值对应的方案作为决策方案。

② 乐观决策法：从最好的状态出发，在每个方案中选出最大收益值，再从这些收益值中最大值对应的方案为决策方案。

③ 最小遗憾法：在不确定情况下，先找出每种情况的最大遗憾值（各收益与最大收益之差），再从这些最大遗憾值中挑选遗憾值最小的方案作为决策方案。

【例2-3】 某运输企业准备为旅客提供更优质服务产品，该产品需求量有三种情况，分别为需求量低、需求量一般和需求量高。每种情况出现的概率无法预测。现有三个方案：甲方案，改造原有设备；乙方案，购进新设备；丙方案，购进关键设备。该产品生产计划为5年，各个方案在各种需求状态下5年内的预期收益见表2-3。

表2-3　预期收益表　　　　　　　　　　　　单位：万元

方　　案	需求状态		
	需求量低	需求量一般	需求量高
甲方案	250	300	350
乙方案	200	330	400
丙方案	150	350	450

（1）悲观决策法：小中取大法，选择最小收益的最大值的方案。

本例中，max{250，200，150}=250，甲方案为最佳方案。

（2）乐观决策法：大中取大法，选择最大收益的最大值的方案。

本例中，max{350，400，450}=450，丙方案为最佳方案。

（3）最小遗憾法：每个决策收益与最大收益的差为遗憾值，选择最大遗憾值中最小的方案。本例中，在需求量最低的情况下，甲方案的遗憾值为250-250=0；乙方案的遗憾值为250-200=50（万元）；丙方案的遗憾值为250-150=100（万元），总体的遗憾值计算结果见表2-4。

表2-4　遗憾值计算结果　　　　　　　　　　单位：万元

方　　案	需求状态		
	需求量低	需求量一般	需求量高
甲方案	0	50	100
乙方案	50	20	50
丙方案	100	0	0

min{100，50，100}=50，乙方案为最佳方案。

第三节　计划与计划程序

计划工作是铁路运输企业管理的首要的和最基本的职能，其他工作只有在确定了目标、制订了计划后才能开展。铁路运输企业管理人员要使每个人理解企业的目标以及实现目标的方法，使得每个人能有效完成工作任务。

一、计划的含义

在管理学中，计划具有两重含义，其一是计划工作，是指根据对组织外部环境与内部条件的分析，提出在未来一定时期内要达到的组织目标以及实现目标的方案途径。其二是计划形式，是指用文字和指标等形式所表述的组织以及组织内不同部门和不同成员，在未来一定时期内关于行动方向、内容和方式安排的管理事件。

铁路运输计划是指根据国民经济对铁路运输的需求所确定的铁路生产任务而编制的合理组织旅客运输和货物运输的计划，属于国民经济计划的一个重要组成部分，是国家考核铁路运输业经济活动的重要依据之一。

二、计划的分类

1. 按计划的重要程度分

从计划的重要程度来看，可以将计划分为战略计划和作业计划。

应用于整体组织的，为组织设立总体目标和寻求组织在环境中的地位的计划，称为战略计划。规定总体目标如何实现的细节的计划称为作业计划。

战略计划与作业计划在时间框架上、在范围上和在是否包含已知的一套组织目标方面是不同的。战略计划趋向于包含持久的时间间隔，通常为5年，甚至更长，它们覆盖较宽的领域，但不规定具体的细节。此外，战略计划的一个重要的任务是设立目标；而作业计划假定目标已经存在，只是提供实现目标的方法。

2. 按计划的时期界限分

财务人员习惯于将投资回收期分为长期、中期和短期。长期通常指5年以上，短期一般指1年以内，中期则介于两者之间。管理人员也采用长期、中期和短期来描述计划。

长期计划描述了组织在较长时期（通常5年以上）的发展方向和方针，规定了组织的各个部门在较长时期内从事某种活动应达到的目标和要求，绘制了组织长期发展的蓝图。

短期计划具体地规定了组织的各个部门在目前到未来的各个较短的时期阶段，特别是最近的时段中，应该从事何种活动、从事该种活动应达到何种要求，因而为各组织成员的行动提供了依据。

3. 按计划内容的明确性分

根据计划内容的明确性指标，可以将计划分具体性计划和指导性计划。具体性计划具有明确规定的目标，不存在模棱两可。指导性计划只规定某些一般的方针和行动原则，给予行动者较大自由处置权，它指出重点，但不把行动者限定在具体的目标上或特定的行动方案上。相对于指导性计划而言，具体性计划虽然更易于执行、考核及控制，但是缺少灵活性，它要求的明确性和可预见性条件往往很难满足。

4. 由抽象到具体分

哈罗德·孔茨和海因·韦里克从抽象到具体，把计划分为使命、目标、战略、政策、程序、规则、方案以及预算。

1）使命

它指明一定的组织机构在社会上应起的作用、所处的地位。它决定组织的性质，决定此组织区别于彼组织的标志。

各种有组织的活动，如果要使它有意义的话，至少应该有自己的目的或使命。比如，大学的使命是教书育人和科学研究，研究院所的使命是科学研究，医院的使命是治病救人，法院的使命是解释和执行法律，企业的使命是生产和分配商品和服务。

2）目标

组织的使命往往太抽象、太原则化，需要进一步具体化为组织一定时期的目标和各部门的目标。目标是期望达到的成果，组织的使命支配着组织各个时期的目标和各个部门的目标。而且组织各个时期的目标和各部门的目标是围绕组织使命制定的。

3）战略

战略是为了达到组织总目标而采取的行动和利用资源的总计划，其目的是通过一系列的主要目标和政策去决定和传达一个组织期望自己成为什么样的组织。战略并不确切地概述组织怎样去完成它的目标。

4）政策

政策是指导或沟通决策思想的全面的陈述书或理解书，但不是所有政策都是陈述书，政策也常常会从主管人员的行动中含蓄地反映出来。比如，主管人员处理某问题的习惯方式往往会被下属作为处理该类问题的模式，这也许是一种含蓄的、潜在的政策。

政策能帮助事先决定问题的处理方法，这一方面可减少对某些例行问题的处理时间成本，另一方面也能把其他计划统一起来。

政策支持了分权，同时也支持了上级主管对该项分权的控制。政策决定了对某些事情处理的自由。一方面，我们不可把政策当作规则；另一方面，我们必须把这种自由限制在一定的范围内。自由处理权的大小，一方面取决于政策本身，另一方面取决于主管人员的管理艺术。

5）程序

程序是制订处理未来活动的一种必需方法的计划。它详细列出必须完成某类活动的切实方式，并按时间顺序对必要的活动进行排列。它与战略的不同点在于，它是行动的指南，而非思想指南。它与政策的不同点在于，它没有给行动者自由处理的权利。虽然从理论层面我们可以把政策与程序区分开来，但在实际工作中，程序往往表现为组织的政策。比如，一家制造企业的处理订单程序、财务部门批准给客户信用的程序、会计部门记载往来业务的程序等，都表现为企业的政策。组织中每个部门都有程序，并且基层的程序更加具体化、数量更多。

6）规则

规则详细、明确地阐明必须行动或无须行动，没有酌情处理的余地。其本质是一种管理决策。规则通常是最简单形式的计划。

规则与程序的不同点在于：其一，规则指导行动，但不说明时间顺序；其二，可以把程序看作是一系列的规则，但是一条规则可能是，也可能不是程序的组成部分。比如，"禁止吸烟"是一条规则，但和程序没有任何联系；而一个规定为顾客服务的程序可能表现为一些规则，如在接到顾客需要服务的信息后 30 分钟内必须给予答复。必须注意的是，就性质而言，规则和程序均旨在约束思想，因此只有在不需要组织成员使用自行处理权时，才使用规则和程序。

规则也不等于政策。政策的目的是指导行动，并给执行人员留有酌情处理的余地；而规则虽然也起指导作用，但是在运用规则时，执行人员没有自行处理的权利。

7）方案

方案是一个综合的计划，它包括目标、政策、程序、规则、任务分配、要采取的步骤、要使用的资源以及为完成既定行动所需要的其他因素。一项方案可能很大，也可能很小。通常情况下，一个主要方案（规划）可能需要很多支持计划。在主要计划进行之前，必须要把这些支持计划制订出来，并付诸实施。所有这些计划都必须加以协调和安排时间。

8）预算

预算是一份用数字表示预期结果的报表。预算通常是为规划服务的，其本身可能也是一项规划。

三、铁路运输企业计划

铁路运输企业计划应服从客观经济规律的要求，遵守国家有关的方针政策，加强调查研究，安排好铁路外部与铁路内部的比例关系。

① 铁路外部的比例关系，主要是指铁路发展与工农业生产建设之间的比例关系、铁路与其他运输方式之间的比例关系。

② 铁路内部的比例关系，主要指铁路系统各部门、各环节的任务安排以及人力、物力、财力的分配和平衡，如运输任务同运输设备的修理、改造、更新和增加之间的关系；运输任务同职工数量、职工构成和职工生活保证之间的关系；运输内部行车、货运、机车车辆、线路、通信信号、物资等部门之间的关系。

1. 铁路运输企业计划分类

铁路运输企业计划分为长期计划、年度计划、季度计划，以及月、旬、日、班计划。

① 长期计划反映铁路的发展方向和战略目标，用以指导运输生产和建设的发展，它是根据铁路运量的科学预测编制的。

② 年度计划是比较完整的计划，它保证长期计划的落实，也是安排短期计划的基础。

③ 季度计划是保证年度计划的阶段计划。

④ 月、旬、日、班计划是在年度、季度计划的指导下，具体组织运输生产的作业计划，统称为日常计划。

另外，根据运输对象的不同，铁路运输计划还可分为铁路旅客运输计划和铁路货物运输计划。

2. 铁路运输年度计划

制订年度运输计划是铁路计划工作的主要内容，也是制订其他各种计划的基础。编制年度运输计划时，首先确定客货运量、平均运输距离和周转量，然后据以编制机车车辆运用计划，制定（或修订）列车编组计划和运行图，并在各铁路局间分配运输任务。

铁路运输年度计划一般包括以下十种。

① 客货运输计划：规定铁路的运输任务，主要反映运送旅客和货物的数量、距离和周转量。

② 机车车辆运用计划：主要反映机车车辆的工作量、运用效率和需要量。

③ 基本建设计划：主要反映为扩大运输生产能力，在增加设备方面的安排。

④ 设备修理计划：主要反映线路、机车、车辆等运输设备的修理工作量。

⑤ 设备更新和改造计划：主要反映为采用新技术、增强运输生产能力对设备更新和技术改造方面的工作要求。

⑥ 工业计划：主要反映铁路机车车辆和专用设备的制造和厂修任务。

⑦ 劳动工资计划：主要反映为完成预定的运输生产任务，在职工的数量和构成、劳动生产率、平均工资和工资总额方面的要求。

⑧ 科学研究计划：反映发展铁路运输所需研究的课题及其目标和进度。

⑨ 物资供应计划：反映运输生产所需各项生产资料的数量和供应来源。

⑩ 财务收支计划：反映铁路收入、支出、盈利、资金来源、资金运用的任务和要求。这些计划所包括的各项技术经济指标，反映铁路运输事业发展和技术经济管理的要求。

长期以来铁路各有关部门十分重视铁路运输计划的编制、下达、执行和检查。自20世纪末开始，为顺应市场经济的发展和体制改革的需要，采用发布全路运输主要指标预期值和运输收入预期值的形式来体现国家对年度运输任务和指标的要求。

3. 铁路运输月度计划

月度运输计划根据各企业单位生产计划、供应计划和销售计划针对铁路运输需要进行编制，所以月度运输计划通常由铁路运输部门组织制定并贯彻执行。编制月度货物运输计划时，要根据国家政策，对货物分类排队，以便组织合理运输、直达运输和均衡运输。

四、计划的程序

任何计划工作都要遵循一定的程序或步骤。虽然小型计划比较简单，大型计划复杂些，但是，管理人员在编制计划时，其工作步骤都是相似的，依次包括以下内容。

1. 认识机会

认识机会先于实际的计划工作开始以前，严格来讲，它不是计划的一个组成部分，但却是计划工作的一个真正起点。因为它预测到了未来可能出现的变化，清晰而完整地认识到了组织发展的机会，搞清了组织的优势、弱点及所处的地位，认识到了组织利用机会的能力，意识到不确定因素对组织可能发生的影响程度等。

认识机会，对做好计划工作十分关键。一位经营专家说过："认识机会是战胜风险、求得生存与发展的诀窍。"

诸葛亮"草船借箭"的故事流传百世，其高明之处就在于他看到了三天后江上会起雾，而曹军有不习水性、不敢迎战的特点，神奇般地实现了自己的战略目标。企业经营中也不乏这样的例子。

2. 确定目标

制订计划的第二个步骤是在认识机会的基础上，为整个组织及其所属的下级单位确定目标。目标是期望达到的成果，它为组织整体、各部门和各成员指明了方向，描绘了组织未来的状况，并且作为标准可用来衡量实际的绩效。计划的主要任务，就是将组织目标进行层层分解，以便落实到各个部门、各个活动环节，形成组织的目标结构，包括目标的时间结构和空间结构。

3. 确定前提条件

所谓计划工作的前提条件，就是计划工作的假设条件，即计划实施时的预期环境。负责计划工作的人员对计划前提了解得越细越透彻，并能始终如一地运用它，则计划工作也将做得越协调。

按照组织的内、外部环境的不同，可以将计划工作的前提条件分为外部前提条件和内部前提条件；还可以按可控程度，将计划工作前提条件分为不可控的、部分可控的和可控的三种前提条件。外部前提条件大多为不可控的和部分可控的，而内部前提条件大多数是可控的。不可控的前提条件越多，不肯定性越大，就越需要通过预测工作确定其发生的概率和影响程度。

4. 拟订可供选择的可行方案

编制计划的第四个步骤是，寻求、拟订、选择可行的行动方案。"条条道路通罗马"说明实现某一目标的方案是多种的。通常，最显眼的方案不一定就是最好的方案，对过去方案稍加修改和略加推演也不会得到最好的方案，而一个不引人注目的方案或通常人提不出的方案，效果却往往是最佳的，这也体现了方案创新的重要性。此外，方案也不是越多越好。编制计划时，没有可供选择的合理方案的情况是不多见的，经常遇到的问题不是寻找更多的可供选择的方案，而是减少可供选择方案的数量，以便把主要精力集中在对少数最有希望的方案的分析方面。

5. 评价可供选择的方案

在找出了各种可供选择的方案并分析了它们的优缺点后，下一步就是根据前提条件和目标，权衡它们的轻重优劣，对可供选择的方案进行评估。评估实质上是一种价值判断，它一方面取决于评价者所采用的评价标准；另一方面取决于评价者对各个标准所赋予的权重。

评估可供选择的方案，要注意考虑以下几点：

第一，认真考察每一个计划的制约因素和隐患；

第二，要用总体的效益观点来衡量计划；

第三，既要考虑每一个计划的有形的、可以用数量表示出来的因素，又要考虑无形的、不能用数量表示出来的因素；

第四，要动态地考察计划的效果，不仅要考虑计划执行所带来的利益，还要考虑计划执行所带来的损失，特别要注意那些潜在的、间接的损失。

6. 选定方案

计划工作的第六步是选定方案。这是在前五步工作的基础上，做出的关键一步，也是决策的实质性阶段——抉择阶段。可能遇到的情况是，有时会发现同时有两个以上可取方案。在这种情况下，必须明确首先采取哪个方案，而将其他方案也进行细化和完善，以作为后备方案。

7. 制订派生计划

基本计划还需要派生计划的支持。比如，某企业年初制订了"当年销售额比上年增长

15%"的销售计划，与这一计划相连的有许多派生计划，如生产计划、促销计划等。再如当一家公司决定开拓一项新的业务时，这个决策需要制订很多派生计划作为支撑，如雇用和培训各种人员的计划、筹集资金计划、广告计划等。

8. 编制预算

在做出决策和确定计划后，计划工作的最后一步就是把计划转变成预算，使计划数字化。编制预算，一方面是为了计划的指标体系更加明确，另一方面是使企业更易于对计划执行进行控制。

第四节　企业目标管理

一、目标管理概述

美国管理大师彼得·德鲁克（Peter F. Drucker）于 1954 年在其著作《管理实践》中最先提出了"目标管理"的概念，随后他又提出"目标管理和自我控制"的主张。德鲁克认为，并不是有了工作才有目标，而是相反，有了目标才能确定每个人的工作。

所以，企业的使命和任务，必须转化为目标。如果一个领域没有目标，这个领域的工作必然被忽视。因此，管理者应该通过目标对下级进行管理，当组织最高层管理者确定了组织目标后，必须对其进行有效分解，转变成各个部门以及各个人的分目标，管理者根据分目标的完成情况对下级进行考核、评价和奖惩。

目标管理提出以后，便在美国迅速流传。时值第二次世界大战后西方经济由恢复转向迅速发展的时期，企业急需采用新的方法调动员工积极性以提高竞争能力，目标管理的出现可谓应运而生，遂被广泛应用，并很快为日本、西欧的企业所仿效，在世界管理界大行其道。

目标管理的指导思想是以管理心理学中的"Y 理论"为基础的，即认为在目标明确的条件下，人们能够对自己负责。其理论依据是心理学与组织行为学中的目标论。即任何一个组织系统层层地制定目标并强调目标成果的评定，都可以提高组织的工作效率和职工的满意程度。

目标管理的目的是通过目标的激励来调动广大员工的积极性，从而保证实现总目标。其核心就是明确和重视成果的评定，提倡个人能力的自我提高，其特征就是以目标作为各项管理活动的指南，并以实现目标的成果来评定其贡献大小。

二、目标管理基本内容

目标管理的基本内容是动员全体员工参加目标制定并保证目标实现，即由组织中的上级与下级一起商定组织的共同目标，并把其具体化展开至组织各个部门、各个层次、各个成员。与组织内每个单位、部门、层次和成员的责任和成果密切联系，在目标执行过程中要根据目标决定上、下级责任范围，上级权限下放，下级实现自我管理。在成果评定过程中，严格以这些目标作为评价和奖励标准，实行自我评定与上级评定相结合。以此形成一个全方位的、全过程的、多层次的目标管理体系，提高上级领导能力，激发下级积极性，保证目标实现。

三、目标管理特点

目标管理指导思想是以"Y理论"为基础的，即认为在目标明确的条件下，人们能够对自己负责。它与传统管理方式相比有以下鲜明的特点。

1. 重视人的因素

目标管理是一种参与的、民主的、自我控制的管理制度，也是一种把个人需求与组织目标结合起来的管理制度。在这一制度下，上级与下级的关系是平等、尊重、依赖、支持，下级在承诺目标和被授权之后的工作态度是自觉、自主和自治的。

2. 建立目标锁链与目标体系

目标管理通过专门设计的过程，将组织的整体目标逐级分解，转换为各单位、各员工的分目标。从组织目标到经营单位目标，再到部门目标，最后到个人目标。在目标分解过程中，权、责、利三者已经明确，而且相互对称。各级目标方向一致，环环相扣，相互配合，形成协调统一的目标体系。只有每个人员都完成了自己的分目标，整个企业的总目标才有完成的希望。

3. 重视成果

目标管理以制定目标为起点，以目标完成情况的考核为终点。工作成果是评定目标完成程度的标准，也是人事考核和奖评的依据，更是评价管理工作绩效的唯一标志。至于完成目标的具体过程、途径和方法，上级并不过多干预。所以，在目标管理制度下，监督的成分很少，而控制目标实现的能力却很强。

四、目标管理方法

目标管理分三个阶段：第一阶段为目标的设置；第二阶段为实现目标过程的管理；第三阶段为总结与评价所取得的成果，即总结与评价。

（一）目标的设置

这是目标管理最重要的阶段，这一阶段可以细分为四个步骤。

1. 高层管理预定目标

这是一个暂时的、可以改变的目标预案。既可以先由上级提出，再同下级讨论；也可以由下级提出，上级批准。无论哪种方式，必须共同商量决定；其次，领导必须根据企业的使命和长远战略，估计客观环境带来的机会和挑战，对企业的优劣有清醒的认识，对组织应该和能够完成的目标心中有数。

2. 重新审议组织结构和职责分工

目标管理要求每一个分目标都有确定的责任主体。因此预定目标之后，需要重新审查现有组织结构，根据新的目标分解要求对组织结构进行调整，明确目标责任者的职责分工。

3. 确立下级的目标

首先，上级要让下级明确组织的规划和目标，然后与下级商定分目标。在讨论中，上级要尊重下级，平等待人，耐心倾听下级意见，帮助下级发展一致性和支持性目标。分目标要具体量化，便于考核；要分清轻重缓急，以免顾此失彼；目标既要有挑战性，又要有实现的可能。每个员工和部门的分目标要和其他的分目标协调一致，支持本单位和组织目标的实现。

4. 上、下级达成协议

上级和下级就实现各项目标所需的条件以及实现目标后的奖惩事宜达成协议。分目标制定后，要授予下级相应的资源配置的权力，实现权、责、利的统一。由下级写成书面协议，编制目标记录卡片，整个组织汇总所有资料后，绘制出目标图。

（二）实现目标过程的管理

目标管理重视结果，强调自主、自治和自觉，并不等于领导可以放手不管。相反，由于形成了目标体系，一环失误，就会影响全局，所以领导在目标实施过程中的管理职责是不可缺少的。首先进行定期检查，利用双方经常接触的机会和信息反馈渠道自然地进行；其次要向下级通报进度，便于互相协调；最后要帮助下级解决工作中出现的困难问题，当出现意外、不可测事件严重影响组织目标实现时，也可以通过一定的手续，修改原定的目标。

（三）总结和评估

达到预定的期限后，下级首先进行自我评估，提交书面报告；然后上、下级一起考核目标完成情况，决定奖惩；同时讨论下一阶段目标，开始新的一轮循环。如果目标没有完成，应分析原因，总结教训，切忌相互指责，以保持相互信任的气氛。

案例分析

铁路年度运输计划管理办法（节选）

第一章　总则

第一条　为提高铁路年度运输计划工作质量，加强管理，使之规范化、科学化，制定本办法。

第二条　铁路运输是生产在流通过程的继续。铁路运输计划是国民经济计划的组成部分，是国家考核铁路运输业经济活动的重要依据，是全路职工在计划年度内的行动纲领，是铁路各部门、各单位安排其他各项计划的重要依据。

第三条　铁路运输计划工作的基本任务

在充分调查国民经济各部门发展情况的基础上，根据国家的有关方针政策和国民经济计划安排以及铁路运输能力，综合平衡，安排好铁路运输和国民经济各部门之间的比例关系，制定铁路运输计划并监督检查计划执行情况，参与工业布局和铁路主要运输设备建设以及改造方案的研究，使铁路运输适应国民经济发展的需要。

第四条　铁路运输计划编制与执行的原则

1. 必须坚持以国家利益和社会效益为主，兼顾铁路企业经济效益的原则，保证国家运输计划的完成。

2. 必须坚持实事求是、积极而又适当留有余地的原则。

3. 必须坚持民主集中制的原则。在计划编制过程中要集思广益，不断提高计划编制的质量。

4. 必须坚持先计划内、后计划外、保证重点、兼顾一般的原则。确保国家重点物资的运输。

5. 必须坚持双增双节的方针。充分挖掘运输潜力，提高运输效率和经济效益。

第五条　各级运输计划部门要配备具有一定文化水平和专业知识的人员，并保持相对的稳定；要采取多种方式对运输计划人员进行培训，学习现代化管理方法，扩大知识面，提高业务素质和工作水平。对工作成绩突出的人员，及时给予表彰和鼓励。

运输计划人员要自觉地学习党的路线、方针、政策，不断提高政治和业务水平；要深入基层，调查研究，做到情况明、问题清，当好领导参谋。

第二章 经济调查

第六条 经济调查是了解国民经济对铁路运输需求的重要手段，是编制铁路运输计划的基础，是提高运输计划质量的保证。各级计划部门都要定期和不定期地组织经济调查，及时获得可靠的数据和信息。

第七条 经济调查的基本任务

调查铁路吸引区内国民经济各部门的现状和发展规划，以及经济政策贯彻落实情况。重点了解计划期内工农业生产建设的具体安排及其产、运、销关系和客流结构等情况，在此基础上分析影响客货运输变化的因素，掌握规律，为编制计划提供可靠的依据。

第八条 经济调查的内容

1. 客流调查

铁路吸引区内的总人口，其中企业、事业、机关团体和学校的职工及家属人数，休假制度，公差、开会、探亲、参观实习等外出乘车人数、时间、去向等，掌握旅客增减变化的各项因素；农业生产，集市贸易，乡镇企业，农业劳动力外出做工、经商及个体工商业的发展等情况；旅游事业的发展和大型会议召开情况，如旅游人数和大型会议参加人数以及季节性变化情况；各种交通运输工具的发展对铁路客流的影响情况。重点是公路分流情况，包括公路运输能力、运行线路、开行班次、票价和历年完成客运量。

为掌握客流变化规律，各级计划部门要建立客流定期调查制度。

2. 货源货流调查

铁路吸引区内的国民经济各部门经济发展和自然资源状况，厂、矿企业的生产能力，产品、产量的运输流向和所需原材料和燃料数量、来源及消耗定额，企业发展规划；

吸引区内基本建设和技术改造的投资规模、所需建筑材料和设备、投产时间及投产后的运量；吸引区内商业、外贸、物资部门的大宗物资收购、销售、调拨量以及市场调节量；吸引区内大宗农副土特产品的运输量、支农物资的铁路运量；吸引区内港口和外贸运量。

思考：

（1）铁路运输计划工作的基本任务有哪些？
（2）铁路运输企业经济调查的内容有哪些？

复习思考题

1. 简述预测的含义和作用。
2. 简述德尔菲法的流程。
3. 简述一元线性回归预测法的优点和缺点。
4. 简述决策的含义和基本要素。
5. 决策的影响因素有哪些？各有什么影响？
6. 简述计划的含义与分类。
7. 计划的程序中包括哪几个步骤？
8. 目标管理有哪些特点？
9. 简述目标管理的方法。

第三章

铁路运输企业生产管理

学习目标

（1）了解生产与生产管理的概念和内容，熟悉铁路运输企业生产管理的内容和特点。

（2）了解生产计划的内容和编制原则，明确铁路运输企业生产计划任务和编制方法，能正确制订铁路运输生产作业计划。

（3）明确生产过程的组织形式和要求，了解生产作业控制的概念和内容。

（4）熟悉网络图的构成和绘制要求，掌握网络时间的种类和计算方法，了解网络计划优化的途径。

案例导入

影像柯达

1877 年，一位银行职员外出旅行，他带着使用湿板的照相器材，装了满满一马车。他为此很生气，开始积极研究如何把湿板变为干板，之后他制造出了小型照相机，与胶卷一起出售，同时开始提供冲洗显像服务。这位使照相机风行世界的发明家，就是美国柯达公司的创始人乔治·伊斯特曼。

从柯达创立之初到成为专注于商业影像的科技公司，一个世纪过去了。在数码技术普及之前，这家公司的照相技术一直处于领先地位，即使从第二次世界大战之后的摄影历史来看，柯达在彩色、黑白胶卷方面都是遥遥领先。从人类首次成功登上月球的阿波罗计划开始，有关美国开发太空的记录，都离不开柯达产品。从公司创立那一天起，柯达便坚持"创造好产品"这一方针。即便如此，它也并非一帆风顺。20 世纪 80 年代初期，由于美元强势，导致柯达在海外盈余大幅度削减，而且让竞争者有机可乘，以削价渗透策略进入市场，胶卷的第二名牌——富士便一度瓜分走了之前一直由柯达独占的美国市场的十分之一。

面对日益激烈的竞争，柯达将以往的功能式组织重新组合为 24 个事业单位，每一个事业单位都独立核算；成立了 10 个投资单位，从事新产品的开发工作。后来，柯达的决策开始下放给较低层，新产品上市的速度也更快了。其中的一个投资单位——尖端科技，便开发出了柯达的新产品——锂电池，并成长为 3 亿至 5 亿美元的市场。这项新产品在两年内便上了商品陈列架，以往通常要花 5 至 7 年的时间。柯达的这一方针不仅使其渡过难关，而且还使其在竞争中保持不败的地位。1987 年，名列美国 50 家最大工业公司第 25 位，营业额 133 亿美元，利润 11.78 亿美元。同年，名列美国 50 家最大出口公司的第 25 位，出口额 22.55 亿美元。

为了适应开发创新的需要，1985 年，柯达把组织形态改为营业线结构，以适应国际市场各种不同的需求，以及全球各地互异的生产方式。柯达的每一条营业线，都是一个独立的组织，负责某项产品的研究、开发、生产、销售等业务。另外，营业线也必须为自己的决策以及成败负责。营业线的建立，使该公司向质量管理国际化迈进一大步，而营业线的实质意义是赋予各个营业线经理决策权，以快速反映市场变化。对营业线而言，可把符合市场需求的产品自研发到推出的时间周期减半，下面是一些成功的案例。

（1）底片冲洗部改良了一项产品，既提高了这项产品的服务品质，又使照相馆冲洗底片的时间减半。如果是在原先的组织结构下，至少需要 7 年才能完成这项工作，但在营业线组织结构下，只花了两年的时间，便把改良后的产品推出上市。

（2）1988 年汉城奥运会，奥运筹备委员会在 1986 年才决定由柯达公司负责奥运会影像记录设备。接到通知后，柯达公司的电子摄影部迅速展开桌上型彩色录像带印刷机的研发工作，并于 18 个月后推出上市，比汉城奥运会开幕的时间早了约 6 个月。

（3）消费产品部意识到市场需求的变化后，着手开发两款 35 mm 的单镜头相机，并于 2 年后推出上市，正好赶上对低成本的 35 mm 单镜头相机的热潮。

柯达加速开发新产品的成功做法如下。

① 根据市场需求，将产品功能明确化。从无形的市场信息中归纳出产品可具备的功能，是一件困难的工作，但却也是增加企业竞争力的关键所在。不过，市场信息收集方法必须正确，否则不但会导致开发出来的产品无人问津，而且还浪费公司宝贵的资源。柯达为了确保市场信息的正确，特别订立了一套作业流程，包括收集市场信息、消化信息，直到用之开发产品。

② 将产品开发过程明确化。公司开发了一套产品开发作业系统制造能力确保系统，不但详细列出各项开发步骤，同时详列检查步骤，以确保开发工作顺利进行。这套产品开发作业系统，适用于柯达每条营业线。

③ 以专题管理的方式，成立专题小组，从事各项产品的开发工作。柯达认为任何一项产品的开发，都必须先成立专题小组。而专题小组的成员则包括研究开发、生产、销售等部门的有关人员。不过，小组的成员与组长，将随着产品开发工作的进行而有所改变。

思考： 柯达组织结构随市场而变，确保其在竞争中处于不败之地，对你有何启示？

第一节 生产与生产管理

一、生产与生产管理概述

（一）生产

生产也称社会生产，是在特定的技术条件下，通过将人的劳动作用于劳动对象和劳动资料，生产人们所需要的各种物品或服务的过程。生产实际上是一种加工转换过程，在加工转换过程中，生产系统必须投入一定的生产要素，根据不同的生产目的，生产出满足人们不同需要的产品。企业生产系统的一般模型如图3-1所示。

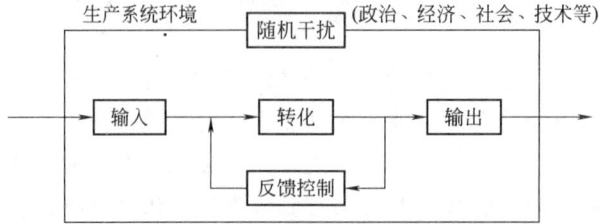

图 3-1　企业生产系统的一般模型

生产系统的输入主要包括人、财、物、技术、信息五个方面的内容。人是指拥有一定知识、技能的人力资源；财是指必要的生产流动资金；物是指原材料、机器设备、工艺设备、能源等；技术是指用原材料或半成品制造、安装出能符合安全标准、质量标准、能耗及时耗标准、环保标准等使用性能的产品的方法、步骤等，包括产品图样、工艺文件等生产技术要素；信息包括需求信息、生产能力、生产计划以及有关部门标准等。

生产系统中的转化过程就是生产过程，其主要内容就是合理组织生产过程，使生产要素按照顾客需求、技术要求及各项标准完成产品的加工。这个转化过程也是企业的内部物流过程。

生产系统的输出，其形式上表现为产品和服务。生产系统的输出，对社会而言是企业输出的产品和劳务；对国家而言是收取的税收；对企业自身而言是获取的收入。生产适销对路的产品和服务是社会对企业生产管理的基本要求，是企业获取收入、上缴税收的前提。

反馈控制就是将生产过程输出的信息，如产品产量、质量、原料及能源消耗、生产进度、成本等，返回到输入一端或生产过程中，与输入信息进行比较，发现差异，查明原因，采取措施，并及时解决存在的问题，从而保证生产过程的正常进行和生产计划的完成。反馈控制在生产系统中起着对生产过程的控制及提供信息的作用。

（二）生产管理

1. 生产管理基本概念

生产管理就是对企业生产活动进行计划、组织、控制、协调和指挥，是同产品生产过程密切相关的各项管理工作的总称。由于企业生产活动范围界定的不同，生产管理有广义和狭义之分。

① 广义的生产管理是指对企业生产活动的全过程进行系统的管理，也就是以企业生产系统作为对象的管理。广义的生产管理内容十分广泛，包括生产过程组织、劳动组织和劳动定额管理、生产技术准备、生产计划和生产作业计划的编制、生产作业控制、物资管理、设备和工具管理、能源管理、质量管理、安全生产、环境保护等。

② 狭义的生产管理则是指以产品的生产过程为对象的管理，即对企业的生产技术准备、原材料投入、工艺加工直至产品完工的具体活动过程的管理。由于产品的生产过程只是生产系统的一部分，因此，狭义的生产管理的内容也只能是广义生产管理内容的一部分，它主要包括生产过程组织、生产技术准备、生产计划和生产作业计划的编制、生产作业控制等。

生产管理是企业管理系统的基本组成部分，是企业长久发展的基础和保证。搞好生产管理可为企业各项管理打下良好基础，使企业决策层摆脱日常管理的烦琐工作，集中精力抓好企业的经营决策，掌握好企业的发展方向，使企业在宏观管理水平上和微观管理水平上，都得到不断的提高。

2. 生产管理任务

企业生产管理的基本任务，就是在生产活动中，根据经营目标、方针和政策，充分考虑企业的外部环境和内部条件，运用计划、组织、控制、协调等职能，将输入生产过程的人、财、物、信息等生产要素有机结合起来，经过转换过程，以尽可能少的投入生产出尽可能多的符合市场和消费者需要的产品和服务，并取得最佳的经济效益。

在市场经济条件下，为提高企业生产经营效益，生产管理的具体任务主要包括以下四个方面：

① 按照规定的产品品种的数量完成生产任务；

② 按照规定的产品质量完成生产任务；

③ 按照规定的产品计划成本完成生产任务；

④ 按照规定的产品交货期限完成生产任务。

产品的数量（quantity）、质量（quality）、成本（cost）和交货期（delivery），简称为QQCD，是衡量企业生产管理成败的四要素。保证 QQCD 四方面的要求，是生产管理最主要的任务。这四项任务既相互联系，又相互制约。增加数量，可能引起成本降低，并引起质量的降低；提高产品质量，可能引起成本增加；为了保证交货期而过分赶工，可能引起成本的增加和质量的降低。企业为了取得良好的经济效益，需要在生产管理中加以合理的组织、协调和控制。

生产管理是为实现企业经营目标服务的。生产管理的每一项生产任务都是通过计划、准备、生产、销售四个阶段实现的。每项生产任务在生产阶段的实际情况，将反馈到准备阶段。生产管理能否保证质量的要求，最终要在销售中接受用户的检验；生产管理能否保证按照交货期交货，可通过履约率得到反映；生产管理能否按最经济的成本生产，将由销售后的盈亏做出结论。

二、生产管理的内容

生产管理过程中需要做很多工作。这些工作按照管理的职能来划分，一般可分为生产准备、生产计划、生产组织和生产控制四个方面。

1. 生产准备

① 人员准备：主要包括对各技术工种工人的选择、配备，工作轮班的安排，各班组及工作地工人的临时调配等。

② 工艺、技术和设备方面的准备：主要包括编制工艺文件、进行工艺方案的选优、设备选择的经济评价以及设计和补充工艺设备等。

③ 能源、物资准备：主要包括原材料、燃料、动力、外购件、外协件等，在保证完成生产任务的前提下，力求使总费用最省。

2. 生产计划

生产计划主要包括企业生产计划和生产作业计划。

① 企业生产计划主要规定产品品种、产量、质量等计划，以及保证实现生产计划的技

术组织措施计划。

② 生产作业计划是生产计划的具体执行计划，它保证产品生产过程中各阶段、各环节、各工序之间在期量上的协调与衔接，使企业实现有节奏的均衡生产。

企业生产计划和生产作业计划的编制和执行，决定着企业能否按质、按量、按品种、按期限生产出市场需要和消费者满意的产品，影响到企业能否取得良好的经济效益。企业在制订计划时，既要考虑市场需求和企业内、外的生产条件，又要通过综合平衡，做到以最低的消耗和成本实现最优的生产方案。

3. 生产组织

生产组织是生产过程组织和劳动过程组织的统一。生产过程组织主要解决产品生产过程中各阶段、各环节、各工序在时间和空间上的协调衔接问题；劳动过程组织主要解决劳动者之间、劳动者与劳动工具、劳动对象之间的关系。生产过程组织和劳动过程组织是企业生产活动计划工作的基础和依据，两者必须实现动态平衡，既要保持相对的稳定性，又要随着企业经营方针、经营计划的变化而变化。提高生产组织形式和劳动组织形式的应变能力，其主要目的在于提高劳动生产率和经济效益。

4. 生产控制

生产控制是指围绕完成生产计划所进行的各种检查、监督、调整等工作。生产控制的作用在于完善生产组织，实现生产计划，提高产品质量，降低生产消耗和生产成本。

① 广义的生产控制是对生产全过程实现全面的控制，从范围看包括生产组织、生产准备和生产过程的各个方面；从内容看包括投产前控制、生产过程控制、产品质量控制、机物料消耗和生产费用等方面的控制、库存和资金占用的控制等。

② 狭义的生产控制是对生产过程的控制。

为了经济有效地进行经济活动，必须明确生产计划和生产控制两种职能的关系。生产计划是生产控制的依据，生产控制是实现生产计划的手段。如果生产计划不正确，生产控制就会变得复杂，导致工作量增加、生产秩序混乱等，从而影响生产计划按期完成。

三、铁路运输企业的生产管理

运输企业的生产管理指的是从运输生产过程的准备阶段开始，按照企业预订的生产管理目标和计划，充分利用人力、物力、财力资源，对运输生产的各要素、各环节进行合理安排，优化组合，从运输产品的时间、质量、数量和成本等要求出发，对为社会提供符合需求和用户满意的运输服务全过程进行计划、组织、协调和控制。

对于铁路运输企业来说，生产管理主要分为运输生产管理、工附业生产管理和基本建设施工生产管理等三个类型，其中运输生产管理包括三个方面的内容：

一是铁路运输组织的合理化，即主要是力求货物、旅客的运量、运程、流向合理，以最少的运输费用，最快的速度，均衡、及时、质量良好的完成旅客和货物运输任务；

二是机车车辆运用的合理化，既要在保证安全的基础上，实现"多拉快跑"，提高输送能力，以保证用最少量的机车车辆完成较多的运输任务，即提高车辆装载量和列车重量，加速机车车辆的周转，又要以提高铁路运输经济效益为中心，改进各项运营指标，取得较好的经济效益；

三是铁路扩大再生产的投资合理化，即铁路运输企业必须同其他企业一样不断地进行扩大再生产，尽可能地采用降低资金占用率、提高投资效益和投资效果的方法。

第二节 生产计划和生产作业计划

一、生产计划

生产计划是企业管理的一项重要内容，它规定生产活动的目标以及实现目标的方法、途径、时间安排等。生产计划编制的依据是企业通过市场调查、市场预测而确定的销售计划和企业内部的生产条件。

1. 生产计划的内容

① 确定生产目标。生产目标即生产指标，指企业在计划期内完成或达到的产品品种、质量、产量和产值指标。

② 生产能力的核定与平衡。生产目标不能脱离实现目标的条件——生产能力，只有以生产能力为基础，才能使生产能力得到充分利用，才能使生产计划最终实现。因此，生产能力的核定与平衡是生产计划的重要内容之一。

③ 确定生产进度。即将全年的生产计划任务分配到各季度、月份，保证在订货合同规定的交货期内均衡地生产产品。

④ 组织和检查生产计划的实施。通过一定的手段，保证生产目标按生产进度的要求得以实现，是生产计划必不可少的部分。生产计划中必须有保证生产计划实现的方法、途径、措施，如劳动组织措施、跟踪检查计划的执行等。

2. 生产计划的分类

生产计划按计划期的长短可分为长期计划与短期计划。

① 长期计划，指计划期在三年以上的生产计划，如五年计划、十年计划。它属于战略计划，以市场预测为依据，确定企业的发展方向，如新产品开发、企业改、扩建等。

② 短期计划，指计划期为一年或一季度的生产计划，即年度计划或季度计划。年度计划根据企业的长期计划和年度生产任务编制；季度计划是年度计划的执行计划，是编制作业计划的依据。

3. 生产计划的编制原则

生产计划指导企业的整个生产活动，关系到企业在竞争激烈的市场上的成败。为了编制科学合理的生产计划，编制生产计划时应遵循以下原则。

1) 符合市场需求的原则

企业在编制生产计划时，应根据以市场需求为依据制定的销售计划来确定产品的品种、质量、数量和生产进度。只考虑企业的生产能力和生产条件，不考虑市场销售情况，其结果必然是产品积压、生产陷入困境。市场需求变化很快，企业只有不断地生产出市场需要的新产品，才会带来经济效益。当然，生产也不能只是被动地应付销售、应付市场。企业在生产过程中要不断提高产品质量、降低产品成本，不断开发新产品，主动满足市场需求。

2) 合理使用生产能力的原则

企业生产计划以销售计划为依据，但不能脱离企业的生产条件，而应与企业生产能力相一致，充分合理地使用生产能力。安排生产计划时应做到：

① 各种产品的生产工艺同企业设备性能相一致；

② 产量同生产能力相一致；

③ 生产进度安排应使设备负荷均衡，生产计划与销售计划、资金计划、物资计划、设备计划等计划相一致。

3）综合平衡的原则

企业作为一个大系统，由技术、财务、供应、劳资、生产等子系统组成，各子系统相互联系、相互制约、相互依靠，形成不可分割的统一体。生产系统作为一个子系统，同样受到其他子系统的制约。企业只有通过综合平衡，充分考虑影响生产系统的各种因素，才能制订出切实可行的生产计划。

生产计划的综合平衡包括两方面的内容：

一是把生产任务同设备能力、技术、物资供应、资金供应状况等相平衡，保证生产计划实现的可能性；

二是对产品的数量、质量、成本等指标进行综合平衡，调整计划指标，保证企业有较高的经济效益。

4）生产计划的优化原则

生产计划优化是指企业为取得较高的经济效益，充分考虑、分析企业的外部条件和内部资源，不断调整产品品种、数量、质量、生产进度等指标，以制订更优的生产计划的过程。显然，优化方案是随着市场变化而变化的动态方案。

二、运输生产计划

1. 运输生产计划的概念

运输生产计划是指计划期内运输企业计划完成的客/货运输量、运输质量、车辆的构成和全部营运车辆运用程度的各项计量指标和评价指标。

运输生产计划是运输企业经营计划的重要组成部分，是运输企业计划期内应完成的运输工作量的工作计划。运输生产计划的主要任务是：根据运输市场需求变化以及企业运输能力，确定企业年度、季度、月度的运输工作量及其构成状况，即运输量计划；并根据企业运输量计划的具体要求，确定配备运输车辆的数量、车型及其装载能力等，即车辆计划；同时还需确定企业计划期内车辆运用的效率水平，即车辆运用计划，包括车辆工作率、里程利用率、载重量利用率、实载率等有关指标；然后根据生产计划及企业生产组织系统状况，分解运输生产任务，把任务具体分配到车队、车站、运行班组和单车等基层工作岗位，确定车辆运行作业计划。

因此，运输生产计划由运输量计划、车辆计划、车辆运用计划和车辆运行作业计划组成。其中，运输量计划和车辆计划是运输生产计划的基础部分，车辆运用计划是车辆计划的补充计划，运输量计划表明社会对运输服务的需求，车辆计划和车辆运用计划则表明运输企业能够提供的运输生产能力。编制运输生产计划的目的就是要在需求与可能供给之间建立起一种动态的平衡。

2. 运输生产计划的作用

运输生产计划是组织运输生产的重要依据，在运输生产经营管理工作中有着十分重要的作用，主要表现在以下 3 个方面。

① 充分满足市场对运输服务的需求。保证工、农业生产的迅速发展，不断提高运输企业的经济效益，降低运输费用。

② 通过编制运输生产计划，可以使企业中的有关人员明确自己的运输生产任务，明确努力方向，按任务要求协调自己的行动，提高工作效率。运输生产计划反映了运输企业在计划期内可以为社会提供运输服务的能力，而且是以具体的数值来表明满足社会需求的程度。市场需求发生变化时，可以通过适当地调整运输生产计划，来做到适应市场环境、提高经济效益。如当运量大于运力时，必然要求企业挖掘内部潜力，提高运输效率，降低运输成本，适应运输市场的需要；当运量小于运力时，可促进企业努力开辟新货源、客源，提高车辆利用率。

③ 促进各种运输方式的综合利用和合理分工。

3. 运输生产计划的基本任务

运输生产计划是企业组织运输生产的依据。其基本任务如下：

① 摸清资源情况，掌握货流的规律，落实货源；

② 科学、合理地将任务分解到各基层单位；

③ 与其他运输方式紧密配合，合理分流，组织好多式联运；

④ 尽可能组织合理运输和直达运输；

⑤ 组织连续、均衡生产，充分、合理利用现有的运力。

4. 编制运输生产计划的方法

综合平衡是编制计划的基本方法，在编制运输生产计划时必须实现以下基本平衡。

① 生产任务同设备能力、物资供应、劳动力之间的平衡。这是需求与生产能力可能供给之间的平衡。生产能力是企业完成生产任务的基本条件，运输企业必须配备一定的人力、物力与财力，并对之加以合理组织与科学运用，才能圆满地完成各项任务。

② 各项计划指标之间的平衡。计划指标是运输企业在计划期内用数字表示的各个方面所需要达到的技术经济目标和发展水平。由于运输服务供给资源之间相互联系、相互制约，各项生产要素之间需要相互协调、相互匹配，因此，各项计划指标应该做到相互平衡。

三、生产作业计划

生产作业计划是生产计划的延续，是企业年度生产计划的具体执行计划。它是建立正常生产秩序、实现企业均衡生产、完成生产任务、指导企业日常生产活动的重要工具，也是不断提高企业管理水平、取得良好经济效益的重要手段。

（一）生产作业计划和生产计划的区别

生产作业计划和生产计划相比，在计划期、计划内容方面存在区别。

① 从计划期看，生产计划一般以季度或月份为最低时限，而生产作业计划则要规定到月度以内的旬、日、班、小时，甚至分钟。显然，从计划期来看，生产作业计划要比生产计划短。

② 从计划内容来看，生产计划一般编制到车间，而生产作业计划要把生产任务细分到各个工段、车间、班组以及个人，明确规定每个生产环节之间在生产活动上的衔接和联系。显然，生产作业计划比生产计划更具体。

（二）生产作业计划的内容

生产作业计划的内容主要包括制订生产作业计划的期量标准、编制生产作业计划等。

1. 生产作业计划期量标准的制订

期量标准是生产作业计划工作的主要依据，是对生产作业计划中的生产期限和生产数量，经过科学分析计算而规定的一套标准数据。它实质上反映了各生产环节在数量上和时间上的内在联系，据此编制生产作业计划，能保证产品整个生产过程的高度连续、统一、协调和衔接。

由于企业的生产类型、产量大小和生产组织形式不同，常用的期量标准也不同。大量生产一般用节拍、节奏、流水线工作指示图表、在制品定额等；成批生产一般用批量、生产间隔期、生产周期、生产提前期、在制品定额等；单件小批生产一般采用生产周期、生产提前期、产品装配指示图表等。下面介绍相关基本概念。

① 批量和生产间隔期。批量是相同制品一次投入或出产的数量。生产间隔期又称生产重复期，是指相领两批相同制品投入或出产的时间间隔。批量和生产间隔期之间的关系如下：

$$批量 = 生产间隔期 \times 计划期平均日产量 \tag{3-1}$$

② 生产周期。从原材料投入生产起到最后完工为止的整个生产过程所经历的全部日历时间就是生产周期。它既可以指产品的生产周期，又可以指毛坯准备、机械加工、装配等某一工艺阶段的生产周期。

③ 在制品定额。在制品是指从原材料投入到产成品入库的生产过程中尚未完工的所有零件、部件、产品的总称。在制品定额是指在一定的生产技术组织条件下，为保证生产过程的正常进行所必需的在制品数量标准，它是在正确划分在制品种类的基础上分别分析、制定出来的。

④ 生产提前期。生产提前期有投入提前期和出产提前期之分，是指一批在制品在各工艺阶段投入或出产的日期比成品出产日期提前的天数。制品在各工艺阶段的生产提前期，都是以产品装配出产时间为基准，按反工艺顺序方向确定的，即首先确定装配阶段的生产提前期，然后是加工阶段的生产提前期，最后是毛坯准备阶段的生产提前期。在每一工艺阶段，先确定出产提前期，后确定投入提前期。

2. 生产作业计划的编制

在编制生产作业计划时，应根据生产类型和期量标准，选择正确的方法，确定各部门计划期的生产任务。企业常用的编制生产作业计划的方法主要有在制品定额法、累计编号法、生产周期法等。

1）在制品定额法

它是利用预先确定的在制品定额，来协调和规定各车间生产任务的一种方法，适用于大量生产的情况。应用在制品定额法确定车间投入、产出任务时，首先根据计划期企业某种产品的生产任务，规定成品装配车间的生产数量，按反工艺顺序，依次计算各个车间的产出量和投入量。

2）累计编号法

此方法又称生产提前期法，指的是根据预先制定的提前期标准，规定各车间出产和投入应达到的累计号数的方法。这种方法将预先制定的提前期转化为提前量，确定各车间计划其应达到的投入和出产的累计数，减去计划期前已投入和出产的累计数，以求得各车间应完成的投入和出产数。

采用这种方法，生产的产品必须实行累计编号。所谓累计编号，是指从年初或从开始生产这种产品起，按照产品出产的先后顺序，为每一件产品编上一个累计号码。在同一时间，产品在某一生产环节上的累计号数，同成品出产累计号数相比，相差的号数叫提前量，它的大小和提前期成正比例，累计编号法据此确定提前量的大小，提前量的大小与提前期、平均日产量成正比。累计编号法只适用于企业要求稳定而均匀，周期性轮番生产产品的情况。

3）生产周期法

单件小批生产的企业，其生产作业计划的编制方法主要是生产周期法。由于单件小批生产的企业不重复生产或不经常重复生产，因而不规定在制品占用额，并且单件小批生产的企业不必规定编号，因而不宜采用在制品定额法或累计编号法编制生产作业计划。

这类企业组织生产时，各种产品的任务数量是接受订货的数量，不需要进行调整。所以，编制生产作业计划要解决两个方面的问题：一是保证交货期；二是保证各生产车间相互衔接。

在编制作业计划时，首先是根据接受顾客订货的情况，分别安排生产技术准备工作；其次是根据合同规定的交货期，采用网络计划技术及相关技术，为每一项订货编制生产周期进度表；最后是进一步调整平衡后，编制日度作业计划，正式确定各车间的生产任务。

第三节　生产过程组织与生产作业控制

生产过程组织和生产作业控制是企业生产管理的重要内容，它是研究企业怎样从时间上和空间上合理地组织产品或服务生产，使生产过程能以最少的劳动消耗和劳动占用，生产出尽可能多的符合市场需要的产品或服务，从而获得最好的经济效益。

一、生产过程组织

（一）生产过程的概念

生产过程是指从生产准备开始，直至产出产品或劳务的全部过程。在生产过程中，主要是劳动者运用劳动工具，直接或间接地作用于劳动对象，使之变成人们需要的产品或服务。生产过程是人们的劳动过程和自然过程的有机结合。生产过程的概念有广义和狭义之分，广义的生产过程是指从产品设计、选择和准备生产开始，到把该产品完全生产出来为止的全部过程；狭义的生产过程是指从原材料投入生产开始，直至产品加工出来为止的全部过程。

（二）生产过程的构成

由于企业的专业化水平和技术条件以及生产性质和产品特点各不相同，生产过程的具体构成存在较大的差异，根据生产过程各阶段对产品所起的作用，一般将生产过程分为四个子过程。

1. 生产技术准备过程

生产技术准备过程是指产品在投入生产前所进行的各种生产技术准备工作，如产品设计、工艺设计、工艺装备的设计与制造、标准化工作、定额工作、调整劳动组织和设备布置、原材料和协作件的准备等。

2. 基本生产过程

基本生产过程是指直接为完成企业的基本产品所进行的生产活动，如纺织企业的纺纱、织布；钢铁企业的炼铁、炼钢、轧钢；机械制造企业的铸锻、加工、装配；等等。企业的基本产品是指反映企业技术经济特性或企业发展方向的产品。铁路运输企业的基本产品是人和物的位移。

3. 辅助生产过程

辅助生产过程是指为保证基本生产过程正常进行所必需的各种辅助性生产活动，如机械制造企业中的动力生产、工具制造、设备维修等。

4. 生产服务过程

生产服务过程是指为基本生产和辅助生产服务的各种生产服务活动，如原材料、半成品的供应、保管等。

上述四个子过程既有区别，又有联系，核心是基本生产过程，它是企业生产过程中不可缺少的部分。其他组成部分是保证基本生产过程顺利进行的重要条件，视企业的管理体制、规模大小、专业化协作程度等因素而定。

（三）合理组织生产过程的原则

合理组织生产过程的基本原则是：使生产过程保持连续性、比例性、均衡性、柔性化和适用性。这些原则是由现代化大生产决定的，只有按这些原则去做，才能取得好的经济效益。

1. 连续性原则

连续性是指产品在生产过程的各阶段、各工序之间流动时，在时间和空间上始终保持紧密衔接，也就是说产品应始终处于被加工或被处理状态，尽量不要出现停顿、等待。

连续性原则可以减少库存和在制品数量，缩短产品的提前期，加速资金周转，减少生产成本和其他费用。要实现连续性原则，首先应有一定的技术条件作为保障，在此基础上应提升管理水平。

2. 比例性原则

比例性原则是指基本生产过程的各个设备、各道工序、各个生产单元，乃至各个车间之间以及基本生产过程与辅助生产过程之间在生产能力上要保持一定的比例关系，以达到产能平衡。比例性原则是实现连续性原则的基础，但比例并不是一成不变的，如设计和计划的变更、技术和设备的更新、人员的熟练程度等都会使比例发生改变。这就要求我们及时采取各种措施，适当调整比例，建立新的平衡，以适应情况的变化。

3. 均衡性原则

均衡性原则又称为节奏性原则，是指整个生产过程从投入、加工一直到产出、入库，应统筹安排，有节奏、有计划地进行。要做到均衡化，必须明确两点：

一是生产现场的能力不是以平均值来维持的，而是结合生产高峰来维持；

二是数量和品种都要均衡。

均衡性原则是实现连续性的原则，没有均衡性，连续性就无从谈起。

4. 柔性化原则

柔性化原则是指生产线能生产多种产品，并能够在短时间内完成产品类型的转换，以适应市场和顾客需求的变化。柔性化原则要求生产系统的组织应有足够的灵活性、可变性和可调整性，反映的是企业对于市场的快速反应能力，在当今激烈的市场竞争中显得越发重要。

5. 适应性原则

适应性原则是指企业的生产组织形式要灵活多变，能根据市场需求的变化，及时调整和组织生产。提高生产过程的适应性，是企业管理从生产型转变为生产经营型的客观要求。过去，企业只是一个单纯的生产单位，国家对企业生产的产品实行统购包销，企业没有市场压力。现在，企业是一个自主经营、自负盈亏的商品生产者与经营者，要参与激烈的市场竞争，所以应根据市场的需求来组织企业的生产活动。企业外部环境的变化，客观上要求企业能灵活地调整与组织生产过程，以适应市场多变的情况。

要提高生产过程的适应性，必须提高企业管理的现代化水平，运用柔性制造技术、成组技术、多品种混合流水生产等先进的生产组织形式，加强企业的生产预测，提高企业产品的"三化"水平。

（四）生产过程的组织形式

企业产品的生产过程，既要经历一定的时间，又要占用一定的空间，合理组织生产过程，就需要将生产过程的时间组织和空间组织有机地结合起来，充分发挥它们的综合效率。

1. 生产过程的时间组织

生产过程的时间组织是研究产品生产过程各环节在时间上的衔接和结合的方式。生产过程各环节之间时间衔接越紧密，就越能缩短生产周期，从而提高生产效率，降低生产成本。

产品生产过程各环节在时间上的衔接程度，主要表现在劳动对象在生产过程中的移动方式。劳动对象的移动方式，与一次投入生产的劳动数量有关。单个工件投入生产时，工件只能顺序地经过各道工序，不可能同时在不同的工序上进行加工。当一次投产的工件有两个或两个以上时，工序间就有不同的移动方式。一批工件在工序间存在三种移动方式，分别是顺序移动、平行移动、平行顺序移动。

① 顺序移动方式指一批零件在前一道工序全部加工完毕后，整批转移到下一道工序进行加工。其特点是：一道工序在工作，其他工序都在等待。

② 平行移动方式指一批零件中的每个零件在每道工序加工完毕以后，立即转移到后道工序加工。其特点是：一批零件同时在不同工序上平行加工，缩短了生产周期。

③ 平行顺序移动方式吸收了上述两种移动方式的优点，避开了其缺点，但组织和计划工作比较复杂。平行顺序移动的特点是：当一批制件在前道工序上尚未全部加工完毕，就将已加工的部分制件转到下道工序进行加工，并使下道工序能够连续地、全部地加工完该批制件。

为了达到这一要求，要按下面规则运送零件：当前一道工序时间少于后道工序的时间时，前一道工序完成后的制件立即转送下道工序；当前道工序时间多于后道工序时间时，则要等待前一道工序完成的制件数足以保证后道工序连续加工时，才将完工的制件转送后道工序。这样就可将人力及设备的零散时间集中使用。

2. 生产过程的空间组织

生产过程的空间组织是指在一定的空间内，合理地设置企业内部各基本生产单位，如车间、工段、班组等，使生产活动能高效地顺利进行。生产过程的空间组织有两种典型的形式。

1）工艺专业化形式

工艺专业化又称为工艺原则，即按照生产过程中各个工艺阶段的工艺特点来设置生产单位。在这种工艺专业化生产单位内，集中了同种类型的生产设备和同工种的工人，可完成各种产品的同一工艺阶段的生产，即加工对象是多样的，但工艺方法是同类的，每一生产单位只完成产品生产过程中的部分工艺阶段和部分工序的加工任务。如机械制造业中的铸造车间、机加工车间、热处理车间及车间中的车工段、铣工段等，都是工艺专业化生产单位。

2）对象专业化形式

对象专业化又称为对象原则，就是按照产品（或零件、部件）的不同来设置生产单位。在对象专业化生产单位里，集中了不同类型的机器设备、不同工种的工人，对同类产品进行不同的工艺加工，能独立完成一种或几种产品（或零件、部件）的全部或部分的工艺过程，而不用跨越其他的生产单位。如汽车制造厂中的发动机车间、底盘车间、机床厂中的齿轮车间等。

二、生产作业控制

（一）生产作业控制的概念

生产作业控制是指在生产作业计划执行过程中，对有关产品生产的数量和期限的控制。生产作业控制是生产控制的核心，是实现生产作业计划的保证。

生产作业控制主要包括三个方面的要素：标准、信息和措施。

① 标准是指生产作业计划及根据其制定的各种标准，是衡量生产过程是否产生偏差的根本依据。

② 信息是指实际执行结果和制定的标准之间将要产生和已经产生的偏差，据此可以了解、评价生产作业计划执行情况及其发展趋势。

③ 措施是指对将要产生和已经产生的偏差提出的解决方法，是根据标准和信息控制生产过程的结果。

这三个要素是缺一不可的。标准是生产作业控制的基础，没有标准，就无法对生产过程进行了解和评价；信息是生产作业控制的依据，没有事先测定和事后检查与标准发生偏差的信息，就无法制定纠正偏差的措施；措施是生产作业控制的落脚点，没有纠正措施，生产作业控制就无法实现。

生产作业控制三个要素之间的关系，决定了生产作业控制的步骤，即首先确定生产作业控制标准；然后将执行结果与标准进行比较；最后采取措施纠正偏差。

（二）生产作业控制的内容

生产作业控制的内容包括生产进度控制和工序进度控制。

1. 生产进度控制

生产进度控制是指按照计划需求，控制产品或零部件开始投入的日期、数量和品种，这是预先性控制。投入不及时或投入数量不足，会造成生产不均衡，产品不能按期出产，甚至使生产中断；投入过早、过多，又会造成积压。生产进度控制，是对产品或零部件的出产日期、出产提前期、出产量、出产的成套性和均衡性的控制。控制好出产进度，是保证各个生产环节之间紧密衔接，各种零部件成套出产，实现均衡生产、按期按量完成生产作业计划的有效手段。投入进度控制与出产进度控制是互相关联的，出产进度决定于投入进度，但又要

根据出产进度反馈的信息，追踪投入进度，并对其进行控制。

不同生产类型的投入、出产进度控制方法也有所不同，具体如下。

① 在大量生产条件下，投入、出产进度控制的方法，一般先对产量报告表同投入、出产日历进度计划表进行比较，控制每日投入、出产进度，累计投入、出产进度和一定日期内的生产均衡性。

② 在成批生产条件下，产品品种多，零部件多，配套问题突出。因此，一方面要控制投入、出产的提前期和生产周期；另一方面要控制品种、批量和成套性。其主要是依据投产计划表、配套计划表、零部件日历、出产进度表和加工路线单等来进行控制。

③ 在单件生产条件下，投入、出产进度控制，主要是根据生产周期综合进度表、加工路线单、单工序工票等，按订货所规定的日期，把主要工艺阶段的实际进度同计划进度进行比较，保证按规定日期交货。

2. 工序进度控制

工序进度控制是对产品或零部件在生产过程中所经过的各道工序进度所进行的控制，主要是对批量和单件生产的产品按工序进行控制。因为在大量生产条件下，所生产的产品品种、工艺、工序都比较固定，可以不必按工序进行控制，只控制在制品数量即可。在批量、单件生产条件下，品种多，工序不固定，各品种加工所用设备常常冲突，即使作业计划已排好，但投产后许多实际情况的变化，往往会打乱计划，使各零部件加工在同一时期挤碰在同一工序，不能按时加工，特别是生产周期长、工序多的产品更是如此。因此，在批量或单件生产条件下，除了要控制产品及零部件投入和出产的进度，还必须加强工序进度控制。工序进度控制的办法有以下两种。

① 采用加工路线单进行控制。加工路线单以零件为对象，按零件批别制作，一批开一张加工路线单，包括零件的所有工序，即从投料、加工、检验到入库为止的全部过程。加工路线单随着零件，按工艺路线在各工序间顺序流转，每完成一道工序就送检登记一次，再送到下一道工序继续使用。在这里，加工路线是派工指令，是指导生产工人根据既定加工路线顺次加工的文件；同时，又是进行作业核算、控制零件生产进度、协调上下工序之间衔接配合，以及掌握在制品流转交接的手段。

② 采用单工序工票进行控制。单工序工票以工序为对象，一序一票，一道工序加工完毕，工票就随工件的验收而收回，下道工序另开一张工票。每完成一道工序，收回该工序工票后，即在台账上登记，以台账随时控制零件加工进度。

许多企业把单工序工票和加工路线单结合起来使用，即加工路线单留在工段、班组，供在制品流转之用；再按工序给工人开单工序工票进行加工。

（三）生产调度工作

生产调度工作又叫生产协调工作，是根据生产作业计划对企业日常生产活动进行控制和调节的过程。它的作用是对执行生产作业计划过程中可能出现的偏差及时了解、掌握、预防和处理，保证整个生产活动协调地进行，是实现生产作业计划的重要手段。

1. 生产调度工作内容

不同的行业，生产调度工作的内容是不完全相同的。我国铁路运输调度工作的主要内容包括行车工作和配车工作。行车工作是指列车运行的指挥，配车工作是指货车装卸和列车开行的计划与组织，以及车流的调整等。

2. 生产调度工作原则

1）计划性原则

生产调度工作必须以生产作业计划为依据，这是生产调度工作的基本原则。生产调度工作的灵活性必须服从计划的原则性，要围绕完成计划任务来开展调度业务。完成生产计划才能保证企业为市场提供所需的产品，企业才能从销售中得到生产投入的补偿和获得利润。因此，必须强调生产调度工作的计划性。

2）预见性原则

生产调度人员在精通生产工艺流程的前提下，熟悉各种紧急情况时的应急预案，合理地调度指挥，才能保证生产连续、顺利地进行。所以，生产调度工作要以预防为主，抢在问题发生之前就把工作做好。要贯彻预见性原则，就要抓好生产前的准备工作，避免各种不协调现象的产生；同时，对生产过程各个环节的情况要了解，做好分析，及时发现各种与计划脱节的问题。总之，只有提前发现问题，才能取得调度工作的主动权。

3）集中性原则

生产调度工作必须高度集中和统一。没有统一的意志、统一的指挥、统一的行动，企业就会是一盘散沙。贯彻集中性原则，要从两方面去做：

一是生产调度系统要做到集中统一，各种调度职能人员不得各行其是，要顾全大局，工作要协调，步骤要一致；

二是调度应该是领导指挥生产的得力助手，应根据领导的指示，按照作业计划和临时生产任务的要求，行使调度权利，发布调度命令。

企业管理层需要充分发挥调度部门的作用，维护调度部门的权威。

4）及时性原则

发现生产中的问题，采取措施加以解决，使生产顺利进行，是生产调度的根本职能。及时性是检验生产调度职能作用如何的一个标准，在生产过程中如果不能及时发现问题，则会产生不良后果；若不能及时解决问题，则问题会越来越大、越来越多。贯彻及时性原则的方法主要有以下两种：

一是要做好信息管理工作，生产调度人员要充分利用现代化的信息传递工具扩大自己的视野，及时掌握生产的各种动态情况；

二是调度人员要有雷厉风行的工作作风，特别是值班调度人员，要用最快的速度及时处理好生产一线的突发情况。

5）求实性原则

生产调度工作要从实际出发，克服工作上的主观臆断性和盲目性，只有这样才能指挥好生产。因此，调度人员必须经常深入生产第一线，亲自掌握第一手资料，及时了解和掌握生产活动中千变万化的情况，摸清客观规律，避免主观与实际脱节而造成管理失误，使生产调度工作顺利开展，使调度工作发挥出应有的功能。

6）准确性原则

生产调度工作中，一定要保证接收汇报记录准确，传达指示准确，数据计算、统计报表填写准确，生产协调指挥准确。

7）严肃性原则

生产调度工作中，必须严肃认真、一丝不苟地执行计划贯彻领导指示、决定。遇有重大情况，必须请示、汇报，不得贻误。处理问题要稳妥。

8）灵活性原则

处理日常生产中的问题，要具体问题具体对待，在调度职权范围内、灵活果断地处理。当遇有重大生产情况变化或灾害，难以完成生产任务时，应与生产技术部门研究，报请上级调整生产作业计划。

（四）实物管理工作

实物管理，就是对物质材料、在制品和成品，明确其任意时间点的所在位置和数量。在实物管理中，做好在制品管理与物料搬运管理，是实现生产有效控制的首要环节。

1. 在制品管理

在制品包括车间在制品和半成品库的半成品，它们的管理方法有所不同。

1）车间在制品的流转和占用量控制

车间在制品，指的是车间中正在加工制造、检验、运输和停放等待加工的制品。要恰到好处地搞好各个生产环节之间的平衡衔接，就必须掌握在制品的物流信息和信息流信息，即对各个环节的在制品实物和账目进行控制。

2）半成品的流转和占用量控制

半成品是车间之间的在制品，通常存储在中间仓库（即半成品库或者零件库）。控制半成品的制度和方法主要有：

① 严格执行半成品收发、储存和原始凭证、台账、报表管理制度；

② 建立半成品储备定额和生产成套性检查制度，定期检查半成品进出和库存的配套情况，注意掌握半成品数量变化情况，使其数量经常保持在定额水平；

③ 定期清点盘存，保证半成品账实相符。

2. 物料搬运管理

所谓物料搬运管理，是指为提高物料流转、仓库储存、工业包装的作业效率所进行的管理工作。物料搬运管理工作的主要任务是：

① 缩短物料搬运距离，减少或取消搬运；

② 物料及时流转，减少在制品数量；

③ 逆向搬运最小化，保证合理利用空间和过道；

④ 缩短运输时间，使停工待料时间最小化；

⑤ 保证产品质量，减少搬运过程中磕碰、损失和变质情况的发生。

为了做好物料搬运管理工作，生产主管要特别重视工作器具的作用，推行工作器具的合理化、标准化、定量化和省力化。

第四节　网络计划技术

一、网络计划技术与网络图概述

1. 网络计划技术

网络计划技术是一种科学的管理方法，它是用网络图作为工具编制工程计划任务，使计划达到最优的计划编制方法。网络计划技术的基本原理是：经过科学分析，将一项工程项目或任务分解成许多作业，根据作业间存在的逻辑关系画出网络图，计算网络时间参数，确定关键路线，利用时差不断改善网络计划的初始方案，以求得工期、资源、成本等的最优方案，并且在完成项目过程中进行有效的监控。网络计划技术在我国各类大型工程项目的管理中已经得到普遍应用。

2. 网络图

一项任务往往由若干项作业或工序组成，根据各道工序的先后顺序，用箭线将工序连接起来，并注明各道工序的名称和占用的时间所形成的网状图形，叫网络图。网络图是网络计划技术的基础，有两种形式。一种以箭线表示作业（或称为活动、任务、工序），称为箭线型网络图；另一种以圆圈表示作业，称为节点型网络图。箭线型网络图又称为双代号网络图，因为它不仅需要用一种代号在箭线上表示作业，而且还需要用另一种代号在圆圈上表示事件。每一条箭线的箭头和箭尾各有一个圆圈，分别代表箭头事件和箭尾事件。圆圈上有编号，可以用一条箭线的箭头事件和箭尾事件的两个号码表示这项活动，如图 3-2 所示。

节点型网络图用圆圈表示作业，用箭线表示作业之间的关系，因为它只需要一个代号就可以表示，所以又称为单代号网络图，如图 3-3 所示。

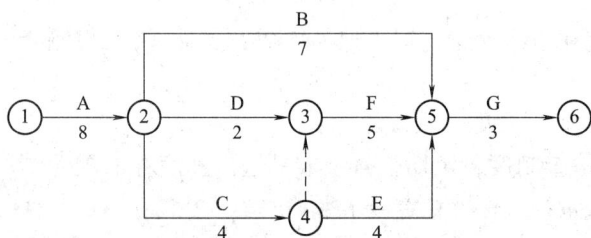

图 3-2　双代号网络图　　　　　图 3-3　单代号网络图

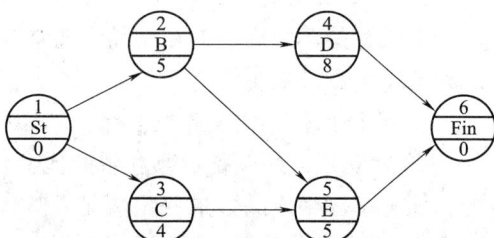

箭线型网络图可以用箭线的长度形象地表示作业所持续的时间，因而深受管理人员和工程技术人员的欢迎。接下来将主要介绍箭线型网络图。

二、网络图的优点

网络图是继 20 世纪初甘特发明甘特图以来，在计划工具上取得的最大进步。甘特图是传统的作业计划方法，图 3-4 是用甘特图表示的成组列车技术作业过程。

顺序代号	作业项目	作业时间/min						
		0	10	20	30	40	50	60
1. A	列检、车号员、货检、列尾作业员出动							
2. B	车辆技术检修工作							
3. C	车号员检查现车，列尾作业员技术作业							
4. D	货运检查							
5. E	车辆的摘挂							
6. F	与司机交接票据、准备发车及发车							
	作业总时分							

图 3-4　成组列车技术作业过程

从图 3-4 可以看出，甘特图的优点是简单、直观、易懂，便于编制。与甘特图法相比，网络图有以下优点：

① 通过网络图，可使整个项目及其各组成部分一目了然；

② 可足够准确地估计项目的完成时间，并指明哪些活动一定要按期完成；

③ 使参加项目的各单位和有关人员了解他们各自的工作及其在项目中的地位和作用；

④ 便于跟踪项目进度，抓住关键环节；

⑤ 可简化管理，使领导者的注意力集中到可能出问题的活动上。

三、网络图的构成与绘制

（一）网络图的构成

箭线型网络图用圆圈（节点）表示事件，用箭线表示作业。事件表示一项作业开始或结束的瞬间（或时刻）。

在箭线型网络图中，用圆圈及圆圈内的数字表示节点。如果一个节点只有箭线发出，没有箭线引入，则该节点只表示某些作业的开始瞬间，而不表示任何作业的结束瞬间，该节点称为起始节点；相反，如果一个节点只有箭线引入而没有箭线引出，即只与箭头相连，则该节点只表示某些作业的结束瞬间，而不表示任何作业的开始瞬间，这样的节点称为终止节点。介于起始节点与终止节点之间的节点都是中间节点。中间节点连接着先行作业箭线的箭头和后续作业箭线的箭尾。因此，中间节点的时间状态既表示先行作业的结束时刻，又表示后续作业的开始时刻。

既不需要消耗时间也不需要消耗其他资源的作业称为虚作业。虚作业是为了准确而清楚地表达各项作业之间的关系而引入的，一般用虚箭线表示。虚作业在实际工作中并不存在，但在箭线型网络图中却有着重要作用，示例如图 3-5 所示，其中节点 3 与节点 4 之间是虚线。

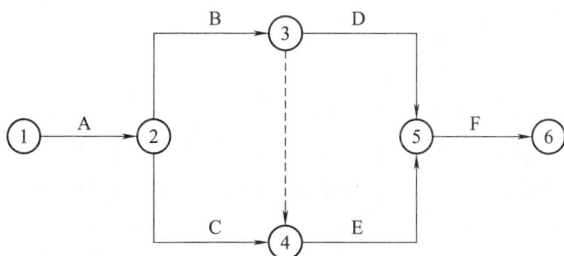

图 3-5　虚作业示例

（二）网络图的绘制

实际工作中，绘制网络图分为四步：项目分解，估计作业所需的时间，编制作业明细表、绘制网络图。

1. 项目分解

项目分解就是将一个工程项目分解成各种作业。在进行项目分解时，可采用任务分解结构（work breakdown structure，WBS）。WBS 类似于产品结构，它将整个项目分解成任务包（work package），再将任务包分解成主要成分，最后再分解成具体作业。WBS 有助于管理人员确定所要做的工作，便于管理人员编制预算和作业计划。

在把一个项目分解之前，必须确定分解的详细程度。项目分解的详细程度由需要决定。如果需要的网络计划较粗略，项目可分解成一些较大的作业，如设计、制造、安装等，这样做的目的是便于从总体上把握进度；而给具体施工单位使用的网络计划则较细，项目可分解成一些较细的作业，如挖地基、浇灌水泥等，这样便于具体应用。一般可以从以下几个角度进行项目分解。

① 按项目的结构层次分解，如建设火电站需要制造锅炉、汽轮机、发电机以及辅机，而制造锅炉需要制造水冷壁、空气预热器等。

② 按项目的承担单位或部门分解，如设计、施工、验收等。

③ 按工程的发展阶段分解，如分成论证、设计、试制等。

④ 按专业或工种分解，如机械、电气、装配、焊接等。

以上几种项目分解方式可以混合使用，使工程进展的一定阶段与一定部门发生联系。

2. 估计作业所需的时间

作业所需的时间，是指在一定的技术组织条件下，为完成一项任务或一道工序所需要的时间，是作业的延续时间，其时间单位可以是小时、日、周、月等，可按具体工作性质及项目的复杂程度以及网络图使用对象而定。

根据活动性质的不同，作业时间有两种估计方法：单一时间估计法、三点时间估计法。

1) 单一时间估计法

它是指对各种作业的时间，仅确定一个时间值。这种方法适用于有同类作业或类似作业时间做参考的情况，如过去进行过且偶然性因素的影响又较小的作业。采用单一时间估计法做出的网络图也称为确定型网络图。

2) 三点时间估计法

它是对同一作业时间预估三个时间值，然后求出可能完成的平均值。这三个时间值是：最乐观时间（optimistic time）指在最有利的条件下顺利完成一项作业所需要的时间，常以 a 表示；最可能时间（most likely time）指在最正常情况下完成一项作业所需要的时间，常以 m 表示；最悲观时间（pessimistic time）指在最不利的情况下完成一项作业所需要的时间，常以 b 表示。

三点时间估计法常用于带探索性的工程项目。因为其中有很多工作任务是从未做过的，需要研究、试验，工作任务所需的时间也很难估计，所以只能由一些专家估计最乐观时间、最悲观时间和最可能时间，然后对这三种时间进行加权平均。假设 m 的可能性两倍于 a 和 b，则活动平均时间的公式为

$$t_{e(i,j)} = \frac{a+4m+b}{6}$$

采用三点时间估计法做出的网络图也称为随机型网络图。

3. 编制作业明细表

项目分解成作业之后，需要确定各种作业之间的先后次序，即一项作业的进行是否取决于其他作业的完成，以及它的先行作业或后续作业是什么。作业之间的关系通常有以下几种，如图 3-6 所示。图 3-6（a）表示作业 A 完成之后作业 B 才能开始，作业 B 完成之后作业 C 才能开始，如设计之后才能制造产品，产品制造后才能安装。图 3-6（b）表示作业 B 和 C 都只能在作业 A 完成之后开始。作业 A 是作业 B、C 的先行作业，作业 B、C 是作业 A 的后续作业，作业 B 和作业 C 是平行作业。图 3-6（c）表示作业 C 只有在作业 A 和作业 B 都完成之后才能开始。图 3-6（d）表示作业 C 和作业 D 都只能在作业 A 和作业 B 都完成之

后才能开始。图 3-6（e）表示作业 C 只有在作业 A 完成之后开始，作业 D 只有在作业 B 完成之后开始，但作业 A 和 C 与作业 B 和 D 相互独立。图 3-6（f）表示作业 C 只有在作业 A 和作业 B 都完成之后才能开始，但作业 D 只需要在作业 B 完成之后就可以开始。图 3-6（g）表示作业 B 和 C 只有在作业 A 完成之后才能开始，作业 D 只有在作业 B 和 C 都完成之后才能开始。

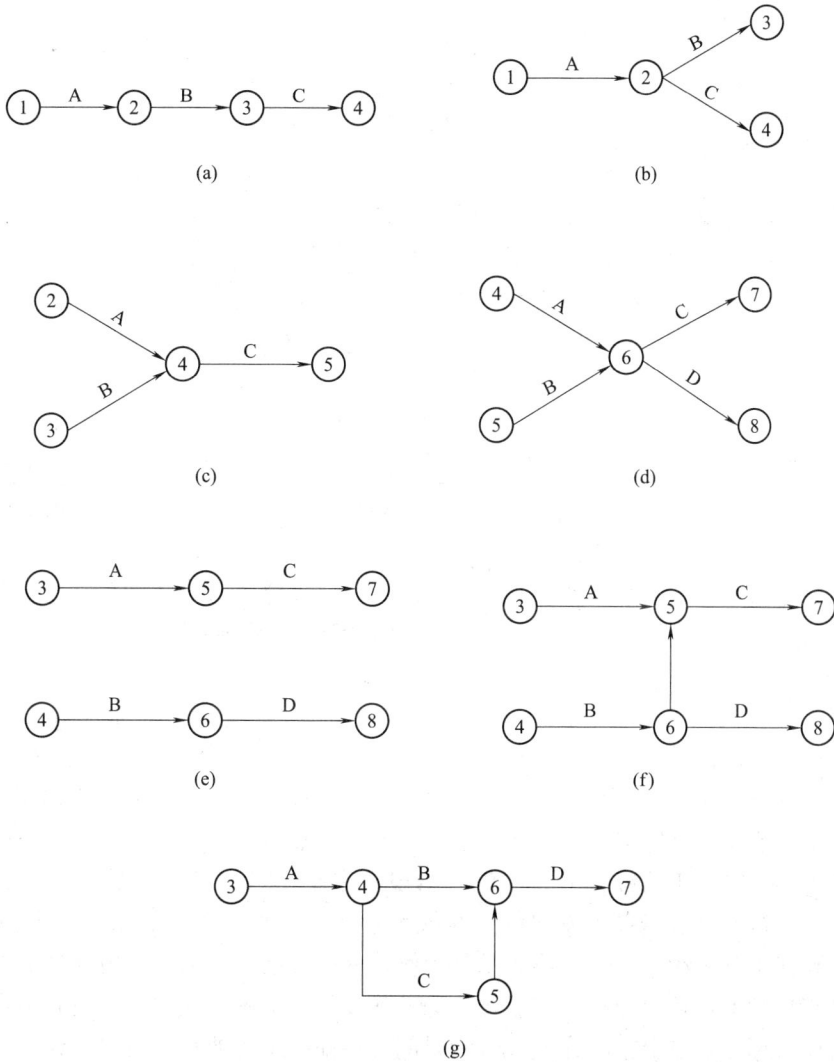

图 3-6　工作逻辑关系表示方法示例

　　任务分解之后，根据在任务分解中确定的活动之间的关系，编制作业明细表。在编制作业明细表时，可以采用先行作业或后续作业作为表示作业先后关系的依据。

　　4. 绘制网络图
　　把作业明细表所列的内容画成图就形成网络图。为了使编制的网络图规范、正确并具有通用性，就必须遵循必要的绘图规则。绘制箭线型网络图的规则如下。
　　① 网络图中不允许出现循环。网络图是有向图，图中的箭线必须从左至右排列，不能

出现回路。图 3-7 为出现循环的示例。

② 两个节点之间只允许有一条箭线相连，否则当用节点编号标识某项活动时，就会出现混乱。要消除这样的现象，就必须引入虚箭线。图 3-8（a）为不正确的画法，图 3-8（b）为正确的画法。

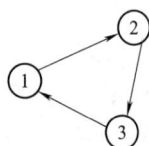

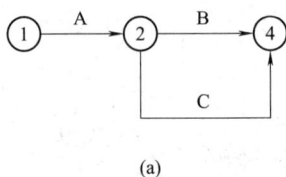

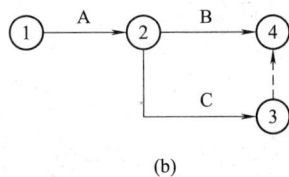

图 3-7　网络图的错误画法　　　　　　　图 3-8　网络图正误举例

③ 节点之间严禁出现双向箭头或无箭头的连线。

④ 一个完整的网络图必须有也只能有一个起始节点和一个终止节点，其他所有节点均应是中间节点。起始节点表示项目的开始，终止节点表示项目的结束。在本书中，起始节点的编号为"1"，终止节点的编号为"n"。按惯例，起始节点放在图的左边，终止节点放在图的右边。

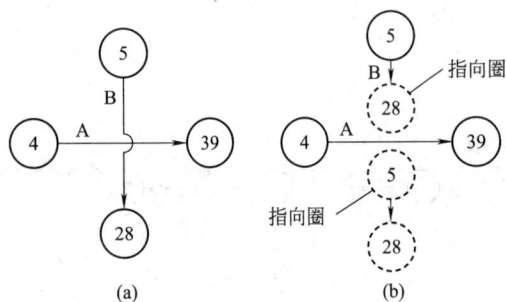

图 3-9　过桥法、指向法的表示法

⑤ 箭线不宜交叉。当交叉不可避免时，可用过桥法或指向法。过桥法的表示方法如图 3-9（a）所示，指向法的表示方法如图 3-9 所示。

⑥ 网络图应条理清楚，布局合理。例如，网络图中的箭线不宜画成任意方向或曲线形状，尽可能用水平线或斜线；关键线路、关键作业安排在图面中心位置，其他工作分散在两边；避免倒回箭头；等等。

根据作业明细表中规定的作业之间的关系，将作业代号栏中所有的作业逐项地画在网络图上。按惯例，绘制网络图应该从左至右进行。起始节点画在最左边，表示项目的开始。然后，从作业代号栏中找出后续作业栏中没有出现的作业，即它（们）是项目开始时就可以进行的作业。这样，从起始节点发出的箭线就表示这个（些）活动。画出最早能开始的作业之后，就要找出其后续作业，再将表示其后续作业的箭线画在后面。按这样的方式进行下去，直到没有后续的作业为止。没有后续作业的作业所对应的箭线汇集在终止节点上。草图绘出后，将序号标在节点上，将作业代号和时间标在箭线上。要根据网络图绘制规则，逐项作业进行检查，去掉不必要的虚作业。然后，按要求画出正规的网络图。

绘制箭线型网络图的关键在于虚箭线的画法。以下三种情况都需要虚箭线才能表示清楚：

① 当一项作业完成后，同时有几项作业可以进行，且这几项作业都完成后，后续作业才能开始，图 3-10（a）就是这种情况；

② 交叉作业，如图 3-10（b）所示，作业 B 被分成 B_1、B_2，B_2 和 D_1 可以同时进行，此时只有用虚箭线才能表示清楚；

③ 当不引入虚箭线会导致逻辑关系错误时，必须使用虚箭线，如图 3-10（c）所示。

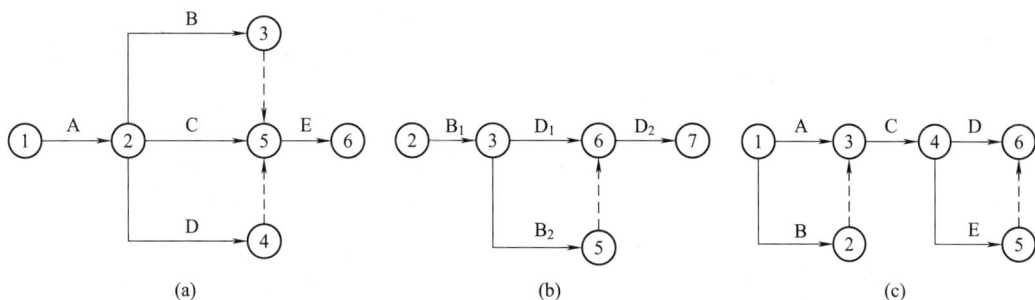

图 3-10　虚箭线的画法

四、网络时间参数的计算

网络图绘制完毕以后，为了后续网络优化的需要，要对网络图的时间参数进行计算。当一个网络图中的节点数不多时，可以手工完成网络时间参数的计算；当一个网络图中作业项目较多时，应使用计算机进行计算。

对于箭线型网络图，网络参数包括节点的时间参数和作业的时间参数。求出时间参数之后，就可以确定关键路线。

（一）事件时间参数的计算

事件时间是一个瞬时的概念，在时间轴上是一个点，它包括事件最早可能发生时间、事件最迟必须发生时间。在网络图中，节点与事件对应。起始节点表示项目开始事件，这一事件的发生，表示项目的第一个活动开始；终止节点表示项目完成事件，这一事件的发生，表示项目的最后　个活动完成。中间节点表示终止在该节点的箭线所代表的活动完成和从该节点发出的箭线所代表的活动开始这一事件。

1. 节点最早可能发生时间（early time，ET）

节点最早可能发生时间是指从相应节点发出的箭线所代表的作业可能开始的最早时间，或相应节点接收的箭线所代表的作业可能完成的最早时间；事件最早可能发生时间从网络图的起始节点开始，按节点编号顺向计算，到网络图的终止节点为止。一般假定网络图的起始节点最早开始时间为零，即 $ET(1)=0$。其余节点最早可能发生时间可按下式计算：

$$ET(j) = \max\{ET(i) + t_{(i,j)}\}$$

式中，i 和 j 分别代表箭尾事件和箭头事件；$t_{(i,j)}$ 为作业 (i,j) 所需时间。

2. 节点最迟必须发生时间（late time，LT）

事件最迟必须发生时间是指从相应节点接收的箭线所代表的活动完成的最迟时间或相应节点发出的箭线所代表的活动开始的最迟时间。节点最迟必须发生时间的计算从网络图的终止节点开始，按节点编号逆向计算，到网络图的起始节点为止。由于事件本身不消耗时间，所以网络终止节点的最迟必须发生时间可以等于它的最早可能发生时间。即 $LT(n)=ET(n)$，其余节点最迟必须发生时间可按下式计算：

$$LT(i) = \min\{LT(j) - t_{(i,j)}\}$$

【例 3-1】　计算如图 3-11 所示的网络图的事件时间参数。

解：先计算事件的最早可能发生时间。

令 $ET(1)=0$，则 $ET(2)=ET(1)+t_{(1,2)}=0+3=3$

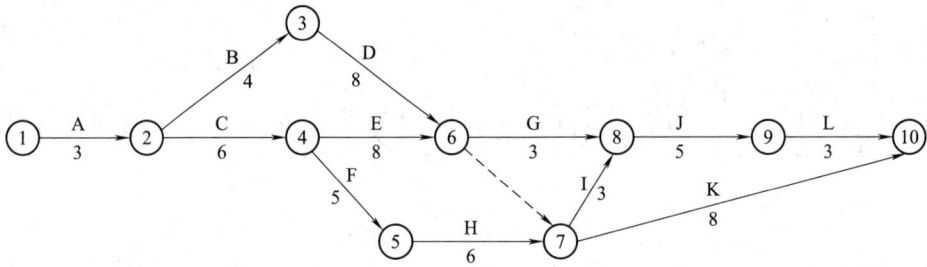

图 3-11　例 3-1 网络图

同理：
$$ET(3) = ET(2) + t_{(2,3)} = 3+4 = 7$$
$$ET(4) = ET(2) + t_{(2,4)} = 3+6 = 9$$
$$ET(5) = ET(4) + t_{(4,5)} = 9+5 = 14$$

进入节点⑥的箭线有两条，则
$$ET(6) = \max\{7+8, 9+8\} = 17$$

按这样的方式可将其余事件的最早可能发生时间计算出来，得到
$$ET(7) = \max\{17+0, 14+6\} = 20$$
$$ET(8) = \max\{17+3, 20+3\} = 23$$
$$ET(9) = ET(8) + t_{(8,9)} = 23+5 = 28$$
$$ET(10) = \max\{28+3, 20+8\} = 31$$

下面计算各节点的最迟必须发生时间。

令　　$LT(10) = ET(10) = 31$

则：$LT(9) = LT(10) - t_{(9,10)} = 31-3 = 28$
$$LT(8) = LT(9) - t_{(8,9)} = 28-5 = 23$$
$$LT(7) = \min\{23-3, 31-8\} = 20$$
$$LT(6) = \min\{23-3, 20-0\} = 20$$

按同样的方式可将其余事件的最迟必须发生时间计算出来：
$$LT(5) = LT(7) - t_{(5,7)} = 20-6 = 14$$
$$LT(4) = \min\{20-8, 14-5\} = 9$$
$$LT(3) = LT(6) - t_{(3,6)} = 20-8 = 12$$
$$LT(2) = \min\{12-4, 9-6\} = 3$$
$$LT(1) = LT(2) - t_{(1,2)} = 3-3 = 0$$

计算结果如表 3-1 所示。

表 3-1　事件时间参数计算表

事件 i	1	2	3	4	5	6	7	8	9	10
$ET(i)$	0	3	7	9	14	17	20	23	28	31
$LT(i)$	0	3	12	9	14	20	20	23	28	31

从起始节点到终止节点顺序地将事件时差为零的节点连接起来，就得到项目的关键路线：①→②→④→⑤→⑦→⑧→⑨→⑩或 A→C→F→I→J→L。

（二）作业时间参数的计算

与事件时间不同，作业时间是一个时段概念，作业需要持续一段时间才能完成。在网络图中，作业对应活动。按照工作计算法的要求，在网络图上需要计算六个作业时间参数，分别是作业最早开始时间（ES）、作业最早可能完成时间（EF）、作业最迟必须完成时间（LF）、作业最迟必须开始时间（LS）、总时差（TF）、自由时差（FF）。这六个时间参数在工作计算法中的标注方式如图 3-12 所示。作业时间参数可以通过事件时间参数计算，也可以独立计算。

ES	LS	TF
EF	LF	FF

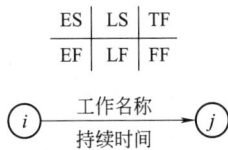

图 3-12　时间参数的标注方式

1. 作业最早可能开始时间（early start time，$ES_{(i,j)}$）

作业最早可能开始时间等于该作业对应的箭线的箭尾事件的最早可能发生时间，即

$$ES_{(i,j)} = ET(i)$$

2. 作业最早可能完成时间（early finish time，$EF_{(i,j)}$）

作业最早可能完成时间等于该作业的最早可能开始时间与作业所需时间之和，即

$$EF_{(i,j)} = ES_{(i,j)} + t_{(i,j)} = ET(i) + t_{(i,j)}$$

3. 作业最迟必须完成时间（late finish time，$LF_{(i,j)}$）

作业最迟必须完成时间是指为保证工程按期完工的最迟必须完成时间。作业最迟必须完成时间等于该作业的箭头事件的最迟必须发生时间，即

$$LF_{(i,j)} = LT(j)$$

或按作业最迟必须开始时间计算：

$$LF_{(i,j)} = LS_{(i,j)} + t_{(i,j)}$$

4. 作业最迟必须开始时间（late start time，$LS_{(i,j)}$）

作业最迟必须开始时间可通过事件的时间参数计算：

$$LS_{(i,j)} = LT(j) - t_{(i,j)}$$

5. 作业时差

有了作业的最早时间和最迟时间，就可以计算作业时差。作业时差是指在不影响整个项目完工时间的条件下，某项作业最迟开始（完成）时间与最早开始（完成）时间的差值，也就是作业开始时间或完成时间容许推迟的最大限度。时差又称宽裕时间或缓冲时间，是决定网络图中关键线路的依据。时差有总时差和自由时差之分。总时差是指在不影响整个工程工期，该作业可推迟完成的机动时间。

总时差（total float，$TF_{(i,j)}$）是某项活动最迟开工时间与最早开工时间或最迟完工时间与最早完工时间之差。其计算公式是：

$$TF_{(i,j)} = LS_{(i,j)} - ES_{(i,j)} = LF_{(i,j)} - EF_{(i,j)}$$

虽然总时差是对某一作业而言的，但它的影响却是全局的，这也是称之为"总时差"的原因。任何作业的总时差范围超过一天则整个工程将延期一天。

自由时差（free float，$FF_{(i,j)}$）是指不影响下一项作业的最早开始时间，该作业可以推迟完成的机动时间。当工作 $i-j$ 有后续作业 $j-k$ 时，其自由时差应为：

$$FF_{(i,j)} = ES_{(j,k)} - EF_{(i,j)}$$

如果工作 i-j 的后续作业超过一项时，自由时差应满足所有后续作业的最早开始时间不受影响，在计算其自由时差时，应选择后续作业中 ES 的最小值。

以网络计划的终点节点（$j=n$）为箭头节点的工作，其自由时差 $FF_{(i,n)}$ 应按网络计划的计划工期 T_P 确定，即

$$FF_{(i,n)} = T_P - EF_{(i,n)}$$

6. 关键路线

从网络图的起始节点开始，沿着箭头方向到达网络图终止节点的一个通道叫一条线路；将每条线路上的各种作业时间相加，所得的和叫该线路的路线长。从网络图的起点到终点可能有很多条路线，其中路线最长的一条或几条路线叫作关键路线，它决定着整个工程的工期，是整个管理工作的重点所在。

关键路线既可以通过节点表示，也可以通过作业名称表示。关键路线的确定方法如下。

① 路线长法：将各条路线长计算出来，从中找出最长的路线。

② 总时差法：总时差为零的作业叫作关键作业。从网络图起点沿着箭头方向由关键作业构成的路线叫作关键路线。关键路线上各项作业时间之和即为终止节点的最早开始时间。显然，整个工程项目的总工期也必然是关键路线上的各项作业的时间之和。

【例 3-2】 假设有一项工程，其作业明细表如表 3-2 和表 3-3 所示，试绘制网络图并计算网络计划作业时间参数。

表 3-2 作业明细表（1）

作业名称	作业时间	后续作业
A	4	B、C
B	4	D、E
C	2	E、F
D	4	H
E	2	G、H
F	3	G
G	3	I
H	2	I
I	3	—

表 3-3 作业明细表（2）

作业名称	作业时间	先行作业
A	4	—
B	4	A
C	2	A
D	4	B
E	2	B、C
F	3	C

作业名称	作业时间	先行作业
G	3	E、F
H	2	D、E
I	3	G、H

解： 首先根据网络图绘制的一般原则，画出网络图草图。画好网络图的草图后，应当从网络终点逆向检查和调整，检查网络图上的作业关系与作业明细表中的关系是否一致，调整网络图的布局，尽量减少箭线交叉。最后在画好的网络图上标出它所代表的作业名称（标在箭线上方）和作业时间（标在箭线下方）。

绘制出网络图以后，根据网络时间参数的概念及相互关系计算各项作业的六个时间参数，如图 3-13 所示。

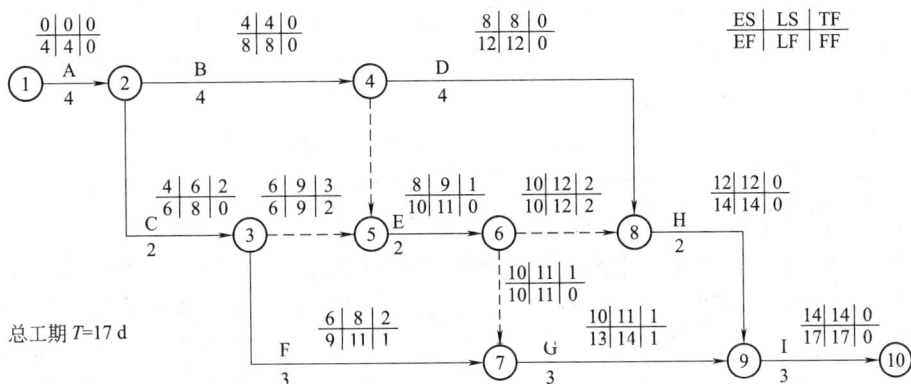

图 3-13　标注时间参数计算结果的网络图

五、网络计划优化

通过绘制网络图、计算时间参数和确定关键线路，可以得到一个初始的计划方案。但初始方案没有考虑诸如人员、设备、时间、费用等资源条件的约束限制，因此需要对网络计划进行优化。所谓网络计划优化，就是对网络图中的初始计划进行调整以寻求最优计划方案的过程。

网络计划优化的基本思路是"向关键路线要时间，向非关键路线要资源"。在压缩过程中，对压缩方案进行比较选优，使资源、成本的投入达到最少。依据网络优化所追求的目标不同，可将网络优化分为三类：时间优化、时间-资源优化、时间-费用优化。

（一）时间优化

在人、财、物允许的条件下，如何压缩作业时间和减少关键作业数目，从而使工程的总工期达到最短，这就是网络图的时间优化。

关键线路上各项作业的作业时间决定工程的工期。因此，应该分析如何缩短关键线路上的时间，这可以通过减少关键线路上的关键作业的数量和缩短关键作业的时间等途径来实现。

1. 采取平行作业或交叉作业，减少关键线路上作业的数目

这种途径主要是从组织管理角度提出的。在条件许可的条件下，应对原计划进行分析，看原来的关键线路上的串联作业关系能否转变成平行作业关系或交叉作业关系，从而使关键线路上的作业数目尽量减少，从而达到缩短工期的目的。

2. 压缩关键作业的作业时间

当采取组织措施压缩后，能平行、交叉进行的作业都已平行或交叉地进行了，如要进一步压缩工期，就必须考虑从关键作业时间上来压缩，这可以根据关键作业的性质，采取相应的措施，通过提高工作效率来缩短作业时间。比如，有的关键作业主要由人工来完成，则可考虑提高工人的熟练程度和工人的技能、充分利用工作时间等来提高工作效率；如果作业主要由设备来完成，则可通过合理划分作业，增加工作面，采用新设备、新技术等来提高工作效率，从而达到缩短作业时间的目的。

3. 统筹兼顾，合理运筹，确保重点

由于非关键作业有时差可以利用，因此，如果条件允许，可考虑从非关键线路上抽调部分人力、物力、财力去支援关键线路，从而在不突破非关键线路总时差的前提下，使关键线路的时间缩短，这就要求工程项目的指挥人员要统筹兼顾，合理运筹调度，在不增加人力、物力的前提下，确保重点作业按时或提前完成，从而达到预定目的。

缩短关键线路时间时，要注意在每次压缩时间后是否又出现了新的关键线路。如果有，那么在以后的压缩过程中，这几条关键线路都要压缩相同的时间，才能达到预期目的；否则，压缩作业时间多的线路成了非关键线路，压缩作业时间少的线路可能变成了关键线路，而工程工期仍受其制约，而多压缩的部分则白白花费了人力、物力与财力。多条关键线路同时压缩时，应当尽量压缩各条关键线路上的共同作业时间，其花费的代价可能比其他方案小。

经过时间压缩，或采取平行、交叉作业后，有可能使原网络图的结构及作业时间发生变化，因此要根据调整后的情况重新绘制网络图和计算时间参数，使调整后的网络图满足时间优化的目的与要求。

（二）时间-资源优化

时间-资源优化中所说的资源包括人力、物力和财力资源。资源常常是影响项目进度的主要因素。在一定的条件下，增加投入的资源，可以加快项目进度，缩短工期；减少资源，则会延缓项目进度，拉长工期。资源有保证，网络计划才能落实。所以制定网络计划时必须把时间进度与资源情况很好地结合起来。进行时间-资源优化时，要考虑两种情况。

（1）在资源一定的条件下，寻求最短周期。其主要途径有：

① 抓住关键线路，缩短关键活动的作业时间；

② 采取组织措施，在作业方法或工艺流程允许的条件下，对关键线路上的各项关键作业组织平行或交叉作业，应合理调配工程技术人员或生产工人，尽量缩短各项活动的作业时间；

③ 利用时差，从非关键作业上抽调部分人力、物力，集中用于关键作业，缩短关键作业的时间。

（2）在工期一定的条件下，通过平衡资源，求得工期与资源的最佳结合。对资源平衡措施的要求包括：

① 根据规定的工期和工作量，计算每一项作业所需资源数量，并按计划规定的时间单位做出日程上的进度安排；

② 在不超过有限资源和保证总工期的条件下，合理地调配资源，将资源优先分配给关键作业和时差较小的作业，并尽量使资源能够均衡地、连续地投入，避免骤增、骤减；

③ 必要时适当调整总工期，以保证资源的合理利用。

（三）时间-费用优化

时间-费用优化是综合考虑工期和费用两者之间的关系，寻求以最低的项目总费用获得最佳工期的一种方法。

项目费用可分为直接费用和间接费用。直接费用指人工、材料、能源等与各项活动直接有关的费用。间接费用指管理费用、销售费用等其他费用。

一项工程的总费用就是直接费用和间接费用的总和，即：

$$w = u + v$$

式中：w——工程总费用；

u——总直接费用；

v——总间接费用。

工程费用与完工期之间的关系，可用图3-14表示。

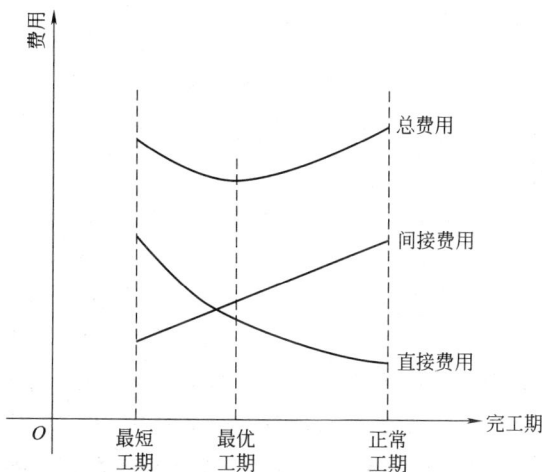

图 3-14　工程总费用曲线

一般来说，缩短工期会引起直接费用的增加和间接费用的减少，而延长工期会引起直接费用的减少和间接费用的增加。在正常工期和最短工期之间，存在一个最优工期，此时总工程费用最少，这个时间称为最少工程费日程。在寻求最少工程费日程时，要注意将每一步压缩工序增加的直接费用与由此带来的间接费用的减少进行对比，当压缩一天工期增加的直接费用少于减少的间接费用时，若技术上允许，从经济的角度可进行压缩，直到增加的直接费用刚刚超过减少的间接费用，则此时的前一步压缩日程已达到最少工程费日程，总费用达到最少。

六、监控和调整

利用网络计划对项目进行监视和控制，以保证项目按期完成。如有必要，按实际发生的情况对网络计划进行必要的调整。

案例分析

灵蛙制造执行系统（LINX-MES）应用案例

上海施耐德配电电器有限公司是施耐德集团公司在 1996 年与上海地方政府合资建立的，投资 1 800 万美元，拥有员工 200 多名。其主打产品具备国际领先优势，在国内是唯一生产该产品的厂家。

该企业按订单生产（MTO）的模式进行生产，订单批量小，变化多，有时一个订单只有一个产品，生产工艺和产品规格不具备连续性，再加上零件种类繁多，面对随时变化的订单，会发生零部件错装、多装和漏装的现象，影响产品质量，降低生产效率。

由于该企业的产品属于工业电器，一旦发生质量问题，对客户的影响很大，同时也必定影响企业产品的竞争力。零件质量是引发产品使用过程中问题的一个重要因素，但是当企业发现某个成品的某个重要零件存在质量隐患时，却无法快速、准确对使用同批次零件的产品进行定位，因此不能及时进行缺陷弥补。

施耐德公司存在的另外一个主要问题是，生产线分三个区段：两个子部件生产区段和一个总装区段，两个子区段的半成品要求具有较高的同步性。由于订单的小批量、多变化，ERP 系统并不能有效地将排产精确到生产区段，这就经常造成两个生产子区段的生产步调不一致，总装区段常处于待料状态。

在这种情况下，上海灵蛙科贸有限公司实施人员与施耐德公司生产管理人员进行多次沟通和分析后，把握住以上的几个主要问题，并且围绕这几个主要问题搭建起最适合该企业的制造执行（MES）系统。

首先，针对排产问题，灵蛙借助之前与主流 ERP 产品成功集成的经验，把施耐德公司现有 ERP（SAP）系统与 MES 系统连接成一个有机的整体，根据企业生产实际，设计优化排产算法，把 ERP 的生产计划、生产工艺分解到生产线上的每个工段和工序，在充分发挥各工段生产能力的基础上，保证产品总装的同步，也保证了产品对客户的按时交付。

其次，利用条码自动识别技术，为企业构建起完整的物料、成品自动识别和追溯体系。第一，统一原料编码和成品识别码。在生产过程中，系统会自动记录每个成品使用了哪些物料。因为物料和成品都已具备"身份证"，一旦发生质量问题，企业能迅速找到相关可能存在问题的其他产品，通过及时准确地为客户更换部件，把企业的损失降到最低，也得到了客户的认可。

最后，在物料自动识别体系的基础上，实施了生产过程控制模块，通过灵活的生产过程自定义机制，为每个成品制订标准的生产路线。实际生产过程中，若发生错装、多装或漏装现象，系统会自动提醒，并严格控制制造流程的继续进行，保证了生产过程的正确性，每一个不合格的操作都得到了及时控制，并且实现了与大型测试设备的数据交互，因为质量检测的结果直接应用于系统的流程控制。

系统实施后，由于系统内部采取严格的流程控制机制，成品不良率降低了 50% 以上，杜绝了零部件的装错、多装或漏装现象，生产效率也有了 20% 的提高。在质量管理中，把原料缺陷带来的损失降到了最低点，精确排产也使得产品能按时生产，并及时交付客户。

通过对一段时间的生产数据采集和分析，详细的基础数据和分析结果帮助施耐德公司发现了一些生产线的不合理配置，通过逐步调整，其生产能力大大提高。

思考：

（1）施耐德公司在遇到问题时是如何组织和管理的？

（2）通过此案例的分析，你受到哪些启发？

复习思考题

1. 什么是生产管理？铁路运输企业生产管理的内容有哪些？

2. 铁路运输企业生产计划的作用和任务有哪些？

3. 什么是生产过程？简述生产过程的构成与组织原则。

4. 生产过程的组织形式有哪些？

5. 与甘特图相比，网络图有哪些优点？

6. 网络图有哪些构成要素？绘制网络图需要遵守哪些规则？

7. 如何进行网络计划优化，优化途径有哪些？

8. 根据表 3-4 中的资料，绘制网络图，并分析关键线路。

表 3-4　第 8 题资料

作业代号	时间/d	紧前作业
A	3	—
B	3	A
C	3	A
D	8	B
E	5	B C
F	4	C
G	4	D E
H	2	E F
I	2	H G

9. 根据表 3-5 中的资料，绘制网络图，计算网络时间参数。

表 3-5　第 9 题资料

作业代号	时间/d	紧前作业
A	2	—
B	4	—
C	2	A B
D	5	A B
E	3	B
F	6	C
G	2	C
H	3	D E F

第四章

铁路运输企业质量管理

学习目标

(1) 了解质量及质量管理的概念。

(2) 了解全面质量管理的概念及其内涵，掌握全面质量管理的基本指导思想、内容和工作方法。

(3) 掌握质量管理的常用分析方法，能够运用排列图法、因果分析图法等方法对铁路运输企业的质量问题进行分析，并提出合理建议。

(4) 了解ISO 9000族标准的总体结构以及质量管理体系的认证。

案例导入

三鹿奶粉案例分析

众所周知，2008年的三鹿奶粉事件给了孩子、家长乃至整个社会一个重重的打击。三鹿集团，一个拥有"国家免检产品""中国驰名商标"等多项荣誉，奶粉产、销量连续十五年位居全国第一的中国乳业民族品牌，竟然会做出如此损害消费者利益、危害人身安全的事情，让我们不得不重新审视企业的经营，关注政府及相关部门的监督行动。这不仅是对企业管理人员的考验，也是广大消费者的一次艰难抉择。

下面，让我们简单回顾一下事件的经过：

2008年3月，新浪网从"三鹿内部邮件"得到消息：2008年3月以来，三鹿集团先后接到个别消费者反映，婴幼儿食用三鹿婴幼儿奶粉后，出现尿液变色或尿液中有颗粒现象。

5月20日和5月21日，有匿名网友在天涯社区发了2次"这种奶粉能用来救灾吗？"的帖子，揭露了他于浙江泰顺县城超市买的三鹿奶粉的质量问题，而针对此事件，三鹿集团的温州地区总经理却是以找到该网友的家，以送礼的方式要求该网友删除帖子。

7月24日，三鹿委托河北出入境检验检疫局技术中心检测其样品。

8月1日取得检测结果，16个样品中15个检查出了三聚氰胺的成分，而两天前三鹿集团对消费者的关于质量的解释却是：天气过热，饮水过少，脂肪摄取过多，蛋白质过量。当天深夜，三鹿集团管理层召开会议，讨论如何将损失降到最低来保护三鹿品牌。三鹿集团的新西兰"恒天然"公司代表得知此事，要求召回受污染产品，并立即向中国政府有关部门报告。而三鹿集团仅将此事报告石家庄市政府等部门，企图掩盖真相。

2008年9月8日，三鹿集团以秘密方式缓慢从市场上换货的方式引起了"恒天然"公司极大不满，"恒天然"公司新西兰大区总经理海伦·克拉克于9月8日绕过河北省政府直接将消息通知中国政府，中国政府开始严正对待此事。而这一天，石家庄市政府向河北省政府报告了三鹿奶粉问题。

从9月8日开始，各大媒体相继曝光三鹿奶粉的质量问题，卫生部办公厅开始彻查整件事情。到9月21日，事情才大白于天下，社会各界愤怒声四起，从三鹿集团到石家庄市，到河北省、到中央质检总局大大小小的官员和犯罪嫌疑人被刑事拘留、免职或引咎辞职，持续了近半个世纪的三鹿集团也就此倒闭。这不仅是中国企业的耻辱，同时也是警钟，提醒企业的管理者要妥善经营，对得起消费者的信任。纵观整个事件，其原因可归结为以下几点。

① 小农散养的奶源供应方式与现代化企业规模生产严重不适应，因奶源生产地分散，质量控制难度大，这一问题没有得到足够的重视。

② 少数奶站经营者利欲熏心，违法犯罪，为追求利益，明目张胆地制造、销售和向原料奶中添加三聚氰胺。

③ 三鹿集团见利忘义，故意隐瞒真相。质量出了问题后不是积极处理，召回产品应对危机，而是在长达8个月的时间里未向政府和有关部门报告，也未采取积极补救措施，导致事态进一步扩大，结果给消费者造成重大的人身伤害。

④ 食品安全监督管理存在漏洞。由于要追求利润，质检过严必然提高成本。因此，并不是每个企业都对产品质量控制十分重视。三鹿集团的产品质量控制形同虚设，落实不够，漏洞很多。

⑤ 社会监督软弱无力，从"三鹿奶粉"事件中可以看到，来自外部的监督几乎没有，担负食品质量主要监督职责的政府职能部门反而给三鹿集团公司颁发了免检证书，放弃了外部监督。

⑥ 政府处置不力，报告不及时。目前，我国还没有从国家层面制定较为完善的食品安全监管机制。食品安全监管体制运行存在明显的政出多门，职能交叉重叠，权责不明等问题，同时又缺了一个权威主题负责所有的食品安全执法。

针对这些原因，我们也从中得到了以下启示。

① 企业的妥善经营需要合理的管理方法。管理方法是在管理活动中为实现管理目标、保证管理活动顺利进行所采取的具体方案和措施。三鹿集团的奶源生产地分散，质量控制难度大，小农散养的奶源供应方式无法适应现代化的企业规模生产，这才出现了添加三聚氰胺来提高蛋白质含量的违法行为。

② 管理者要遵循相关的伦理道德，不要一味追求利益。三鹿集团的管理决策者在知道少数奶站经营者为追求利益而明目张胆地添加三聚氰胺的行为后，没有及时举报，反而见利忘义，故意隐瞒真相，结果造成了更大的伤害，这种不明智、损人不利己的愚蠢行为，应该坚决杜绝此类行为。

③ 政府应当充分发挥其监督职能，从广大消费者的利益出发，重视食品安全，重视外部监督。

第一节　质量管理概述

一、质量管理的相关概念

（一）质量

一般来说，质量是指产品、过程或服务满足规定要求或需要的特性。质量包括狭义和广义两个方面：狭义的质量是指产品质量；广义的质量除产品质量外，还包括工作质量、服务质量、信息质量、工程质量、部门质量、人的质量、制度质量、公司质量、目标质量等。

具体来说，虽然不同产品形式各异，其质量的内涵也存在一些差别，但其质量的内涵一般都包括以下内容：

① 性能指标，这是由产品使用功能所决定的主要特征；

② 可靠性，这是指产品特性所具有的稳定性；

③ 安全性，这是指产品对用户和环境有无危险、伤害或其他有害影响；

④ 寿命，这是指产品正常发挥功能的持续时间；

⑤ 美感，这是指用户对产品外观上的感觉，如色、香、味、形等；

⑥ 认同程度，这是指用户对产品满足其需求的程度评价以及间接评价等；

⑦ 售后服务，这是指处理顾客抱怨的及时和满意程度。

（二）质量管理

质量管理是企业为了保证和提高产品质量或工作质量所进行的计划、组织、协调、控制、检查及信息处理等相关活动的总称，是以质量管理体系为载体，通过建立质量方针和质量目标、进行质量管理策划、实施质量控制和质量保证、开展质量改进等活动来实现的。

（三）质量管理的发展阶段

质量管理是随着生产的发展和科学技术的进步而逐渐形成和发展而来的，回顾质量管理科学的发展历程，大致经历了三个不同的历史阶段。

1. 质量检验阶段

20 世纪前，产品质量主要依靠操作者本人的技艺水平和经验来保证，属于"操作者的质量管理"。20 世纪初，科学管理理论产生，促使产品质量检验从产品加工制造中分离出来，质量管理的职能由操作者转移给工长，是"工长的质量管理"。随着企业生产规模的扩大和产品复杂程度的提高，产品有了技术标准，公差制度也日趋完善，各种检验工具和检验技术也随之出现，大多数企业开始设置检验部门，有的直属于厂长领导，这时是"检验员的质量管理"。上述几种做法都属于事后检验的质量管理方式。

2. 统计质量控制阶段

1924 年，美国数理统计学家 W. A. 休哈特提出控制和预防缺陷的概念。他运用数理统计的原理提出在生产过程中控制产品质量的"控制图法"，绘制出第一张控制图并建立了一套统计卡片。与此同时，美国贝尔实验室也提出了关于抽样检验的概念及其实施方案，但当时并未被普遍接受。

以数理统计理论为基础的统计质量控制的推广应用始自第二次世界大战。由于事后检验无法控制武器弹药的质量，美国国防部决定把数理统计法用于质量管理，并由标准协会制定有关数理统计方法应用于质量管理方面的规划，于是成立了专门委员会，并于 1941—1942 年先后公布一批美国战时的质量管理标准。

统计质量控制方法的主要特点是运用概率论和数理统计方法对质量数据进行统计分析，找出产品优劣的原因，及时采取措施，防止不合格产品的产生；运用科学的抽样检验方法，通过对产品验收、评价，降低产品成本，提高产品的可靠程度。但是该类方法由于过分强调数理统计方法，忽视了组织管理和生产者在质量管理中的重要作用，忽视了其他部门对产品质量的影响，而且由于数理统计理论比较深奥，使多数人感到高不可攀，限制了其普及和推广。

3. 全面质量管理阶段

20 世纪 50 年代以来，随着生产力的迅速发展和科学技术的日新月异，人们对产品的质量从注重产品的一般性能发展为注重产品的耐用性、可靠性、安全性、维修性和经济性等。在生产技术和企业管理中要求运用系统的观点来研究质量问题。在管理理论上也有新的发展，突出重视人的因素，除了强调依靠企业全体人员的努力来保证质量以外，还有"保护消费者权益"运动的兴起，企业之间的市场竞争也越来越激烈。在这种情况下，美国 A. V. 费根鲍姆于 20 世纪 60 年代初提出了全面质量管理的概念。他提出：全面质量管理是为了能够在最经济的水平上，并考虑到充分满足顾客要求的条件下进行生产和提供服务，并把企业各部门在研制质量、维持质量和提高质量方面的活动构成为一体的一种有效体系。

质量管理三个阶段的比较如表 4-1 所示。

表 4-1　质量管理三个阶段比较

项　　目	质量检验阶段	统计质量控制阶段	全面质量管理阶段
生产特点	手工，半机械化	大量生产	现代化大生产
质量概念	狭义质量	向广义质量过渡	广义质量
管理范围	检验	制造过程	全过程
管理对象	产品	产品和工序质量	产品和工作质量
管理依据	质量标准	质量标准，控制标准	用户需要
管理方法	技术检验方法	数理统计方法	运用一切有效手段
参加人员	检验人员	技术部门，检验人员	企业全体员工

二、全面质量管理的基本含义

(一) 全面质量管理的概念

全面质量管理是指企业所有部门和全体职工，以提高质量为核心，以管理技术和现代科学技术为手段，通过建立一套科学的、严密的、高效的质量保证体系来控制影响质量的各项因素，并以优质的工作质量来研制、开发、生产、销售用户满意的产品而进行的系统活动。它是以用户需要为依据、以用户满意为标准、以提高经济效益为最终目的、以先进的技术为基础、以科学的管理为手段的综合质量管理活动。

(二) 全面质量管理的特点

1. 管理的对象是全面的

要保证和提高产品质量，必须使企业有关质量的研制、保持和改进活动构成一个有效的整体。企业全面的质量管理主要包括：生产商品自身的特有属性，也包括商品形成过程中起关键作用的工序质量和保证产品质量的工作质量。不仅要保证产品质量，还要做到成本低廉、供货及时、服务周到等。它追求价值和使用价值的统一，质量和效益的统一，用经济手段生产用户满意的商品。

2. 管理的范围是全面的

全面质量管理的范围，包括从产品的市场调查、设计、试制、生产制造到售后服务的全过程，即质量管理的过程是全面的。

3. 参加管理的人员是全面的

全面质量管理倡导全员参与质量管理，需要树立"质量问题人人有责"的观念。

4. 质量管理的方法是多样的

全面质量管理综合运用各种管理技术和方法，形成多样化的质量管理方法体系。如在工程质量控制中采用了直方图、排列图、鱼刺图、控制图、散布图、分层图、调查表等方法，在质量管理过程中还采用质量螺旋环和 PDCA 循环法等。

（三）全面质量管理的基本指导思想

① 从系统和全局出发。全面质量管理要求人们在研究和解决质量问题时，不仅要重视影响产品质量的各种因素和各个方面的作用，而且要把重点放在整体效应上，通过综合分析和综合治理，达到整体优化。

② 为用户服务。这是指从用户的立场出发，从生产制造到售后服务全程为用户提供优质服务。

③ 全员参与质量管理。树立"质量问题人人有责"的观念，全员参与质量管理。

④ 方法的多样性。全面质量管理综合运用各种管理技术和方法，形成多样化的质量管理方法体系。

⑤ 持续改进。这是指企业职工具有高度的质量意识，善于发现产品、服务、活动和总体目标上存在的问题，并对它进行不断改善和提高。

⑥ 以人为本。这是指在质量管理的各项活动中，重视人的作用，调动人的主观能动性和创造性。

（四）全面质量管理的内容

全面质量管理的基本内容包括设计过程、生产制造过程、辅助生产过程、使用过程的质量管理。

1. 设计过程的质量管理

设计过程的质量管理是指根据产品设计的质量职能开展的质量管理活动，其任务是：保证设计工作质量，组织协调各阶段质量职能，以最短时间、最少消耗完成设计任务；其内容包括：产品设计总体构思，确定产品设计的具体质量目标，开展新技术的先行试验研究，明确产品设计的工作程序，组织设计质量评审等。

2. 生产制造过程的质量管理

生产制造过程的质量管理是质量管理的中心环节。经过鉴定符合质量标准的新产品正式投产后，能不能保证达到质量标准，在很大程度上取决于生产制造过程的质量管理水平和生产车间的技术能力。

3. 辅助生产过程的质量管理

辅助生产过程包括原材料、外购件等物资供应和工具制造、设备维修、运输服务等。所有这些都是为生产第一线服务的，所以这一过程的质量管理要面向生产、面向基层，充分发挥各自的质量保证作用。由于这些部门的工作质量会影响制造过程，进而影响产品质量，所以在质量保证体系中，辅助生产过程中的质量管理占有相当重要的地位。

4. 使用过程的质量管理

使用过程的质量管理既是质量管理的归宿，又是质量管理的出发点。因此，企业的质量工作必须从生产过程延伸到使用过程。使用过程的质量管理主要是要建立完整的服务体系，开展对用户的技术服务工作，做好产品质量信息的反馈分析工作，认真处理客户投诉。

（五）全面质量管理的基本原则

全面质量管理的宗旨是"质量第一，顾客至上"。质量是企业的生命，要提高企业的经济效益，关键是提高产品和服务质量。顾客是企业的上帝，顾客的满意度和忠诚度，将直接影响企业的经营效益。因此，全面质量管理应遵循以下四大基本原则。

1. 为用户服务

"为用户服务"和"下道工序就是用户"是全面质量管理的基本观点，包括企业为顾客服务，前期工作为后继工作服务，职能部门为生产部门服务，通过企业各部分的质量控制，达到提高最终产品质量的目的。对铁路运输企业来说，更应强调一切工作为旅客服务，为货主服务。各部门都要围绕运输生产，互相配合，互相协调，保质保量地完成客货运输任务。

2. 以预防为主

把质量管理工作重点从事后检验转移到事前预防上来。优良的产品是设计和生产制造出来的，而不是事后检验出来的。要抓早抓小，做到"防患于未然"，要在废品产生之前就把质量控制起来，从而减少人力、物力和财力的浪费。对铁路运输企业来说，"预防为主"具有很强的针对性，一旦出现了差错，就会造成难以挽回的经济损失以及政治上的严重后果。

3. 用数据说话

数据是客观实际的反映，运用科学管理方法，就要使用真实的、客观的数据进行定量分析。要利用各种数理统计方法，把数据中所包含的内在规律揭示出来，作为提高产品质量的理论依据。强调用数据说话，必须反对使用虚假数据，否则会导致制定错误的经营方针。在编制运输工作计划、组织指挥运输生产的过程中，都要收集大量的数据。

4. 全员参加管理

实行全面质量管理，必须调动全体职工的积极性，让每一名员工都关心产品质量，通过自检、互检，做到人人把关、全员参与。成立质量管理小组（QC 小组），积极开展质量活动，提出合理化建议，使全员参与质量管理的原则能够落到实处。

（六）全面质量管理的基本工作方法

1. PDCA 循环的步骤

全面质量管理活动的全部过程，就是质量计划的制订和组织实施的过程。这个过程要按照 PDCA 管理循环周而复始地运转，如图 4-1 所示。PDCA 是英文 plan（策划）、do（实施）、check（检查）、action（处置）四个词的第一个字母的缩写组合，是由美国质量管理专家戴明博士（W. E. Deming）首先提出的，所以也叫"戴明环"。PDCA 循环包括四个阶段八个步骤，如图 4-2 所示。

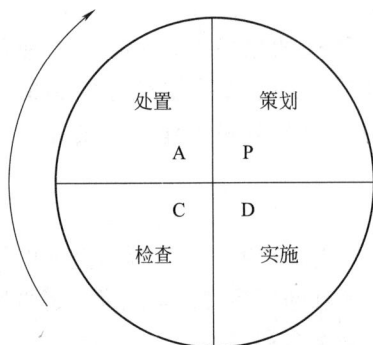

图 4-1　PDCA 循环示意图　　　　图 4-2　PDCA 循环的八个步骤

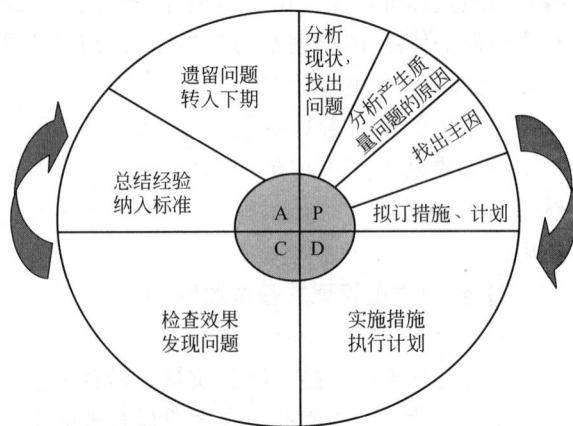

1）策划阶段

策划阶段的主要任务是确定质量目标、质量计划、管理项目和措施方案。

第一步是分析质量现状，找出存在的质量问题。在分析质量现状时，必须通过数据进行分析，并用数据说明存在的质量问题。

第二步是分析产生质量问题的各种原因或影响因素。一般有人、机（设备、工具、工装）、料（材料、零配件）、法（工艺、方法）、检测、环境等因素。

第三步是从各种原因中找出影响质量的主要原因，这是解决质量问题的关键。

第四步是拟订措施、计划。针对影响质量的主要原因制定对策，拟订管理、技术和组织措施，提出执行计划和预计效果。在制订措施和计划的过程中，应明确以下问题：由哪个单位或谁来执行？什么时间开始执行？何时完成？怎样执行？即 5W1H（why，what，where，when，who，how）。

2）实施阶段

这也是管理循环的第五步，就是按预定计划、目标和措施，具体组织和实施。

3）检查阶段

该阶段是管理循环的第六步，就是把实施的结果和计划的要求进行对比，检查计划的执行情况和实施措施的效果。

4）处置阶段

处置阶段包含了管理循环的第七和第八个步骤。

第七步，总结经验，巩固成绩，并对出现的问题加以处理，就是把成功的经验和失败的教训都纳入相应的标准、制度或规定之中，以巩固已经取得的成绩，防止重复出现已发生过的问题。

第八步，把未解决的遗留问题转入下一个管理循环，作为下一个阶段的计划目标。

2. PDCA 循环的特点

① 大环套小环、小环保大环，互相促进。整个企业的质量管理体系构成一个 PDCA 管理循环，而各个部门、各级单位直到每个人又都有各自的 PDCA 管理循环，依次又有更小的

PDCA 管理循环，从而形成一个"大环套小环，一环扣一环，小环保大环，从而推动大循环"的综合管理体系。上一级 PDCA 循环是下一级 PDCA 循环的依据，下一级 PDCA 循环是上一级 PDCA 循环的贯彻落实和具体化。大循环靠内部各个小循环来保证，小循环又由大循环来带动，如图 4-3（a）所示。

② 循环上升。PDCA 管理循环是螺旋式上升的，如同爬旋转式楼梯一样，每循环一次就前进、提高一步，循环往复，永无止境，如图 4-3（b）所示。质量问题不断解决，工作质量、管理水平和产品质量就不断提高。

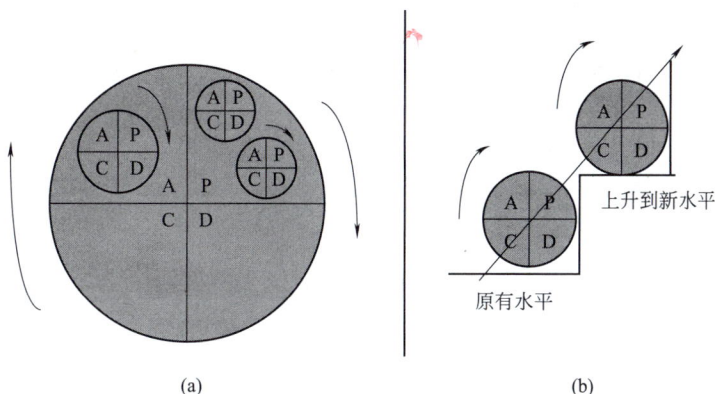

图 4-3　大环套小环与阶梯式提升

③ 处置阶段（A 阶段）是关键。在这一阶段要总结经验，巩固成绩，纠正错误，吸取教训，并使质量管理工作制度化、标准化，使每经过一个工作循环，质量水平就能稳定到一个新的水平上。通过不断研究解决质量问题的措施，推动产品质量的提高。

第二节　质量管理常用的方法

一、排列图

排列图又称主次因素分析图或巴雷特图，如图 4-4 所示。排列图是由意大利著名经济学家巴雷特（Pareto）首先提出的，主要用于经济分析，后来由美国质量管理专家朱兰（J. M. Juran）将它应用于全面质量管理之中。它是从各项影响产品质量的因素中找出主要影响因素的一种有效的质量分析方法。由于影响产品质量的因素有许多，通过排列图，将影响因素按影响程度的大小进行排列，可以找出主要的、关键的影响因素，以确定从哪里入手解决质量问题的收效最大。

排列图由两个纵坐标、一个横坐标、若干个直方图形和一条曲线组成。其中，左边的纵坐标表示频数；右边的纵坐标表示累计频率；横坐标表示影响质量的各种因素；若干个直方图形分别相应因素的频数，直方图形的高度则表示影响因素的影响大小，按大小顺序由左向右排列；曲线表示各影响因素大小的累计百分数。

（一）排列图的特点

① 按问题的大小进行排列，以便找出关键因素。排列图按原因或状况分类，把数据从

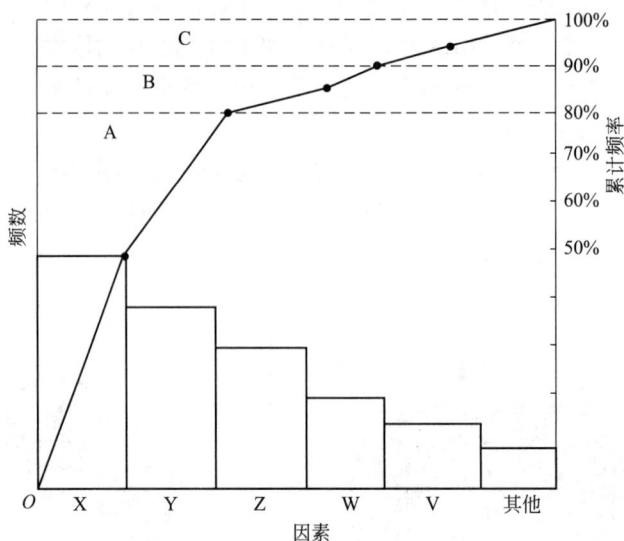

图 4-4　排列图

大到小排列，成为一种频率分布。

②强调分层分析，问题明确，有利于确定问题的次序。

③强调用数据说话，每一项都有次数和累计百分比。以数据为根据，有说服力，能反映质量问题。

(二) 绘制排列图的步骤

①收集一定时期的质量数据，要求质量数据全面、完整、准确。

②把收集的数据进行分类、整理。

③统计与计算。数据整理归类后，绘制一张数据整理表，表内的数据必须按数据值的大小依次排列，并按顺序逐一统计计算各类因素的频率（百分数），然后再进一步计算累计频率（百分数）。

④绘画排列图。先绘制出排列图的三条坐标轴，横轴为因素坐标轴，左侧为频数坐标轴，右侧为累计频率坐标轴。因素坐标轴的分标格，反映因素种类数的多少，标格大小没有规定，整个横轴要按因素种类的多少进行平均分割。

⑤画曲线（折线）。将各长方形的右侧端点的累计数（或各项频率依次累加起来），用一条曲线（折线）连起来，形成一条从左向右上升的曲线（折线）。

⑥分析结论。排列图全部绘制完成后，则可进行分析，找出影响产品质量的主要因素。

根据排列图的原则：凡与 0~80% 特性曲线区段相对应的因素为主要因素，称为 A 类区域；凡与 80%~90% 曲线区段相对应的因素为次要因素，称为 B 类区域；凡与 90%~100% 曲线区段相对应的因素为一般因素，称为 C 类区域。而主要因素区域的因素就是要找的影响质量的主要因素。遇到跨越两个区域的因素，可以观察其占据区域面积的大小，面积大于 50% 的就应该归于该区域，成为该区域的影响因素。

【例 4-1】　某车站在 2000—2003 年中共发生不安全事件 80 件，经分析排列，具体数据如表 4-2 所示，试用排列图法进行主次因素分析。

表 4-2　例 4-1 的数据整理表

序列	因　素			
	事件项目	频数	频率	累计频率
1	撞车	40	50%	50%
2	提错钩	20	25%	75%
3	拿错车	12	15%	90%
4	放错道	6	7.5%	97.5%
5	其他	2	2.5%	100%
合计		80	100%	—

解： 按前面介绍的方法画出排列图如图 4-5 所示，根据巴雷特的原则进行分析：

（1）0～80% 相对应的因素为主要因素，该车站事故的主要因素为撞车和提错钩，只要解决了这两个问题，就可大大减少不安全事件；

（2）80%～90% 相对应的部分因素主要是拿错车，为次要因素；

（3）90%～100% 相对应的因素为放错道与其他，为一般因素。

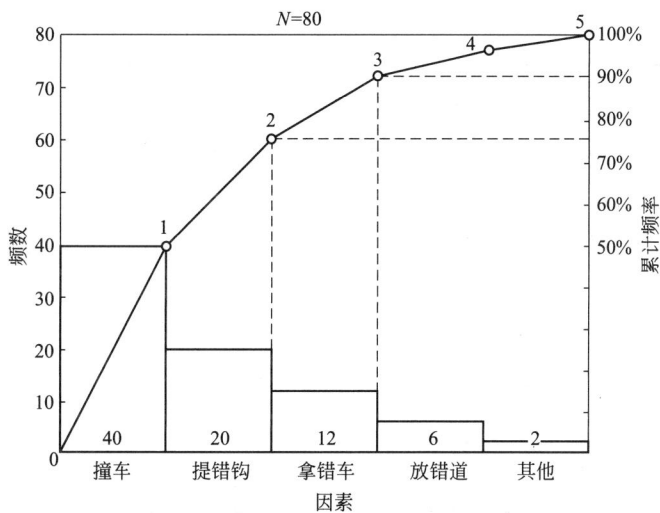

图 4-5　例 4-1 的排列图

二、分层图

分层法又叫再次排列图。所谓分层，就是为了分清影响质量的原因所在和明确措施方向，把性质相同的数据放到一起，以便发现产生质量问题的原因。它的要点是将经常使工序受到相同影响的数据，按照种类、原因等差别分成几个层次，以便把错综复杂的影响因素分析清楚。

数据分层时，可以按时间（如按不同日期、不同班次）分层、按操作者（如按新、老工作人员，不同班次的工作人员，不同性别和不同工龄的工作人员等）分层、按使用设备（如按不同的机床型号、工装夹具等）分层、按原材料（如按产地、成分、规格、制造厂、批号等）分层、按操作方法（如按不同的装卸、堆码、排列方法等）分层等。

将数据分层时，应根据分析目的，按照分层依据加以分类，将性质相同、在相同条件收集的数据归并在一起，同时应尽量使同层的数据波动幅度较小，而层间相互差别较大，这是用分层法进行分层的关键。

分层的目的是把不同性质的问题分清楚，便于分析问题、找出原因。分类方法是多种多样的，没有什么硬性规定，这种方法经常同质量管理中的其他方法一起联合使用。

根据表 4-2 中的撞车数据，按事件发生时间进行分层整理，如表 4-3 所示。按表 4-3 画出分层图，如图 4-6 所示，从中可知，撞车事件易发生在春季，其次是夏季。

表 4-3　分层整理后的数据

序列	因　素			
	时间	频数	频率	累计频率
1	春季	28	70%	70%
2	夏季	7	17.5%	87.5%
3	秋季	3	7.5%	95%
4	冬季	2	5%	100%
合计		40	100%	—

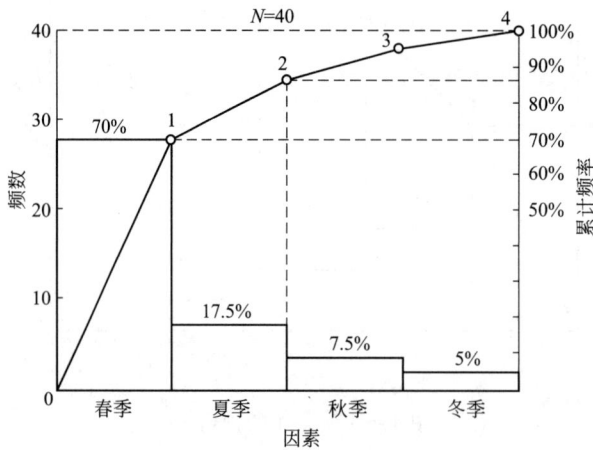

图 4-6　分层图实例

三、因果分析图

因果分析图又称鱼刺图、树校图，如图 4-7 所示。这是一种逐步深入研究寻找影响产品质量原因的方法。在实际工程管理过程中，产生质量问题的原因是多方面的，而每一种原因的作用又不同，往往需要在考虑综合因素时，按照从大到小、从粗到细的方法，逐步找到产生问题的根源。

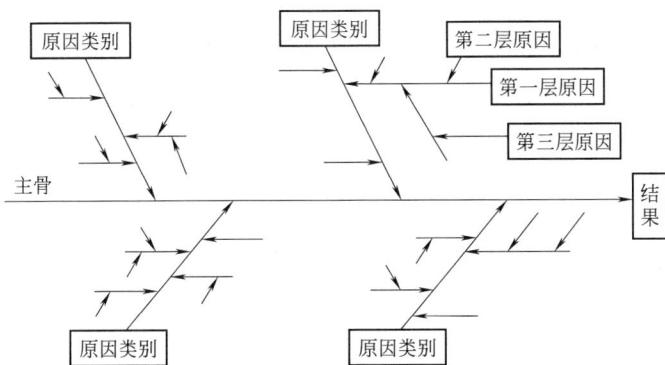

图 4-7 因果分析图

（一）分析方法

1. 回归分析法

当目标变量（称因变量）随一种或几种影响因素变量（称自变量）的变化而发生变化时，根据某一个自变量或几个自变量的变动，来解释、推测因变量变动的方向和程度，通常用回归分析法。

回归分析法：在掌握大量观察数据的基础上，利用数理统计方法建立因变量与自变量之间的回归关系函数表达式，来描述它们间数量上的平均变化关系。这种函数表达式称回归方程式。这种数理统计方法称为回归分析法。

回归分析中，当研究的因果关系只涉及因变量和一个自变量时，叫作一元回归分析；当研究的因果关系涉及因变量和两个或两个以上自变量时，叫作多元回归分析。

回归分析中，又依据描述自变量与因变量之间因果关系的函数表达式是线性的还是非线性的，分为线性回归分析和非线性回归分析。线性回归分析是最基本的方法，也是市场预测中的一种重要方法。

2. 经济计量法

在市场经济条件下，市场作为社会经济活动的基本场所，它一方面是企业营销活动的环境，另一方面也将社会经济系统视为它自己的环境。这种市场现象间的系统关系，使市场变量间的某些因果关系，不能只研究自变量对因变量的影响，而忽视因变量对自变量的逆向影响，或忽视各种自变量之间的相互影响。

市场变量间的这种相互依存的复杂关系，用回归分析法往往就不能对其做出系统描述。

经济计量法就是揭示这类市场变量间复杂因果关系的方法，是在以经济理论和事实为依据的定性分析基础上，利用数理统计方法建立一组联立方程式，来描述预测目标与相关变量之间经济行为结构的动态变化关系。这组联立方程式称为经济计量模型。

（二）绘制方法

① 确定所要分析的问题，并对形成该问题的各类因素进行全面收集、归类与整理。

② 用箭线绘制因果分析图，展示各影响产品质量的因素。在绘图时，先画一条水平箭线（由左向右的粗线），并指向要分析的问题（结果）。把问题（结果）用框架线框起来，

再把存在的分类影响因素，合理地、均衡地用箭线分布在水平粗箭线的上、下两侧，并根据各因素的内在逻辑关系逐步层层深入，查找原因后展开，用箭线表示出来。

③ 对各层影响因素，由有关人员反复进行研究与讨论，用表决法确定其主要影响因素。对确定的主要因素，在图上用不同标记表示出来，为制定改进措施的决策人员提供充分的依据。

市场的客观经济现象是十分复杂的，数学预测模型只能明确、形象地显示出市场从过去至现在发展过程中有关事件观察数据中呈现的因果关系，而如何确定符合市场需要及其实际变化的预测值，还需要预测者掌握丰富的市场信息，依靠个人的经验和分析判断能力，做出科学判断。

注意： 用因果分析图进行市场定量预测时，还需要与定性的分析相结合，把各种主要因素考虑进去，参照已经出现和正在出现的可能性，综合分析判断，对预测模型计算出来的预测值做恰当调整，确定最终预测值，使预测结果更接近实际。

四、直方图

做直方图的目的是研究产品质量的分布状况，据此判断生产过程是否处在正常状态，如图 4-8 所示。直方图为 QC 七大工具之一，因此在画出直方图后要进一步对它进行观察和分析，在正常生产条件下，如果所得到的直方图不是标准形状，或者虽是标准形状，但其分布范围不合理，就要分析其原因，采取相应措施。

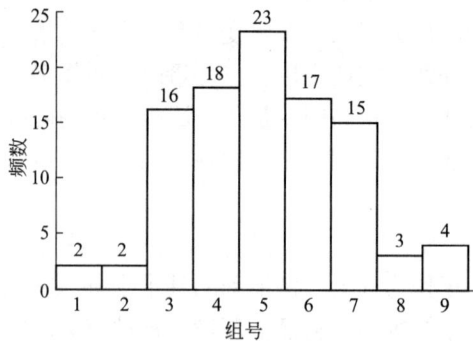

图 4-8　直方图

1. 直方图的作用

① 通过直方图判断生产过程是否有异常，对直方图的某些参差不齐不必太在意，主要应着眼于图形的整个形状。

② 运用直方图勘测生产的质量状况。将直方图与公差范围相比较，看直方图是否都落在公差要求的范围之内。

2. 直方图绘制方法

① 集中和记录数据，求出其最大值和最小值。数据的数量应在 100 个以上，在数量不多的情况下，至少也应在 50 个以上。

② 将数据分成若干组，并做好记号。分组的数量在 5~12 之间较为适宜。数据分组数称为组数，每一个组的两个端点的差称为组距。

③ 计算组距的宽度。用同一组数据的最大值和最小值之差除以组数，求出组距的宽度。

④ 计算各组的界限位。各组的界限位可以从第一组开始依次计算，第一组的下界为最小值减去最小测定单位的一半，第一组的上界为其下界值加上组距。第二组的下界限位为第一组的上界限值，第二组的下界限值加上组距，就是第二组的上界限位，依此类推。

⑤ 统计各组数据出现频数，做频数分布表。

⑥ 做直方图。以组距为底长，以频数为高，做各组的矩形图。

五、相关图

在质量管理中，常常遇到一些变量共处于一个统一体中，它们互相联系、互相制约，在一定的条件下又互相转化。在有些变量之间存在确定的关系，在有些变量之间存在相关关系。将两种有相关关系的数据列出，并用点填在坐标纸上，观察两种数据之间的关系，这种图称为相关图，或称散布图。对散布图进行分析称为相关分析。

散布图的形式很多，如图4-9所示。

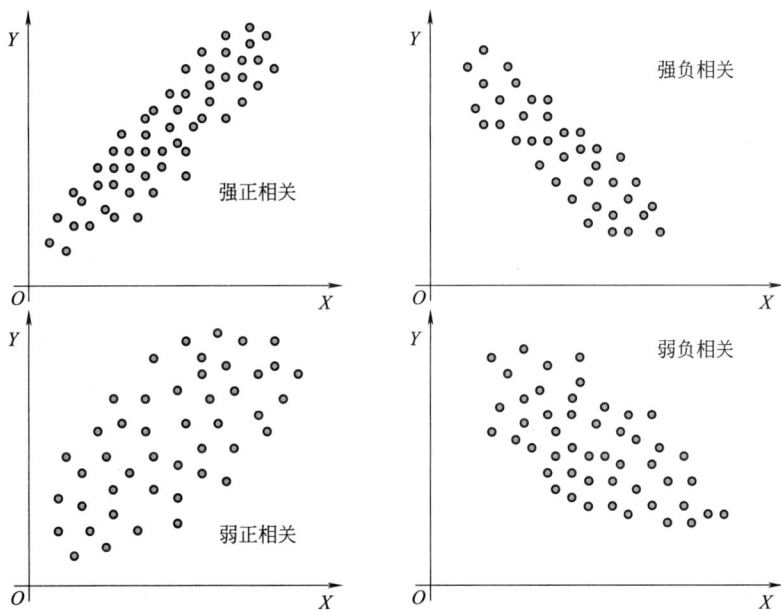

图4-9　散布图

六、对策表

通过排列图、因果图等工具找出了产品质量中存在的问题及产生问题的原因后，下一步就应该采取技术和管理上的措施来解决这些问题。为此，应该制作一个对策表，在表中详细列出主要质量问题，并对其提出改进措施，以及实施改进措施的负责人等。对策表并无严格的格式规定，可参考表4-4。对策表常常是与分析质量因素的排列图、分层图、因果图等工具同时并用的，彼此相辅相成。

表 4-4 对策表实例

序号	要素	对策	目标	措施	时间	地点	责任人
1	模板加工	踏步主龙骨尺寸控制	轮廓尺寸满足质量要求，误差±3 mm；孔位偏差±2 mm	绘制各部件节点图，由技术人员对加工人员进行技术交底，充分了解加工产品	6~7月	生产厂家	张超
		踏步面板几何尺寸控制			6~7月	生产厂家	何帅黎
		连接件几何尺寸控制			6~7月	生产厂家	常建云
2	模板组装	采用螺栓连接各部件	组装完成后，误差范围小于3 mm。达到熟悉组装工艺的成效，为以后的施工提供依据	组装过程中进行指导，组装完成后对模板进行测量	8~9月	施工现场	张厚全
3	支撑体系	主龙骨上下两端四个支点采用调节丝杠	防止模板出现上浮及侧向位移等问题	可与现场钢管对接，扩展支撑体系	8~9月	施工现场	张超

第三节 ISO 9000 系列国际标准与质量认证体系

一、ISO 和 ISO 9000 系列国际标准

（一）ISO

1946年，来自25个国家的代表在伦敦召开会议，决定成立一个国际标准化组织，其目的是促进国际间的合作和行业标准的统一。于是，这一新组织于1947年2月23日正式成立，总部设在瑞士的日内瓦。ISO于1951年发布了第一个标准工业长度测量用标准参考温度。

ISO的组织机构包括全体大会、主要官员、成员团体、技术管理局、标样委员会、技术咨询组、技术委员会等，共有技术委员会227个。国际标准化组织于1979年成立了质量管理和质量保证技术委员会（TC 176），负责制定质量管理和质量保证标准。

（二）ISO 9000 族标准

国际标准化组织于2008年11月15日发布了2008版ISO 9000族标准，该族标准包括四个核心标准、一个支持性标准、若干个技术报告和宣传性小册子，其文件结构如表4-5所示。

表 4-5 2008 版 ISO 9000 族标准的文件结构

核心标准（4个）	GB/T 19000—2008 idt ISO 9000：2005 质量管理体系 基础和术语 GB/T 19001—2008 idt ISO 9001：2008 质量管理体系 要求 GB/T 19004—2009 idt ISO 9004：2009 质量管理体系 业绩改进指南 GB/T 19011—2003 idt ISO 19011：2002 质量和（或）环境管理体系审核指南
支持性标准和文件	ISO 10012 测量控制系统 ISO/TR 10006 质量管理 项目管理质量指南 ISO/TR 10007 质量管理 技术状态管理指南 ISO/TR 10013 质量管理体系文件指南 ISO/TR 10014 质量经济性管理指南 ISO/TR 10015 质量管理 培训指南 ISO/TR 10017 统计技术指南 质量管理原则 选择和使用指南 小型企业的应用

实施 ISO 9000 族标准具有以下几方面的作用和意义。

1. 有利于提高产品质量，保护消费者利益

现代科学技术的高速发展，使产品向高科技、多功能、精细化和复杂化方向发展。组织是按照技术规范生产产品的，但当技术规范本身不完善或组织质量管理体系不健全时，组织就无法保证持续地提供满足要求的产品；而消费者在购买或使用这些产品时，一般也很难在技术上对产品质量加以鉴别。如果组织按 ISO 9000 族标准建立了质量管理体系，通过体系的有效应用促进组织持续地改进产品特性和过程的有效性和效率，实现产品质量的稳定和提高，这无疑是对消费者利益的一种最有效的保护，也增加了消费者（采购商）在选购产品时对合格供应商的信任程度。

2. 为提高组织的运作能力提供了有效的方法

ISO 9000 族标准鼓励组织在建立、实施和改进质量管理体系时采用过程方法，通过识别和管理相互关联和相互作用的过程，以及对这些过程进行系统的管理和连续的监测与控制，以实现持续地提供顾客满意的产品的目的。此外，质量管理体系提供了持续改进的框架，帮助组织能够不断地识别并满足顾客及其他相关方的要求，从而不断地增强顾客和其他相关方的满意程度。因此，ISO 9000 族标准为组织有效地提高运作能力和增强市场竞争能力提供了有效的方法。

3. 有利于增进国际贸易，消除技术壁垒

在国际经济技术合作中，ISO 9000 族标准被作为相互认可的基础，贯彻 ISO 9000 族标准为国际经济技术合作提供了国际通用的共同语言和准则，取得质量管理体系认证，已成为参与国内和国际贸易、增强竞争能力的有力武器。因此，贯彻 ISO 9000 族标准对消除技术壁垒、排除贸易障碍起到了十分积极的促进作用。

4. 有利于组织的持续改进和持续满足顾客的需求和期望

顾客要求产品具有满足其需求和期望的特性，但是顾客的需求和期望是不断变化的，这就促使组织要持续地改进产品的特性。而质量管理体系就为组织持续改进其产品和过程提供了一条行之有效的途径。ISO 9000 族标准将质量管理体系要求和产品要求区分开来，它不是取代产品要求，而是把质量管理体系要求作为对产品要求的补充，这样有利于组织的持续改进和持续满足顾客的需求和期望。

二、质量管理体系

（一）质量管理体系的概念与作用

1. 质量管理体系的概念

"体系"是指若干有关事物或某些意识互相联系而构成的一个整体。组织的质量管理必须通过制定质量方针和目标，建立、健全质量管理体系并使之有效运行来付诸实施。质量管理体系要把影响质量的技术、管理、人员和设备等因素都综合在起，使之为着一个共同目的——在质量方针的指导下，为达到质量目标，而互相配合、努力工作。质量管理体系强调质量管理工作的系统性和协调性，它要求在质量方针的指导下，面向组织的质量目标，建立质量管理系统。ISO 9000 将质量管理体系（quality system）定义为："建立质量方针和质量目标并实现这些目标的体系。"

2. 质量管理体系的作用

① 建立质量管理体系是企业成功的保证。

② 建立质量管理体系既是顾客的需要，也是组织的需要。

③ 完善的质量管理体系是在考虑组织和顾客双方利益、成本和风险的基础上实现质量最佳化。

（二）质量管理体系的审核与认证

1. 质量管理体系审核

质量管理体系审核是质量审核的一种形式，是由具备一定资格且与被审核部门的工作无直接责任的人员，为确认质量管理体系各要素的实施效果，是否达到了规定的质量目标所做的系统而独立的检查和评定。

质量管理体系审核的目的是向企业的领导者提供各体系要素是否有效实施的证据，以便根据审核结果找出存在的问题，采取纠正措施，进一步完善质量管理体系。它也是促进各职能部门更有效地开展质量工作的重要手段。

2. 质量管理体系认证

1）质量管理体系认证的概念

质量管理体系认证，亦称质量管理体系注册，是指由公正的第三方体系认证机构，依据正式发布的质量管理体系标准，对企业的质量管理体系实施评定，并颁发体系认证证书和发布注册名录，向公众证明企业的质量管理体系符合某一质量管理体系标准，企业有能力按规定的质量要求提供产品，公众可以相信企业在产品质量方面能够说到做到。

质量管理体系认证的目的是要让公众（消费者、用户、政府管理部门等相信企业具有一定的质量保证能力，其表现形式是由体系认证机构出具体系认证证书的注册名录，依据的条件是正式发布的质量管理体系标准，取信的关键是体系认证机构本身具有的权威性和信誉。

2）质量管理体系认证的作用

① 从用户和消费者角度：能帮助用户和消费者鉴别企业的质量保证能力，确保购买到优质满意的产品。

② 从企业角度：能帮助企业提高质量竞争力；能帮助企业加强内部质量管理，提高产品质量保证能力；能帮助企业避免外部对企业的重复检查与评定。

③ 从政府角度：能促进市场的质量竞争，引导企业加强内部质量管理，稳定和提高产品质量；帮助企业提高质量竞争能力；维护用户和消费者的权益；避免因重复检查与评定而给社会造成浪费。

注意：质量管理体系认证中使用的基本标准不是产品技术标准，因为体系认证中并不对认证企业的产品实物进行检测，颁发的证书也不证明产品实物符合某一特定产品标准，而仅是证明企业有能力按政府法规、用户合同、企业内部规定等技术要求生产和提供产品。

目前，世界上已有通用的质量管理体系标准，即 ISO 9000 系列国际标准。当然，各国在采用 ISO 9000 系列标准时都需要翻译为本国文字，并作为本国标准发布实施。目前，包括全部工业发达国家在内，已有不少国家的国家标准化机构，按 ISO 指南 47 的规定，将 ISO 9000 系列国际标准等同转化为本国国家标准。我国等同 ISO 9000 系列的国家标准是 GB/T 19000—ISO 9000 系列标准，这是 ISO 承认的 ISO 9000 系列的中文标准，列入 ISO 发布名录。图 4-10 是我国部分质量认证标志。

图 4-10　我国部分质量认证标志

案例分析

海尔"砸冰箱"事件

1984 年以前，青岛电冰箱总厂主要生产单缸洗衣机，那时候是按照一等品、二等品、三等品、等外品分类的。原因就是在那个时候中国刚刚改革开放，物品缺乏，只要产品还能用，就可以堂而皇之地送出厂门，而且绝对有市场，绝对卖得掉，就连等外品都能够销售得出去。实在卖不了的产品，就分配给员工自用，或者以送货上门的方式半价卖掉。

1984 年年底，张瑞敏到厂以后，他在班上、班后反复给大家上质量课，让大家学习日本质量管理知识，并成立质量管理小组。应该说，质量管理的一种方法，员工往往容易学会，但是员工质量意识的提高，却不是一朝一夕所能改变的。因为，在员工的头脑里，整天是一等品、二等品、三等品、等外品，固有的产品质量观念很难改变。

1985 年，张瑞敏收到一封用户的投诉信，投诉海尔冰箱的质量问题，于是张瑞敏到工厂仓库里去，把 400 多台冰箱，全部做了质量检查，发现有 76 台冰箱不合格。张瑞敏找到检查部门问道："你们看看这批冰箱怎么处理?"他们说："既然已经这样，就内部处理掉算了。"因为以前出现这种情况都是这么办的，加上当时大多员工家里都没有冰箱，即使有一些质量上的问题，冰箱也不是不能用呀。张瑞敏说："如果这样的话，就是说还允许以后生产这样的不合格冰箱。你们检查部门摆放上那些劣质零部件和劣质的 76 台冰箱，通知全厂职工都来参观。"员工们参观完以后，张瑞敏把生产这些冰箱的责任者和中层领导留下，问他们："你们看怎么办?"结果大多数人的意见还是比较一致的，都是说处理给员工算了。但是，张瑞敏却坚持说这些冰箱必须就地销毁。他顺手拿出把大锤，照着一台冰箱就砸了过去，把这台冰箱砸得稀巴烂，然后把大锤交给了责任者，转眼之间，把 76 台冰箱全都销毁，当时，在场的人一个一个都眼里流泪了。一台冰箱当时 800 多元钱，员工每个月的工资才 40 多元钱，冰箱是他们两年的工资呀。张瑞敏说："从现在开始，我们要确立质量方面的一种理念：有缺陷的产品就是废品。以后我们的产品不能再一等品、二等品、三等品、等外品的分类了。我们的产品就分合格品、非合格品，市场只有合格品，非合格品就不能进入市场，要再进入市场，就追究生产者的责任。"他还说："从现在开始，我们要完善质量管理制度，以后谁再生产了这样的冰箱，责任由自己负。"

由此，大家开始明白，海尔的前途与有没有严格的质量管理是息息相关的，一定要重视产品的质量。冰箱总厂的老职工胡秀英说："忘不了那沉重的铁锤，高高举起又狠狠落下，76台质量不合格的冰箱顷刻间成了一堆废铁。它砸碎的是我们陈旧的质量意识，唤醒了我们去努力提高自身素质的意识。有了质量，我们才有了现在的一切。"

在这个事件中，张瑞敏带头扣掉了自己当月的工资，以作警戒。这一事件作为海尔创业史上的一个重要镜头，也成为海尔发展史上的经典案例。应该说砸冰箱这件事给海尔全体员工思想造成了强烈的震撼，员工的质量意识有了普遍的提高。用一把有形的锤子，砸醒了全体员工的质量意识，第一次在中国企业的员工中树立起争一流的观念。的确，海尔的这一锤也告诫全体海尔员工：谁生产了不合格的产品，谁就是不合格的员工。一旦树立了这种观念，员工们的生产责任心迅速增强，在每一个生产环节都不敢马虎，精心操作，"精细化，零缺陷"变成了全体员工发自内心的心愿和行动，从而使企业奠定了扎实的质量管理基础。

又经过4年的时间，也就是1988年12月的时候，海尔就获得了中国电冰箱市场的第一枚国内金牌，把冰箱做到了全国第一。

思考：

（1）针对上述案例，你受到了哪些启发？

（2）你认为企业进行质量管理是否有必要？

复习思考题

1. 质量的概念是什么？质量管理的发展分为哪几个阶段？
2. 试述全面质量管理的内容、指导思想和工作方法。
3. 全面质量管理的基本方法及其特点是什么？
4. 排列图法、分层图法、因果分析图法各自的作用是什么？
5. 什么是直方图？怎样观察分析直方图？
6. 简述质量认证的意义。

第五章

铁路运输企业人力资源管理

（1）理解人力资源的含义和特点，明确人力资源管理的含义和内容。

（2）理解招聘的作用，明确企业招聘的含义和流程。

（3）理解员工培训的作用。

（4）掌握薪酬的含义和薪酬制度的分类，了解各种薪酬制度的区别。

（5）了解薪酬体系设计的基本程序。

案例导入

某铁路集团房建公司的人力资源现状

某铁路集团房建公司专业技术人员总数为 447 人，其中具有高级职称 14 人，中级职称 173 人，初级职称 260 人。

按年龄结构分，该公司专业技术人员 30 岁以下 44 人，31~35 岁 90 人，36~40 岁 91 人，41~45 岁 112 人，46~50 岁 58 人，51~54 岁 41 人，55~59 岁 11 人。

按学历结构分，该公司专业技术人员中，拥有大学本科学历人数 122 人，占专业技术人员比例为 27%；大学专科人数 189 人，占专业技术人员比例为 42%；中专学历人数 121 人，占专业技术人员比例为 27%；高中及以下学历人数 15 人，占专业技术人员比例为 3%。

根据以上资料分析发现，该公司年龄结构总体偏大，具有发展潜力的青年人才比例偏低，职称结构不合理，高级、中级、初级职称比例为 1：12.4：18.6，不是标准的金字塔形的人才梯度，高级专业技术人员较少，中级和初级技术人员较多，与合理比例 1：3：6 相差较远。学历结构中本科学历人数比例太小，由于高学历专业技术人员通常具有较强的创新能力和学习能力，所以该公司的创新能力和学习能力不足，其发展缺乏后劲和推力，制约了企业的发展。

思考： 面对该公司的人才资源配置中存在的问题，如果你是公司的人力资源经理，你会怎么做？

第一节　人力资源与人力资源管理

一、人力资源

（一）人力资源含义

人力资源（human resources，HR）是与物质资源相对应的概念，一般是指在一个国家或地区从事智力劳动和体力劳动，具有或者将要具有推动整个经济和社会发展能力的人们的总和。它包括数量和质量两个方面，人力资源数量是指劳动适龄人口、未成年就业人口和老年就业人口。人力资源质量是指人力资源所具有的体力、智力、知识和技能水平，以及劳动者的劳动态度。与人力资源数量相比，人力资源质量更为重要。

（二）人力资源特点

人力资源与物质资源相比有它的特殊性，因为它既是生产的承担者又是生产发展目标的实现者，因此它具有以下特点。

1. 能动性

这是人力资源的首要特征，是与其他资源最根本的区别。自然资源在其开发过程中，完全处于被动地位，人力资源则不同，在被开发过程中，有意识、有目的地进行活动，能主动调节与外部的关系。

2. 再生性

资源分为可再生资源和不可再生资源两大类。人力资源在使用过程中也会出现损耗，既包括人自身体力、精力的自然损耗，也包括知识、技能相对于科学发展而落伍的无形损耗。但人力资源也具有再生性，它基于人口的再生产和劳动力的再生产，通过人口总体内个体的不断更替和"劳动力耗费—劳动力生产—劳动力再次耗费—劳动力再次生产"的过程得以实现。同时，人的知识与技能陈旧、老化也可以通过培训和再学习等手段得到更新。当然，人力资源的再生性不同于一般生物资源的再生性，除了遵守一般生物学规律之外，它还受人类意识的支配和人类活动的影响。从这个意义上说，要实现人力资源自我补偿、自我更新、持续开发，人力资源管理工作就必须注重对人力资源的终身教育，应加强人力资源的后期培训与开发。

3. 时效性

人作为生物机体，有其生命周期，在不同时期可利用程度也不同。矿藏资源一般可以长期储藏，即使不使用，品质也不会降低。而人力资源储备不同，如果不使用，人力资源的才能将会荒废、退化。因此，人力资源的开发与使用必须及时，开发、使用时间不一样，所得的效益也不相同。

4. 生物性和社会性

人首先是一种生物。人力资源存在于人体之中，是有生命的"活"资源，与人的自然生理特征相联系。人最基本的生理需要带有某些生物性的特征。人力资源属于人类自身所特有，因此具有不可剥夺性。这是人力资源最根本的特性。人同时又生活在社会与团体之中，作为个体，个人与个人、个人与群体和团队、个人与组织、个人与企业制度、个人与企业文化等都会相互作用和相互影响；作为整体，人力资源与组织、地区、民族、国家等紧密联系在一起。相互作用和影响的结果，可以使人力资源产生正效益，也可以产生负效益。因此人力资源的形成、开发、配置和使用都离不开社会环境和社会实践，社会环境构成了人力资源的大背景。

5. 生产性和消费性

人力资源同时具有生产性和消费性，也称为人力资源的双重性。人力资源的生产性是指，人力资源是物质财富的创造者，而且人力资源的利用需要一定条件，必须与自然资源相结合，有相应的活动条件和足够的空间、时间。消费性是指人力资源是财富创造的主体，同时又是消费主体，其形成、维护与开发，需要消费大量的有形资源和无形资源。与消费性比较，生产性处于主导地位，因此才会有人力资源对社会发展的推动作用。

二、人力资源管理

（一）人力资源管理含义

人力资源管理（human resource management，HRM）是对人力资源的获得、整合、激励、调控、开发所进行的系统化的综合管理。

人力资源管理的最终目标是促进企业目标的实现。企业的目标最终将通过其最有价值的资源——它的员工来实现。为了提高员工个人和企业整体的业绩，员工应把促进企业的成功当作自己的义务，企业应制定与企业业绩紧密相连、具有连贯性的人力资源方针和制度，这是企业最有效利用资源和实现商业目标的必要前提。企业应提供相对完善的工作和组织条件，为员工充分发挥其潜力提供所需要的各种支持。

简单地说，在企业内，人力资源管理就是用科学和人性化的方法来管理人力资源。因为人力资源是一种资源，企业在人力资源管理过程中需要运用科学的方法和技术，追求管理的高效率；同时，人力资源又不同于企业的其他资源，是一种依附于员工人格尊严和人性特点的资源，所以企业要用人性化的手段来进行管理。尊重和满足员工的需求，给员工足够的参与管理空间，以实现员工的个人价值。

（二）人力资源管理的发展历程

人力资源管理是一门新兴的学科，问世于 20 世纪 70 年代末，人力资源管理的历史虽然不长，但人事管理的思想却源远流长，从时间上看，从 18 世纪末开始的工业革命，一直到 20 世纪 70 年代，这一时期被称为传统的人事管理阶段。从 20 世纪 70 年代末以来，人事管理让位于人力资源管理。

1. 人事管理阶段

人事管理阶段可具体分为以下几个阶段：科学管理阶段、工业心理学阶段和人际关系管理阶段。

1）科学管理阶段

20 世纪初，以美国弗雷德里克·泰勒等为代表，开创了科学管理理论学派，并推动了科学管理实践在美国的大规模推广，泰勒提出了"计件工资制"和"计时工资制"，提出了实行劳动定额管理，1911 年泰勒出版了《科学管理原理》一书，这本著作奠定了科学管理理论的基础，因而泰勒被西方管理学界称为"科学管理之父"。

2）工业心理学阶段

以德国心理学家雨果·芒斯特伯格等为代表的心理学家的研究结果，推动了人事管理工作的科学化进程，雨果·芒斯特伯格于 1913 年出版的《心理学与工业效率》一书标志着工业心理学的诞生。

3）人际关系管理阶段

1929 年美国哈佛大学教授梅奥率领一个研究小组到美国西屋电气公司的霍桑工厂进行了长达九年的霍桑实验，真正揭开了对组织中的人的行为研究的序幕。

2. 人力资源管理阶段

"人力资源"这一概念早在 1954 年就由美国彼得·德鲁克在其著作《管理的实践》中提出并加以明确界定。20 世纪 80 年代以来，人力资源管理理论不断成熟，并在实践中得到进一步发展，为企业所广泛接受，并逐渐取代人事管理。进入 20 世纪 90 年代，人力资源管理理论不断发展，也不断成熟，人们更多地探讨人力资源管理如何为企业的战略服务、人力资源部门的角色如何向企业管理的战略合作伙伴关系转变。战略人力资源管理理论的提出和发展，标志着现代人力资源管理的新阶段。

（三）人力资源管理的内容

人力资源管理包括以下具体内容。

① 职务分析与设计。对企业各个工作职位的性质、结构、责任、流程，以及胜任该职位工作人员的素质、知识、技能等，在调查分析所获取相关信息的基础上，编写出职务说明书和岗位规范等人事管理文件。

② 人力资源规划。把企业人力资源战略转化为中长期目标、计划和政策措施，包括对人力资源现状分析、未来人员供需预测与平衡，确保企业在需要时能获得所需要的人力资源。

③ 员工招聘与选拔。根据人力资源规划和工作分析的要求，为企业招聘、选拔所需要人力资源，并录用、安排到一定岗位上。

④ 绩效考评。对员工在一定时间内对企业的贡献和工作中取得的绩效进行考核和评价，及时做出反馈，以便提高和改善员工的工作绩效，并为员工培训、晋升等人事决策提供依据。

⑤ 薪酬管理。包括对基本薪酬、绩效薪酬、奖金、津贴以及福利等薪酬结构的设计与管理，以激励员工更加努力地为企业工作。

⑥ 员工激励。采用激励理论和方法，对员工的各种需要予以不同程度的满足，引起员工心理状况的变化，以激发员工向企业所期望的目标而努力。

⑦ 培训与开发。通过培训提高员工个人、群体的知识、能力、工作态度和工作绩效，进一步开发员工的智力潜能，以增强人力资源的贡献率。

⑧ 职业生涯规划。鼓励和关心员工的个人发展，帮助员工制定个人发展规划，以进一步激发员工的积极性、创造性。

⑨ 人力资源会计。与财务部门合作，建立人力资源会计体系，开展人力资源投资成本与产出效益的核算工作，为人力资源管理与决策提供依据。

⑩ 劳动关系管理。协调和改善企业与员工之间的劳动关系，进行企业文化建设，营造和谐的劳动关系和良好的工作氛围，保障企业经营活动的正常开展。

（四）人力资源管理的基本过程

1. 招聘与录取

对组织成员的招聘、选拔、委任。根据企业目标确定所需员工条件，通过规划、招聘、考试、测评、选拔，获取企业所需人员。

2. 整合信息

通过企业文化建设、信息沟通、人际关系和谐、矛盾冲突的化解等手段，使企业内部的个体及群众的目标、行为、态度趋向企业的要求和理念，增强组织机构中不同层次、不同岗位、不同地区的成员对组织目标的认识和责任感，从而使之达到高度地合作与协调，发挥集体优势，提高企业的生产力和效益。

3. 培训与开发

有针对性地对组织成员进行培养，通过员工培训、职业生涯规划与开发，促进员工在知识、技巧和其他方面的提高，使其劳动能力得到增强和发挥，最大限度地实现其个人价值和对企业的贡献率，达到员工个人和企业共同发展的目的。

4. 绩效考核与薪酬管理

通过薪酬、考核、晋升等一系列管理活动，保持员工的积极性、主动性、创造性，维护劳动者的合法权益，保证员工在工作场所的安全、健康、舒适，以增进员工满意程度，使之安心满意地工作。同时，对员工工作成果、劳动态度、技能水平以及其他方面做出全面考核、鉴定和评价，为相应的奖惩、升降、去留等决策提供依据。

三、战略性人力资源管理

（一）战略性人力资源管理的含义

战略性人力资源管理体系是指在企业总体战略框架下对人力资源进行使用、管理、控制、监测、维护和开发，借以创造协同价值，达成企业战略目标的方法体系，包括战略性人力资源管理理念、战略性组织管理体系、战略性工作管理体系、战略性人力资源配置体系、战略性薪酬管理体系、战略性绩效管理体系、战略性培训教育体系以及战略性人才培养体系等。

在对内、外部环境理性分析的基础上，明确企业人力资源管理所面临的挑战以及现有人力资源管理体系的不足，清晰地勾勒出未来人力资源愿景目标以及与企业未来发展相匹配的人力资源管理机制，并制定出能把目标转化为行动的可行措施，以及对措施执行情况的评价和监控体系，从而形成一个完整的人力资源战略系统。

（二）战略性人力资源管理的核心职能

战略性人力资源管理核心职能包括人力资源配置、人力资源开发、人力资源评价和人力资源激励四方面职能，如图5-1所示。

① 人力资源配置的核心任务就是要基于公司的战略目标来配置所需的人力资源，根据定员标准来对人力资源进行动态调整，引进满足战略要求的人力资源，对现有人员进行职位调整和职位优化，建立有效的人员退出机制以输出不满足公司需要的人员，通过人力资源配置实现人力资源的合理流动。

② 人力资源开发的核心任务是对公司现有人力资源进行系统的培训，从素质和质量上保证满足公司战略的需要。根据公司战略需要组织相应培训，并通过制定领导者发展继任计划和员工职业发展规划来保证员工和公司同步成长。

③ 人力资源评价的核心任务是对公司员工的素质能力和绩效表现进行客观的评价，一方面保证公司的战略目标与员工个人绩效得到有效结合，另一方面为公司对员工激励和职业发展提供可靠的决策依据。

④ 人力资源激励的核心任务是依据公司战略需要和员工的绩效表现对员工进行激励，通过制定科学的薪酬、福利和长期激励措施来激发员工充分发挥潜能，在为公司创造价值的基础上实现自己的价值。

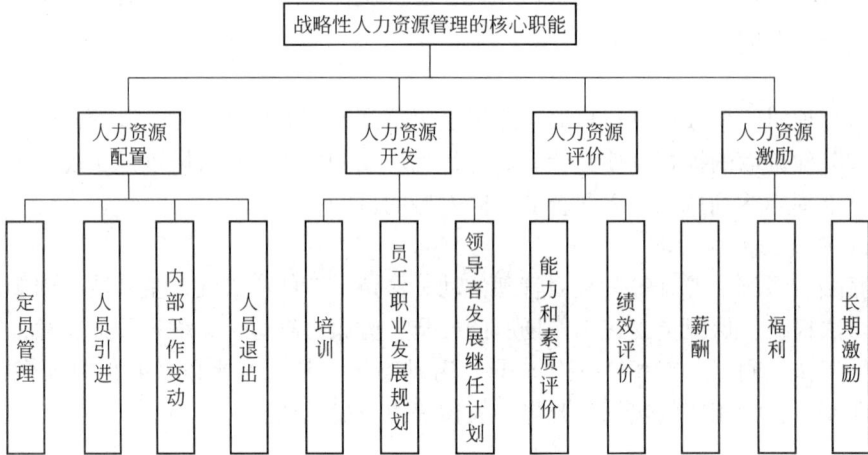

图 5-1   战略性人力资源管理的核心职能

(三) 战略性人力资源管理和公司战略的关系

在现代社会，人力资源是组织中最有能动性的资源，如何吸引到优秀人才，如何使组织现有人力资源发挥更大的效用，支持组织战略目标的实现，是每一个领导者都必须认真考虑的问题，这也正是企业的最高领导越来越多地来源于人力资源领域的一个原因。战略性人力资源管理与公司战略的关系，如图 5-2 所示。

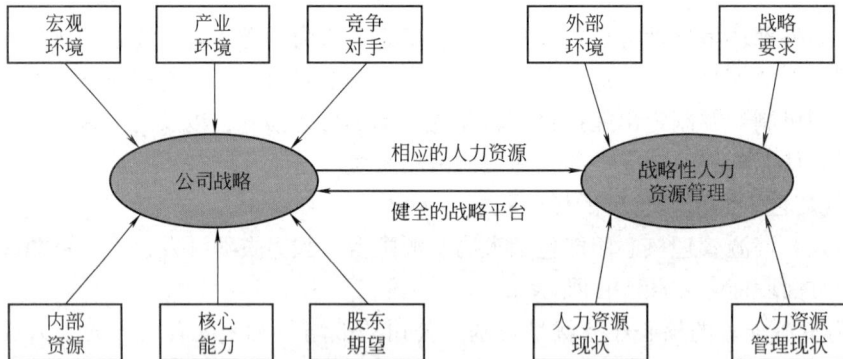

图 5-2   战略性人力资源管理与公司战略的关系

一方面，企业战略的关键在于确定好自己的客户，经营好自己的客户，实现客户满意和忠诚，从而实现企业的可持续发展，但是如何让客户满意？需要企业有优良的产品与服务，给客户创造价值、带来利益；而高质量的产品和服务，需要企业员工的努力。所以，人力资源是企业获取竞争优势的首要资源，而竞争优势正是企业战略得以实现的保证。

另一方面，企业获取战略成功的各种要素，如研发能力、营销能力、生产能力、财务管理能力等，最终都要落实到人力资源上，因此，在整个战略的实现过程中人力资源的位置是最重要的。

第二节　企业人员招聘

一、招聘概述

(一) 招聘的含义

人员配置是企业为了实现生产经营的目标，采用科学的方法，实现人力资源与其他物力、财力资源的有效结合而进行的一系列管理活动的总称。招聘，是人员配置中最关键的一个步骤，因为这一工作的好坏，不仅直接影响到人员配备的其他方面，而且对整个管理过程的进行，乃至整个组织的活动，也都有着极其重要和深远的影响。因此，招聘是企业获得合格人才的渠道，是企业为了发展的需要，根据人力资源规划和工作分析的数量与质量要求，通过信息的发布和科学的甄选，获得本企业所需合格人才，并安排他们到企业所需岗位工作的过程。

招聘包括三个必不可少的环节：招募、甄选与聘用。

(二) 招聘的作用

1. 有效的招聘管理可以提高员工的满意度和降低员工流失率

"一开始就聘用到合适的人员，会给用人单位带来可观的利益。据估计，这种经济收益相当于现有生产力水平的6%~20%"。甚至有专家认为，特别是在小型组织中，招聘管理的有效与否可能就是造成盈利和亏损差别的关键所在。总之，有效的招聘管理意味着员工将与他的岗位相适应，企业和他所从事的工作能带给他较高的工作满意度和组织责任感，进而会减少员工旷工、士气低落和人员流失现象。

2. 有效的招聘管理会减少员工的培训负担

新招聘的员工，犹如制造产品的原材料，其基本素质的高低、技能和知识的掌握程度、专业是否对口等，对员工的培训及使用都有很大影响。如果企业的人员招聘工作做得不好，引进了素质较差或专业不对口的员工，在对其培训时不但要花费更多的培训成本，而且在之后由于本身与岗位的差距等都会给企业带来长期沉重的负担。相反，素质较好、知识技能较高、专业对口的员工接受培训的效果就会较好，培训后成为合格员工、创造高绩效的概率也较高。

3. 有效的招聘管理会增强团队工作士气

组织中大多数工作不是由员工单独完成，而是由多个员工共同组成的团队完成。这就要求组织在配备团队成员时，了解和掌握员工在认知和个性上的差异状况，按照工作要求合理搭配，使其能够和谐相处，创造最大化的团队工作绩效。所以，有效的招聘管理会增加团队的工作士气，使团队内部员工能彼此配合默契，愉快和高效率地工作。

4. 有效的招聘管理会减少劳动纠纷的发生率

员工在工作中不可避免地要和上司、同事、下级以及客户产生工作上的联系。在工作关系的处理上，员工自身由于工作技能、受教育程度、专业知识上的差异，处理语言、数字和其他信息能力上的差异，特别是气质、性格上的差异，为了利益发生劳动纠纷是不可避免的。倘若我们严把招聘关，尽量按照企业文化的要求去招聘员工，使新员工不仅在工作上符合岗位的任职资格，而且在个性特征和认知水平上，特别是自身利益追求上也符合组织的需求，就会降低劳动纠纷的发生率。

5. 有效的招聘管理会提高组织的绩效水平

利用规范的招聘程序和科学的选拔手段，可以吸引和留住组织真正需要的优秀人才。优秀的员工是不需要工作环境适应期的，他们的共同特点就是能够很快地转变角色，进入状态，能够在很短的时间内创造工作成绩而不需要做大量的培训。可以说，创造员工的高绩效，推动组织整体绩效水平的提高，是一个组织追求有效招聘管理的最高境界。

（三）招聘的流程

1. 确定人员需求

① 当部门有员工离职、工作量增加等出现空缺岗位需补人员时，可向人力资源部申请领取《人员需求申请表》。

②《人员需求申请表》必须认真填写，包括增补原因、增补岗位任职资格条件、增补人员工作内容等。

③ 填好后的《人员需求申请表》必须经用人部门经理的签批后上报人力资源部。

④ 人力资源部接到部门《人员需求申请表》后，核查各部门人员配置情况，检查公司现有人力储备情况，决定是否通过内部调动解决人员需求。

⑤ 若内部调动不能满足岗位空缺需求，人力资源部将把公司总的人员补充计划上报总经理，总经理批准后人力资源部进行外部招聘。

2. 制定招聘计划

招聘计划，是指根据企业发展目标和岗位需求，对某一阶段招聘工作所做的安排，包括招聘目标、信息发布的时间与渠道、招聘员工的类型及数量、甄选方案及时间安排等方面。

① 招聘计划要依据《职位说明书》确定招聘各岗位的基本资格条件和工作要求，若公司现有的岗位描述不能满足需要，须依据工作需要确定、更新、补充新岗位的《职位说明书》。

② 根据招聘人员的资格条件、工作需要和招聘数量，结合人才市场情况，确定选择什么样的招聘渠道：

a）大规模招聘多岗位时可通过招聘广告、学校和大型的人才交流会招聘；

b）招聘人员不多且岗位要求不高时，可通过内部发布招聘信息，或参加一般的人才交流会；

c）招聘高级人才时，可通过网上招聘，或通过猎头公司推荐；

③ 人力资源部根据招聘需求，准备招聘广告、公司宣传资料等材料。

3. 人员甄选

① 收集应聘资料，进行初试。进行初试时，公司招聘人员须严格按招聘标准和要求把好第一关，筛选应聘人员资料。符合基本条件者可参加复试（面试），不符合者登记完基本资料后直接淘汰。

② 进行甄选决策。决策涉及两个方面：一是要选择预期会表现最佳的申请者；二是要用最低的成本来完成这种决策。甄选的手段包括面谈、测验（心理测验、知识测验、模拟工作测验等）、评估、背景检验和笔迹研究等。

③ 员工录用。面试结束后，由各部门经理和人力资源部经理共同确定录取人员名单。

4. 招聘评估

招聘评估主要指对招聘的结果、招聘的成本和招聘的方法等方面进行评估。一般在一次招聘工作结束之后，要对整个评估工作做一个总结和评价，目的是进一步提高下次招聘工作的效率。

（四）招聘的渠道

1. 内部招聘

内部招聘，即当组织出现职位空缺时，在组织内部通过各种方式向全体员工公开职位空缺的信息，并招募具备条件的合适人选来填补空缺。内部招聘的来源渠道主要包括员工晋升、工作轮换和内部人员重新聘用等。

内部人员的招聘方法有主管推荐、利用档案信息寻找、布告招标等。

① 主管推荐。主管推荐是由本企业主管根据职位的需要，推荐其熟悉的合适人员供用人部门进行选择和考核。

② 利用档案信息寻找。根据招标岗位的要求，利用员工档案信息帮助用人部门寻找合适的人员补充空缺职位，确保参加应聘的内部人员符合要求。

③ 布告招标。企业将空缺职位的职责及所要求的条件信息以布告的形式公布于组织内部，符合条件的员工都可以竞聘或者投标该职位。

2. 外部招聘

外部招聘，是指组织向外界发布招聘信息，并对应聘者进行测试、考核、评定及一定时期的试用，综合考虑其各方面条件之后决定是否聘用的招聘方式。外部招聘可供选择的渠道主要有广告招聘、校园招聘、员工推荐、职业服务机构、招聘会、猎头招聘等。

1）广告招聘

通过报纸、杂志、广播、电视、网络媒体等渠道进行广告宣传，向公众传达招聘信息。其覆盖面广、速度快，应聘人员数量大、层次丰富，组织的选择余地大，可以招聘到素质较高的员工，但要花费较多的时间和精力进行筛选。

2）校园招聘

校园招聘通常是指企业直接从学校招聘企业所需人才。校园招聘的方式通常有以下三种。

① 企业直接派招聘人员到校园去公开招聘，企业既可以举办本企业的校园人才招聘会，也可以参加由学校组织的人才招聘会。

② 企业有针对性地聘请部分大学生毕业前到企业实习，参加企业的部分工作。实习过程中，用人部门的主管直接进行考察，适合者考虑留用。

③ 企业和学校联合培养人才。这些联合培养的人才从学校毕业后回到企业工作，这种方式通常用于培养某些特殊专业的人才。

3）员工推荐

当职位出现空缺时，公司通常采用员工推荐的方法来填补空缺，即由员工推荐合格的朋友或同伴应聘空缺职位。

4）职业服务机构

在我国，随着人才流动的日益普遍，职业服务机构日益增多。这些机构通过定期或不定期地举行人才交流会，供需双方面对面地进行商谈，增进了彼此的了解，缩短了招聘与应聘的时间。根据职业服务机构的性质和服务业务的不同，可分为公共就业服务机构、私营就业服务机构与高级经理人员搜寻公司。

5）招聘会

人才招聘会上，用人单位的招聘者和应聘者可以直接进行接洽和交流，招聘会的最大特点是应聘者集中，用人单位的选择余地较大，费用也比较合理，而且还可以起到很好的企业宣传作用。

6）猎头招聘

猎头公司是一种专门为雇主"猎取"高级人才和尖端人才的职业中介机构。

二、甄选

（一）甄选的含义

对申请人进行甄选的过程是企业筛选合格人员的过程。在甄选过程中，企业不但要考察申请人的能力、个性、价值观等是否与工作岗位匹配，还要考察其发展潜力和对企业文化的认同程度。

（二）甄选的流程

完整的甄选流程一般包括申请表分析、笔试、心理测试、面试四个环节。

1. 申请表分析

申请表是一种初始阶段的甄选工具，目的在于收集关于应聘者背景和现在情况的信息，以评价求职者是否能满足最起码的工作要求。其基本内容包括应聘者过去和现在的工作经历、受教育情况、培训情况、能力特长、职业兴趣等。表5-1是某企业的申请表。

2. 笔试

笔试是让应聘者在试卷上笔答事先拟好的试题，然后根据应聘者解答的正确程度予以评定成绩的一种甄选方法。

1）笔试的类型

笔试可以分为标准化笔试和非标准化笔试两大类型。

① 标准化笔试。标准化笔试主要采用是非题、选择题等题目形式，可以覆盖较广的知识面，有利于尽量准确地考察应聘者是否具有所需要的知识水平。但是由于应聘者在给出的几个答案中进行选择，因此很容易猜对一些题目，同时也限制了人的创造力和发散性思维，不能给应聘者充分表达见解的机会，也难以体现出他们对文字运用的能力。

② 非标准化笔试。非标准化笔试也称为论文式或开放式笔试，它主要是要求应聘者对一些用问句和陈述句表达的现实和理论问题，用自己的语言写成较长的答案，就像写一篇小型的论文。在评分时，评分者主要评定应聘者的观点是否新颖，是否有创造力，其逻辑严密性、概括能力、推理能力、文字表达能力如何。这些能力在标准化笔试中是难以考察到的。

2）笔试的优缺点

（1）笔试的优点

笔试的优点是一次考试能出十几道乃至上百道试题，由于考试题目较多，可以增加对知识、技能和能力的考察信度和效度；可以对大规模的应聘者同时进行筛选，花较少的时间达到高效率；对应聘者来说，心理压力较小，容易发挥出正常水平；同时，成绩评定也比较客观，且易于保存笔试试卷。

表 5-1　某企业申请表

姓名		性别		出生年月		政治面貌		
学历		毕业院校				专业		照片
职称		现从事的专业/工作						
现在工作单位				联系电话				
通信地址				邮编				
家庭地址				身份证号				
掌握何种语言				程度如何				
技能与特长				技能等级				
个人简历								
准备离开单位的原因				现在的工资				
准备加入单位的主要原因								
收入期望值	元/年	可开始的工作日期						
晋升期望（职位、时间）								
培训期望（内容、日期、时间）								
其他期望								
家庭成员情况								
备注								

自愿保证，本人保证表内所填写内容真实，如有虚假，愿受解职处分。

申请人签名：

日期：

（2）笔试的缺点

笔试的缺点是不能全面考察应聘者的工作态度、品德修养及管理能力、口头表达能力和操作能力等。一般来说，在人员招聘中，笔试往往作为应聘者的初次竞争，成绩合格者才能继续参加面试或下轮的选拔。

3. 心理测试

心理测试是指在控制的情境下，向应聘者提供一组标准化的刺激，以所引起的反应作为代表行为的样本，从而对其个人的行为做出评价。下面介绍几种主要的心理测试方法。

1）能力测试

能力测试是用于测定从事某项特殊工作所具备的某种潜在能力的一种心理测试。能力测试的作用体现在什么样的职业适合某人；或为了胜任某职位，什么样的人最合适。能力测试的内容一般可以分为以下三种。

① 普通能力倾向测试。其主要内容有思维能力、想象能力、记忆能力、推理能力、分析能力、数学能力、空间关系判断能力、语言能力等。

② 特殊职业能力测试。特殊职业能力测试是指特殊职业或职业群的能力。测试目的在于：测量已具备工作经验或受过有关培训的人员在某些职业领域中现有的熟练水平；选拔那些具有从事某项职业的特殊潜能，并且能在很少或不经特殊培训就能从事某种职业的人才。

③ 心理运动技能测试。心理运动技能测试主要包括两大类：一是心理运动能力，如选择反应时间、肢体运动速度、四肢协调性、手指灵巧性、手臂稳定性、速度控制等；二是身体能力，包括动态强度、爆发力、广度灵活性、动态灵活性、身体协调性与平衡性。在人员选拔中，对这部分能力的测试一方面可以通过体检进行，另一方面可借助各种测试仪器或工具进行。在具体操作中，使用"五点法"将工作所要求的"尺度"具体化。五点尺度的含义分别为：该工作不需要这种特性，该工作对这种特性要求不高，该工作需要这种特性，该工作非常需要这种特性，不具备这种特性无法担任该工作。

2）人格测试

人格测试，也称为个性测试，包括体格与生理特质、气质、能力、动机、兴趣、价值观与社会态度测试等。

4. 面试

面试是专门设计以从应聘者对口头询问的回答中获得信息的过程，从这些获得的信息中主考官可以预测应聘者未来的工作表现。面试流程可分为三个阶段，面试准备、面试提问和面试结束。

1）面试准备

做好面试前的准备工作，能够帮助招聘者更好地对应聘者做出判断，同时能够帮助应聘者形成对公司的良好印象，面试前准备的内容主要包括以下几个方面。

① 回顾工作说明书。对职位的描述和说明是在面试中判断一个人能够胜任该职位的依据，在回顾工作说明书的时候，要侧重了解的信息是该职位的主要职责，对任职者在知识能力、经验、个性特点、职业兴趣趋向等方面的要求，以及工作中的汇报关系、环境因素、晋升发展机会、薪酬福利等。

② 熟悉应聘者个人资料。阅读应聘者的应聘材料，有助于熟悉应聘者的背景、经验和资格、并将其与职位要求和工作职责相对照，对应聘者的胜任程度做出初步判断。

③ 布置面试场地。面试的环境首先必须是安静的，这样可以在面试开始之前为应聘者创造一个可以接受的宽松气氛；其次，要注意室内光线的强度，并保持良好通风与温度；最后，不要在墙上挂分散注意力的东西，不要在面试现场提供点心和水果。因此，选择招聘者的办公室作为面试场所是一种常见的做法，一些小型的会谈室也可以作为很好的面试场所。

2）面试提问

面试提问是面试的主要阶段，用以检验被试者的综合素质，确定其是否符合企业拟招聘岗位的要求。

① 面试提问方式。面试提问方式主要有三种：结构化面试、非结构化面试和混合式面试。结构化面试是对同岗位或同类型应聘者，用同样的语气和措辞、按照同样的顺序问同样的问题，按同样的标准评分，其优点是可以对不同的应聘者的回答进行比较，信度和效度较高，但缺点是不可能进行话题外的提问，限制了谈话的深度。非结构化面试主考官无固定题目，让应聘者自由发言，意在观察应聘者的知识面、价值观、谈吐和风度，了解其表达能力、思维能力、判断能力和组织能力等。这种面谈的好处是主考官和应聘者在问答过程中都

比较自然，应聘者回答问题时也更容易敞开心扉。但是由于对每个应聘者所问的问题是不一样的，面试的信度和效度都可能受到影响。混合面试则既有结构化方式，也有非结构化方式，综合了两种方式的优点。

②面试问题的类型。面试问题的类型主要有以下四种：行为性问题、开放性问题、假设性问题、探索性问题。行为性问题即围绕关键事例和关键行为提问，它的几个关键要点是：分析目标职位要求；界定职位所需关键胜任特质；探询过去相关工作的行为；推测未来的工作行为。对过去行为样本进行描述要把握的四个要素是情境、目标、行动和结果。开放性问题不是让应聘者简单地回答一个"是"或者"否"，而是要求应聘者用相对较多的语言做出回答。开放性问题一般不会给应聘者造成过大的压力，好处在于首先可以鼓励应聘者讲话；其次对问题的回答往往能够引发面试考官与应聘者进一步讨论；最后，可以很好地了解应聘者的语言表达能力、沟通技巧。假设性问题就是提供给应聘者一个与未来工作情境相关的假设情境，让应聘者回答他们在这种情境下会怎样做。在应聘者的回答中，面试者可以推断其思维推理能力、价值倾向、态度、创造性、工作风格等。探索性问题通常是在面试考官希望进一步挖掘某些信息时使用，一般是在其他类型的问题后面继续追问。问题通常围绕"谁""什么""什么时候""怎样""为什么"等展开。

3）面试结束

在面试结束之前，面试考官完成了所有提问之后，应该给应聘者一个机会，询问应聘者是否还有问题要问、是否还有什么事项需要加以补充说明。不管聘用还是不聘用，均应在友好的气氛中结束面试。如果对是否聘用某一应聘者有分歧意见，不必急于下结论，还可安排第二次面试。同时，整理好面试记录表。

4）面试中常见错误

面试过程中经常会出现一些常见的错误，从而影响面试的有效性。下面介绍几种常见的面试错误。

①首因效应：指与陌生人初次见面时留下的印象及所产生的心理效应。首因效应在面试活动中的表现是：主考官易于被应聘者最初阶段的表现所迷惑，往往用其最初阶段的表现取代其他阶段和全过程的表现。换言之，就是主考官在面试开始的几分钟就对应聘者做出判断。

②晕轮效应：指事物某一方面的突出特点掩盖了其他方面的全部特点。在面试活动中，晕轮效应的具体表现是：应聘者在测试过程中表现出来的某一突出的特点容易引起主考官的注意，而使其他素质的表征信息被忽视。

③关系效应：指主考官以我为中心，把应聘者和自己心理适应上的关系的远近亲疏作为测评依据的心理趋向，选择那些善于取悦于自己的应聘者。

④诱导效应：指在面试活动中普通主考官易受地位或权威高的主考官认知态度的影响，左右其评价。

三、聘用

聘用是招聘工作的最后环节。招聘过程结束以后，应该对招聘活动进行及时的评估。经过笔试、面试、评价几轮甄选过后，使得组织对应聘者有了较为全面的了解，为人员聘用提供了较为客观的依据，接下来的工作就是背景调查、体检，并确定聘用人员名单及办理试用、正式聘用及签订劳动合同的相关手续。

（一）背景调查和体检

1. 背景调查

背景调查就是对应聘者与工作有关的一些背景信息进行查证，以确定其任职资格，有助于挑选出合格的候选人。通过背景调查，一方面可以发现应聘者过去是否有不良记录；另一方面，也可以对应聘者的诚实性进行考察。

背景调查的主要内容有学历学位、过去的工作经历、过去的不良记录等。背景调查最好安排在面试结束后与上岗前的间隙，调查内容可以分为两类：一类是通用项目，如毕业学位的真实性、任职资格证书的有效性；另一类是与职位说明书要求相关的工作经验、技能和业绩。背景调查根据调查内容把目标部门分为学校学籍管理部门、历任雇佣公司和档案管理部门三个部。

2. 体检

体检是聘用时不可忽视的一个环节。不同的职位对健康的要求有所不同。例如，士兵要求有良好的视力，厨师必须不能有传染病，等等。一些对健康状况有特殊要求的职位，在招聘时尤其要对应聘者进行严格的体检。

（二）聘用与辞谢

在整个招聘过程中，人员招募、甄选和聘用工作的每个环节都包括两种过程：聘用过程和辞谢过程。

1. 聘用通知

聘用通知书的内容除了对应聘者表示祝贺，希望他接受公司聘任的职位并加入公司之外，还包括如下重要信息：工作权利、地点、工作报告关系、开始日期、责任和义务、薪酬标准、试用期限及报到时应提供的证件及证明书等。

2. 辞谢应聘者的通知

对未被聘用的应聘者进行答复是体现公司形象的重要方面，对每个聘用阶段的落选者，都应该及时通知本人。

（三）签订劳动合同

劳动合同是确立劳动关系的法律文书，也是劳动者与用人单位之间形成劳动关系的基本形式，劳动合同的双方当事人依法签订劳动合同，是促进劳动关系良好运行，以及预防、妥善处理劳动争议的前提条件。

企业在订立劳动合同时，必须保证劳动合同内容合法。劳动合同法规定，劳动合同应当具备以下条款：用人单位的名称、住所和法定代表人或者主要负责人；劳动者的姓名、住址和居民身份证或者其他有效身份证件号码；劳动合同期限；工作内容和工作地点；工作时间和休息休假；劳动报酬；社会保险；劳动保护、劳动条件和职业危害防护；法律法规规定应当纳入劳动合同的其他事项。

劳动合同除前款规定的必备条款外，用人单位与劳动者可以约定试用期、培训、保守秘密、补充保险和福利待遇等其他事项。

此外，对于在试用期劳动合同中，劳动合同法对试用期工资确定问题进行了专门规定。该法规定：劳动者在试用期的工资不得低于本单位相同岗位最低档工资或者劳动合同约定工资的百分之八十，并不得低于用人单位所在地的最低工资标准。

四、铁路运输企业招聘方式

铁路运输企业招聘的流程，一般分为公告发布—网上报名—审核筛选—现场确认（政审）—笔试—面试—公示—体检—录用等，不同的铁路运输企业，其流程有所不同。以下是我国铁路运输企业招聘的两种方式。

1. 校园招聘

我国铁路运输企业校园招聘的条件里明确规定：应聘人员应当是当年的应届毕业生，且学历要求为高职、专科及以上。大多数铁路运输企业的岗位都不需要笔试，只要面试通过即可。对于应届毕业生来说，校园招聘人员数量较大，条件要求相对简单。

2. 社会招聘

社会招聘是针对社会在职人员的招聘。铁路运输企业的社会招聘要求比较高，一般需要在铁路相关领域有若干年工作经验，或者在某方面有突出的研究成果。铁路运输企业社会招聘一般要求是管理人员和工程师等岗位，满足条件才能报名，应聘难度较大。

第三节　员工培训与开发

一、员工培训与开发概述

培训通常是指通过短期的、以掌握某种或某些专门的知识和技巧为目的的指导活动，使员工具有完成某项工作所必需的技能。开发具有更广泛的意义，它可以是针对目前工作所需要的知识、技能，也可以着眼于未来的组织、工作要求。

传统意义上，培训侧重于近期目标，而更注重员工的技术性技巧，重点在于让员工掌握基本的工作知识、方法、步骤和流程。开发则侧重于提高员工的有关素质，提高其面向未来职位的能力，同时帮助员工更好地适应由新技术、新设备、顾客或产品市场带来的变化。培训侧重于提高员工当前胜任能力和工作绩效，具有一定的强制性；而开发则要求具有管理潜能的员工参加。培训的对象主要是员工与技术人员，而开发的对象主要是管理人员。员工的培训与开发是提升员工素质、提升企业综合实力的重要手段之一。

1. 培训与开发是调整人与事之间的矛盾、实现人事和谐的重要手段

随着科学技术的发展和社会的进步，人类社会进入了高速发展的时代，"事"对人的要求越来越新、越来越高，人与事的结合处在动态的矛盾之中。总的趋势是各种职位对工作人员的智力素质和非智力素质的要求都在迅速提高。"蓝领工人"的比例不断下降，"白领工人"的比例不断上升。今天还很称职的员工，如不坚持学习，明年就有可能落伍。人与事的不协调是绝对的，这是事物发展的必然结果。要解决这一矛盾，一要靠人员流动，二要靠人员培训。人员流动是用"因事选人"的方法实现人事和谐，而人员培训与开发则是用"使人适事"的方法实现人事和谐，即通过必要的培训与开发手段，使其更新观念、增长知识和能力，重新适应职位要求。显然，这是实现人事和谐的更为根本的手段。

2. 培训与开发是快出人才、多出人才、出好人才的关键

所谓人才是指在一定社会条件下，具备一定的知识和技能，并能以其劳动对社会发展做

出较多贡献的人。社会对人才的需要千变万化，对各层次人才培养提出的要求越来越高，仅依靠专门的、正规的学校教育越来越难以满足要求，必须大力发展成人教育，而人员培训与开发是成人教育的重点。

3. 培训与开发是调动员工积极性的有效方法

组织中人员虽然因学历、背景、个性的不同而有不同的主导需求，但就其大多数而言，都希望不断充实自己、完善自己，使自己的潜力充分发掘出来。越是高层次的人才，这种需求就越迫切。企业如能满足员工的这种自尊、自我实现需要，将激发出员工深刻而又持久的工作动力。国内外大量实践证明，安排员工参加培训、去国外子公司任职、去先进公司跟班学习、脱产去高等学校深造、去先进国家进修，都是满足这种需求的途径。经过培训与开发的人员，不仅提高了素质和能力，也改善了工作动机和工作态度。应该说，培训与开发是调动员工积极性的有效方法。

4. 培训与开发是建立优秀组织文化的有力杠杆

人类社会进入 21 世纪，管理科学正经历从科学管理到文化管理的第二次飞跃。在激烈的市场竞争中，有越来越多的企业家发现文化因素的重要作用。企业文化建设不是孤立的，特别是离不开人力资源管理活动。培训与开发就是建设企业文化的重要环节。应把企业文化作为人员培训与开发的重要内容，在培训与开发过程中宣传、讲解和强化企业文化。

5. 培训与开发是企业竞争优势的重要来源

随着科学技术的迅猛发展，知识更新、技术更新的周期越来越短，而技术在竞争中的地位日益重要。尤其是近些年来知识经济的崛起，更使科学技术成为企业发展、社会经济发展最主要的动力。技术创新成为企业赢得竞争的关键一环。技术创新的关键在于第一流技术人才的培养。通过技术培训，使企业的技术队伍不断更新知识、更新技术、更新观念。从另一方面讲，培训与开发着眼于提高人的素质，而人正是企业最根本、最主要的竞争优势。所以，企业要想在激烈竞争中立于不败之地，就必须重视培训。

二、员工培训种类

员工培训的种类很多，大体上可分为职前培训、在职培训及非在职培训三种。

1. 职前培训

职前培训指组织对新进员工分配工作前进行的培训，又可分为以下两类。

① 一般性的职前培训，主要目的是使新员工了解本组织的一般情况，如组织内部各部门的职权、组织简史、主要政策、今后发展方向及员工的权利、义务与责任等，以增强员工对本组织的了解与信心。

② 专业性的职前培训，主要目的是使新进员工切实掌握处理业务的原则、技术、程序与方法，以便在培训结束后即能胜任新的业务工作。

2. 在职培训

在职培训是一种常见的培训方式，员工在培训期间多为带职带薪。在职培训按其性质和目的的不同，可分为以下几类。

① 补充学能培训。指通过培训，对员工执行现任工作所需学识技能中的欠缺部分予以补充，目的在于使其胜任现职，增进效率。参加此种培训者均为现职员工。依其培训课程不同，又可分技能培训、学识技能培训及行政管理培训等。培训可采取有经验的员工或技术主

管担任指导，亦可为特定的需要举办实习培训。

② 人际关系培训。指各组织为加强新进员工对人际关系的了解、增进员工相互间的合作、团结及和谐所进行的培训。

③ 运用智慧思考培训。指各组织为解决有关问题指定部分员工聚在一起，提出处理问题的策略、程序与方法，以协助领导解决问题。这种培训又可分为解决问题培训、创造力培训、激荡脑力培训、模拟培训、激发意愿与发挥潜能培训等。

3. 非在职培训

非在职培训是指组织的员工暂时离开现职，脱产到有关学术机构或别的组织参加为期较长的培训。

三、员工培训方法

1. 理论培训

理论培训是提高主管人员管理水平和理论水平的一种主要方法。尽管主管人员当中有些已经具备了一定的理论知识，但是还需要在深度和广度上接受进一步培训。这种培训的具体形式大多采用短训班、专题讨论会等。理论培训有助于提高受训者的理论水平，有助于他们了解某些管理理论的最新发展动态，有助于在实践中及时运用一些最新的管理理论和方法。

2. 职务轮换

职务轮换是使受训者在不同部门的不同主管位置或非主管位置上轮流工作，以使其全面了解整个组织的不同的工作内容，得到各种不同的经验，为今后在较高层次上任职打好基础。职务轮换包括非主管工作的轮换、主管职位间的轮换等。

3. 提升

① 有计划的提升。这种方法有助于培养那些有发展前途、将来拟提拔到更高一级职位上的主管人员。它按照计划好的途径，使主管人员经过层层锻炼，从低层逐步提拔到高层。这种有计划的提升，不仅有利于上级领导对下级进行有目的的培养和观察，也有利于受训者积极地学习和掌握各种必备知识，为将来的工作打下较为扎实的基础。

② 临时提升。临时提升是指当某个主管人员因某些原因，例如度假、生病或因长期出差而出现职务空缺时，组织便指定某个有培养前途的下级主管人员代理其职务。临时提升既是一种培养人才的方法，同时对组织来说也是一种方便。代理者在代理期间做出决策和承担全部职责时所取得的经验是很宝贵的。与此相反，如果他们只是挂名，不做决策，不真正进行管理，那么在此期间能得到的锻炼就是很有限的。

4. 设立副职

副职的设立，是要让受训者同有经验的主管人员一起工作，后者对于受训人员的发展给予特别的注意。这种副职常常以助理等头衔出现。有些副职是暂时的，一旦完成培训任务，副职就被撤销；有些副职则是长期性的。无论是长期的，还是临时的，副职对于培训主管人员都是很有益的。这种方法可以使配有副职的主管人员起到教员的作用，通过委派受训者一些任务，并给予具体的帮助和指导，借此培养他们的工作能力。而对受训者来说，这种方法又可以为他们提供实践机会，并观摩和学习现职主管人员分析问题、解决问题的能力和技巧。

5. 研讨会

研讨会是指各有关人员在一起对某些问题进行讨论或决策。通过举办研讨会，组织中的一些上层主管人员与受训者一道讨论各种重大问题，可以为受训者提供一个机会，观察和学习上级主管人员在处理各类事务时所遵循的原则和具体如何解决各类问题，取得领导工作的经验。同时，也可以通过参加讨论，了解和学习利用集体智慧来解决各种问题的方法。

6. 辅导

辅导对于负责培训的上级主管人员来说，是一种常规的培训方法。这也就是我们通常说的"帮、传、教"。辅导着重注意培养受训者的自信心和独立工作的能力，培养他们在处理人、财、物、时间、信息等方面的管理技巧。需要注意的是，上级主管人员对辅导对象，既不能总是不放心，也不能撒手不管，听其自然，而应该时时处处关心他们，提醒他们，帮助他们认识和克服自己的不足之处，发挥他们的特长，使之形成自己的一套管理和领导风格。

除了以上介绍的六种方法之外，还有许多具体的方法，例如参观考察、案例研究、深造培训等。总之，各类各级组织在具体的培训工作中，要因地制宜，根据自己组织的特点以及所培训人员的特点来选择合适的方法，使培训工作真正取得预期的成效。

案例链接

日本重工业有限公司从油船到航空空间业务转变中的人力资源管理

20世纪70年代中期，日本重工业有限公司是世界上最大的超级油船生产厂家，但这家公司意识到它的产品在低价的竞争中是无力取胜的。

随着世界石油价格暴涨，对油船的需求也下降了，这家公司开始寻找新的市场。研究结果表明，尽管日本的造船业居于领先地位，但在国际航空工业方面却落伍了，进一步的调查研究表明，在远东中型飞机的市场上有一个很大的空缺。这家公司马上开始一项前所未有的改组工作，这需要综合地、深入地培训现有的企业管理人员和劳动力，教授他们新的技术，以便把这些造船工人转变成飞机技师。这家公司从其他一些有名望的公司引进了一些飞机发动机生产的专门技术，但是所有公司的工作人员根据日本的"终生雇用"原则重新接受培训。这家公司到了20世纪80年代中期，已成为日本主要的飞机制造公司，并且迅速在国际市场上成为竞争对手。

四、培训计划的制订与实施

1. 培训计划的制订

培训计划是根据企业的近、中、远期发展目标，对企业员工培训需求进行预测，然后制订培训活动方案的过程。

① 培训计划的内容。培训计划需要考虑以下几个方面的问题：为什么要进行培训（why）？培训的内容是什么（what）？培训的负责人与培训者是谁（who）？培训的对象是什么人（whom）？培训的具体时间及所需时间长度如何（when）？培训场所与设施如何（where）？如何进行培训（how）？

② 培训计划的制订过程。制订培训计划必须兼顾企业的具体情况，如行业类型、企业规模、客户要求、技术发展水平与趋势、员工现有水平、政策法规、企业宗旨等。最为关键

的因素之一是企业领导的管理价值观和对培训重要性的认识。

2. 培训计划的实施

培训计划的实施是员工培训系统的关键环节，在实施员工培训时，培训者要完成许多具体的工作任务。要保证培训的效果与质量，必须把握以下几个方面。

① 选择和准备培训场地。选择什么样的培训场地是确保培训成功的关键。培训场地应具备交通便利、安静、独立而不受干扰、为受训者提供足够的自由活动空间等特点。此外，培训场地的设置应注意一些细节，例如检查空调系统及邻近房间、走廊和建筑物外的噪声等。

② 课程描述。课程描述是有关培训项目的总体信息，主要包括培训课程名称、目标学员、课程目标、地点、时间、培训方法、预先准备的培训设备、培训教师名单及教材等。

③ 课程计划。课程计划包括培训期间的各种活动及其先后顺序和管理环节。它有助于保持培训活动的连贯性而不论培训教师是否发生变化；有助于确保培训教师和受培训者了解课程和项目目标。课程计划包括课程名称、学习目的、报告的专题、目标听众、培训时间、培训教师的活动、学员活动和其他必要的活动。

④ 选择培训教师。企业培训教师是对个人综合素养和资历要求极高的职业。他们既要能将深厚的专业理论功底与丰富的实务经验相结合，又必须掌握高超的授课技巧，还应当具备多元化的资历。

⑤ 选择培训教材。培训教材一般由培训教师确定，有公开出版的、企业内部的、培训公司的及教师自编的 4 种。培训教材应该是对教学内容的概括与总结，包括教学目标、联系、图表、数据及参考书等。

⑥ 确定培训时间。选择合适的培训时间也是确保培训成功的关键，应选择有利于目标学员参加的时间，如何时开始、何时结束、每个培训周期培训的时间等。

五、铁路运输企业职工教育培训途径与方法

铁路运输企业职工培训有其独特的体系，一般包括岗位培训、职业技能鉴定、学历教育、专业技术资格考试及后续教育等。

1. 岗位培训

岗位培训分为资格性培训和适应性培训。岗位培训内容主要包括企业文化、职业道德、安全知识、理论知识、操作技能、能力拓展等。

① 资格性培训是按照岗位规范要求取得上岗资格、转岗资格、晋升资格的培训，包括新职人员培训、转岗人员培训、晋升人员培训、返岗人员培训、调入人员培训和特种设备特殊工种作业人员培训等。

② 适应性培训是指对在职人员适应本岗位生产要求和安全生产需要而进行的各种培训，包括安全知识培训、基本功演练、标准化作业培训、季节性培训以及新技术、新设备、新规章、新工艺和非正常情况下应急处理能力培训等。

2. 职业技能鉴定

职业技能鉴定是国家职业资格证书制度的重要组成部分，是一项对劳动者职业技能水平的考核活动。职业技能鉴定是员工岗位成才的重要途径，也是提高员工专业技能的重要载体。铁路职业技能鉴定等级一般根据不同工种分为初级、中级、高级、技师和高级技师 5 个

级别，并将其作为员工岗位任职、职务晋升、薪酬调整、职称评聘的参考依据。

3. 学历教育

学历教育是指铁路在职人员通过函授、网络教育、自学考试等方式取得国民教育序列本科、硕士研究生、博士研究生等国家承认学历的教育。学历教育要贯彻"工作需要、专业对口、业余为主、学以致用"的原则，鼓励员工自学成才。学历教育分为脱产和不脱产两种形式。

4. 专业技术资格考试及后续教育

专业技术资格考试即职称考试，是指为测试专业技术人员的专业技术水平、能力以及成就的资格性等级考试。国家职业资格等级分为高级技师、技师、高级、中级、初级5个级别。

铁路运输企业鼓励员工积极参加专业技术资格考试、执业资格考试以及相应的后续教育，不断提高个人专业技术水平和能力，并将职称等级作为员工职务晋升、薪酬调整的参考依据。

第四节　员工绩效管理

一、绩效管理概述

1. 绩效的含义

绩效指的是员工在工作过程中所表现出来的与组织目标相关并且能够被评价的工作业绩、工作能力和工作态度。其中工作业绩就是工作结果，工作能力和工作态度就是工作中的行为。

2. 绩效的分类

绩效分为三类，组织绩效、群体绩效、个人绩效。

① 组织绩效。组织绩效即企业在工作数量、质量及效率三个方面的工作完成情况。

② 群体绩效。组织中以团队或部门为单位的绩效，是群体在数量、质量、效率方面的完成情况。

③ 个人绩效。组织中个人在任务上的数量、质量及效率的完成情况。

3. 绩效管理的含义

绩效管理指的是管理者用来确保员工的工作活动和工作产出与组织的目标保持一致，通过不断改善其工作绩效，最终实现组织战略的手段及过程。

4. 绩效管理的特征

① 绩效管理是防止员工绩效不佳和提高工作绩效的有力工具。

② 绩效管理特别强调沟通辅导及员工能力的提高。

③ 绩效管理是一个过程，是一个包括若干个环节的系统。

5. 绩效管理的五个评价标准

① 战略一致性标准：指绩效管理系统与企业发展战略、企业目标和企业文化的一致性程度，绩效管理随企业战略、目标和文化的变化而变化。

② 明确性标准：指绩效管理系统能够在多大程度上为员工提供一种明确的指导，告诉

他们企业对他们的期望是什么，并使他们了解如何才能实现这些期望。

③ 可接受性标准：指运用绩效管理系统的人接受该系统的程度。研究者们开发了许多绩效评价方法，但不论一种绩效评价方法多么科学，如果不能够被使用它的人接受，那么它就不能发挥应有的作用。绩效管理要做到程序公平、人际公平、结果公平。

④ 信度标准：指测量的一致性程度，即这种评价方法所得到的结果的前后一致性，以这种一致性程度作为指标来判断考核方法的可靠性。

⑤ 效度标准：指的是绩效评价是否评价了要评价的内容，即评价系统实际所测量的与需要测量的工作绩效的相关程度，简而言之就是测量与评价目的之间的相关性。

二、绩效管理的作用

1. 明确企业战略目标

绩效管理的过程是公司使其绩效与公司团体的战略目标相一致的过程。绩效管理是对人力资源管理绩效实现过程中各要素的管理，是基于企业战略和人力资源战略基础之上的一种管理活动，它通过对企业战略的建立、目标分解、业绩评价，并将绩效成果用于企业人力资源管理活动中，以激励员工业绩持续改进，并最终实现组织战略及目标。在这个过程中，绩效管理关心绩效的持续改善，以便实现组织及个体的效率。它的意义在于通过改善组织中个体的绩效，提高开发团队和个人的能力，为组织拥有持久并强大的成功动能提供支持。因此，通过建立科学有效的绩效管理体系，使得人们不仅将绩效管理当作一个管理工具来推行，而且将其当作一种思维方式、一种行为习惯，将个人行为与企业战略结合起来，使企业竞争优势得到加强。

2. 优化管理和业务流程

所谓流程，是指一件事情或者一个业务如何运作，涉及因何而做、由谁来做、如何去做、做完了传递给谁等几个方面的问题，最终提高顾客满意度和企业市场竞争能力并达到利润最大化。企业的管理和业务流程的规划会对企业的利益有很大的影响，极大地影响着企业的运行效率，甚至命运。

在绩效管理的过程中，绩效管理通过绩效目标制定、任务分配、目标达成、绩效评价等环节的工作，在最大限度上梳理了企业管理与业务流程，使各级管理者都从公司整体利益以及工作效率出发，提高业务处理的效率，使组织运行效率逐渐提高，逐步优化公司管理流程和业务流程。

3. 促进有效沟通

有效的沟通可以消除管理中的阻力，以及由于信息不对称所造成的误解和抵制，还可以达到资源共享、优势互补的功效。从根本上说，绩效管理是员工与管理者双向沟通的动态过程，在绩效管理的过程中充分的沟通与反馈是十分重要的。

具体而言，绩效管理可在融洽和谐的气氛中进行。首先让职工参与企业的绩效计划，考核主管可帮助职工找准思路、认清目标，就职工应该履行的工作职责、可能遇到的困难及解决的方法等一系列问题进行探讨并达成共识。同时，必要时可修订绩效计划，以此来营造一种良好的工作氛围，达成对工作任务的一致认识，实现企业与员工共同的利益最大化。总之，绩效管理的实质在于通过持续动态的沟通来达到真正提高绩效、实现企业目标、促进员工发展的目的。

4. 绩效管理有助于优秀企业文化的形成

优秀的企业文化能够为员工营造一种良好的工作氛围，从而创造出和谐的工作环境，激发员工不断提升自己的绩效水平，为企业利益服务，从而协调组织对员工的需求与员工个人需求之间的矛盾，形成使个人与组织同步成长的绩效文化，最终加速企业发展的进程。绩效管理有助于优秀企业文化的形成。一方面，绩效管理中关键绩效指标的设计可以巧妙地使企业价值观和经营管理观念进一步具体化和强化。另一方面，绩效管理也是提高员工的绩效、开发团队及个人的潜能、使企业文化不断强化和优化的管理方法。

5. 绩效管理为人力资源管理其他方面的工作提供指导

首先，为人员选拔提供指导。绩效管理侧重考察人们已经表现出来的业绩和行为，是对人的过去表现的评估。因此，在招聘选拔过程中，就可以充分利用历史资料，充分利用绩效管理的结果进行有效甄选。

其次，绩效管理有利于在薪酬制度中将员工薪酬与可量化的工作绩效挂钩，有利于简化薪酬方案设计过程，并提高薪酬方案运行的效率。

最后，绩效管理的激励与约束作用。通过规范有效的绩效管理，不断激励企业经营者提高经营业绩，也有利于提高员工的工作积极性，促使其出色完成组织目标。同时，绩效管理可以约束不恰当的经营行为，充分发挥绩效管理对企业发展战略、经营方向和经营行为的导向功能。

6. 绩效管理有助于员工职业生涯规划

员工职业生涯发展有赖于完善的职业生涯发展体系的建立。具体而言，员工职业生涯规划包括员工职业生涯设计、员工职业发展培训、职业帮助辅导、检查评估等环节。而绩效管理的目标最终应该定位于帮助员工识别自身发展的需要，在此基础上确定职业生涯的目标，推动员工向职业目标前进。

绩效管理的理想境界是每个员工都成为自己的绩效管理专家，都知道如何为自己设定并有效地实现职业目标，并在目标实现的过程中提高自我绩效管理能力，在辅助员工实现个人职业生涯目标的同时也带来组织绩效的提高和组织目标的实现。

综上所述，绩效管理是企业经营管理工作中的一项重要任务，是保障并促进企业内部管理机制有序运转、实现企业各项经营管理目标所必需的一种管理行为。新时期，通过绩效管理来创造竞争优势逐渐成为企业竞争战略中的一个重要部分。

三、绩效管理的流程

1. 绩效计划

绩效管理的第一个环节是绩效计划，它是绩效管理过程的起点。企业的战略要落地，必须先将战略分解为具体的任务或目标，落实到各个岗位上。然后再对各个岗位进行相应的职位分析、工作分析、人员资格条件分析。这些步骤完成之后，经理人员就该和员工一起根据本岗位的工作目标和工作职责进行讨论，搞清楚在绩效计划周期内员工应该做什么工作、做到什么地步、为什么要做这项工作、何时应做完，以及员工权力大小和决策权限等。在这个阶段，管理者和员工的共同投入参与是绩效管理的基础。通常绩效计划都是做一年期的，在年中可以修订。

2. 绩效实施

制订了绩效计划之后，被评估者就开始按照计划开展工作。在工作的过程中，管理者要对被评估者的工作进行指导和监督，对发现的问题及时予以解决，并随时根据实际情况对绩效计划进行调整。绩效计划并不是在制订了之后就一成不变的，随着工作的开展会不断调整。在整个绩效期间，都需要管理者不断地对员工进行指导和反馈，即进行持续的绩效沟通。这种沟通是一个双方追踪进展情况、找到影响绩效的障碍以及得到使双方成功所需信息的过程。作为激励手段的绩效管理，也应遵循人性化的特征，不管员工等级高低，大家都是平等的。基于这种认识，管理人员要关心和尊重员工，在实现目标的过程中为员工清除各方面的障碍，双方共同探讨员工在组织中的发展路径和未来的目标。持续的绩效沟通能保证经理和员工共同努力，及时处理出现的问题，修订工作职责。上下级在平等的绩效中相互获取信息、增进了解、联络感情，从而保证员工的工作能正常地开展，使绩效实施的过程顺利进行。

3. 绩效考核

绩效考核可以根据具体情况和实际需要进行月考核、季考核、半年考核和年度考核。绩效考核是一个按事先确定的工作目标及其衡量标准，考察员工实际完成绩效的过程。绩效合同是进行绩效考核的依据。绩效考核包括工作结果考核和工作行为评估两个方面。其中，工作结果考核是对考核期内员工工作目标实现程度的测量和评价，一般由员工的直接上级按照绩效合同中的标准，对员工的每一个工作目标完成情况进行等级评定。而工作行为考核则是对员工在绩效周期内表现出来的具体的行为态度进行评估。同时，在绩效实施过程中，所收集到的能够证明被评估者绩效表现的数据和事实，可以作为判断被评估者是否达到关键绩效指标要求的证据。

4. 绩效反馈与面谈

绩效管理的过程并不是在绩效考核阶段打出一个分数就结束了，主管人员还需要与员工进行一次，甚至多次面对面的交谈。通过绩效反馈面谈，使员工了解主管对自己的期望，了解自己的绩效，认识自己有待改进的方面。并且，员工也可以提出自己在完成绩效目标中遇到的困难，请求上级的指导。

5. 绩效改进和导入

绩效改进是绩效管理过程中的一个重要环节。传统绩效考核的目的是通过对员工的工作业绩进行评估，将评估结果作为确定员工薪酬、奖惩、晋升或降级的标准。而现代绩效管理的目的不限于此，员工能力的不断提高以及绩效的持续改进和发展才是其根本目的。所以，绩效改进工作的成功与否，是绩效管理过程是否发挥作用的关键。

绩效导入就是指根据对绩效考核结果的分析，来对员工进行量身定制的培训。发现员工缺乏的技能和知识后，企业应该有针对性地安排一些培训项目，及时弥补员工能力的短缺。这样带来的结果是既满足了完成工作任务的需要，又可以使员工享受免费的学习机会，对企业、对员工都是有利的。

6. 绩效评估结果应用

当绩效考核完成以后，评估结果并不是可以束之高阁、置之不理的，而是要与相应的其他管理环节相衔接。主要有以下几个管理接口。

① 薪酬及奖金的分配。企业除了基本工资外，一般都有业绩工资，业绩工资是直接与员工个人业绩挂钩的。一般来说，绩效评价越高，所得工资越多，这其实是对员工追求高业

绩的一种鼓励与肯定。

② 职务调整。经过多次绩效考核后，员工的业绩始终不见有所改善。如果确实是员工本身能力不足，不能胜任工作，则管理者将考虑为其调整工作岗位；如果是员工本身态度不端正的问题，经过多次提醒与警告都无济于事，则管理者会考虑将其解雇。这种职务调整在很大程度上是以绩效考核结果为依据的。

③ 通过沟通改进工作。绩效考核结果反馈给员工后，有利于他们认识自己的工作成效，发现自己工作过程中的短处所在。绩效沟通给员工带来的这种信息会使员工真正认识到自己的缺点和优势，从而积极主动地改进工作。

④ 培训与再教育。对于难以自学或仅靠规范自身行为态度难以改进绩效的员工来说，可能真的在知识、技能或能力方面出现了"瓶颈"。因此，企业必须及时认识到这种需求，组织员工参加培训或接受再教育，而这也越来越成为吸引优秀员工加盟企业的一项企业福利。

经过上面的管理环节，就完成了一个绩效周期的循环。在这个循环中所得到的绩效考核结果具有多种用途。首先，绩效考核的结果可用于指导员工工作业绩和工作技能的提高，通过发现员工在完成工作过程中遇到的困难和工作技能上的差距，制订有针对性的员工发展培训计划。其次，绩效考核的结果可以比较公平地显示出员工对公司做出的贡献大小，据此可决定员工的奖惩。此外，通过员工的绩效状况，也可以发现员工对现有职位是否适应，根据员工绩效高于或低于绩效标准的程度，决定相应的人事变动，使员工能够从事更适合自己的工作。

第五节　企业薪酬体系设计与管理

一、薪酬管理概述

1. 薪酬的含义

薪酬是指员工向其所在单位提供所需要的劳动而获得的各种形式补偿，是单位支付给员工的劳动报酬。从广义上讲，薪酬包括工资、奖金、休假等货币性回报，也包括参与决策、承担更大的责任等非货币性回报。

2. 薪酬的构成

① 货币性薪酬：包括直接货币薪酬、间接货币薪酬和其他的货币薪酬。其中直接货币薪酬包括工资、福利、奖金、奖品、津贴等；间接货币薪酬包括养老保险、医疗保险、失业保险、工伤及遗嘱保险、住房公积金、餐饮等；其他货币性薪酬包括有薪假期、休假日、病事假等。

② 非货币性薪酬：包括工作、社会和其他方面。其中工作方面包括工作成就、工作有挑战感、责任感等的优越感觉；社会方面包括社会地位、个人成长、实现个人价值等；其他方面包括友谊关怀、舒适的工作环境、弹性工作时间等。

3. 薪酬管理的含义

薪酬管理是指为了能够发挥员工的积极性并促进其发展，将员工的薪酬与组织目标有机地结合起来的一系列的管理活动，是企业工资的微观管理，是企业在国家的宏观控制的工资政策允许范围之内，灵活运用各种方法与手段，制定各种激励措施与规章制度，在职工中贯彻按劳分配原则的过程。

4. 薪酬管理的内容

① 建立基于企业战略和文化的薪酬策略。企业的薪酬管理需要良好的薪酬策略作为指导，而这个策略的制定显然不能脱离企业发展战略和企业文化。

② 确定以岗位、业绩、能力和市场为基准的薪酬分配理念。对于企业的薪酬分配来说，是不能盲目的，这要参考多方面的因素进行综合评定，否则很容易导致员工满意度的下降。这些因素主要包括岗位价值、员工工作业绩、员工个人能力和市场薪酬行情。

③ 确定合理的薪酬结构。所谓薪酬结构，是指薪酬的构成元素，这和员工的利益分配有直接的关联，而且关乎薪酬管理的公平性和激励性。

④ 进行工作分析，做好岗位价值评估。在薪酬管理中，薪酬设计是极其重要的内容，而工作分析和岗位价值评估作为薪酬设计的组成部分，其主要目的在于保证薪酬设计的内部公平。

⑤ 建立绩效管理体系。除了薪酬管理之外，绩效管理是企业人力资源管理中另外一个重要的组成部分，企业可以通过建立科学的绩效管理体系，将员工的工作表现和工作业绩很好地和薪酬关联起来，从而发挥出薪酬管理和绩效管理的联动作用。

二、薪酬管理在人力资源管理中的作用

1. 薪酬管理与职位设计

职位设计是否合理，与薪酬管理是否科学、合理有很大关系。职位本身的设计不合理也会给薪酬管理带来一些麻烦。例如，职位划分过细，必然导致企业的薪酬等级划分过细，结果使员工在不同职位之间的轮换变得困难，同时员工的双眼会紧盯着职位的等级而不是个人的绩效和能力。

2. 薪酬管理与员工招募、甄选

高水平的薪酬可以吸引大批合格的求职者，因此企业的甄选标准也可以适当提高，从而保证企业较快地获得高素质的员工。通过企业的薪酬制度所传递出来的特定信息，如企业的经济实力、等级制度、价值导向及企业文化等特征，会在劳动力市场充当一种有效的筛选机制，帮助企业吸引那些与组织需要和企业文化相匹配的员工。

3. 薪酬管理与员工培训、开发

薪酬制度的合理设计，有助于引导员工主动接受培训，努力进行自我技能开发，不断巩固和提升自身的业务素质。

4. 薪酬管理与绩效管理

越来越多的企业将员工个人和团队的薪酬与他们的绩效联系起来。在以能力模型为中心的人力资源管理系统中，薪酬管理正在从过去主要关注绩效和薪酬之间的关系，发展到不仅关心员工的业绩目标达成，而且关心员工的整体素质、技能及未来的提升潜力等。

三、薪酬制度

1. 岗位工资制

岗位工资有多种形式，包括岗位效益工资制、岗位薪点工资制、岗位等级工资制。它们

的主要特点是对岗不对人。岗位工资制按照一定程序，严格划分岗位，按岗位确定工资。但凡出现员工认为岗位工资是他们理所当然得到的，认为他们为公司做出的贡献没有得到应有的回报这类情况，岗位工资就难以发挥应有的激励作用。因此必须做出相应的调整。

2. 绩效工资制

绩效工资制强调员工的工资调整取决于员工个人、部门及公司的绩效，以成果与贡献度为评价标准。工资与绩效直接挂钩，强调以目标达成为主要的评价依据，注重结果，认为绩效的差异反映了个人在能力和工作态度上的差异。绩效工资通过调节绩优与绩劣员工的收入，影响员工的心理行为，以刺激员工，从而达到发挥其潜力的目的。然而，由于影响绩效工资的因素很多，因而在使用过程中存在许多操作性困难。第一，绩效工资可能对雇员产生负面影响。有时候，绩效工资的使用会影响"暂时性"绩劣员工的情绪，甚至会将其淘汰，而这种淘汰会引发企业管理成本的大幅上扬。第二，绩效工资的效果受外界诸多因素制约。第三，绩效工资的评判标准必须得到劳资双方的共同认可。第四，难以判断员工对绩效工资具体方案的真正满意度。这些困难的存在一定程度上影响了绩效工资制度的有效实施，从而降低了激励效用。

3. 混合工资制

混合工资制也称结构工资制，是指有几种职能不同的工资结构组成的工资制度。混合工资的设计吸收了绩效工资和岗位工资的优点，对不同工作人员进行分类，并加大了工资中活的部分，其各个工资单元分别对应体现劳动结构的不同形态和要素，因而较为全面地反映了按岗位、按技术、按劳分配的原则，对调动职工的积极性、促进企业生产经营的发展和经济效益的提高，在一定时期起到了积极的推动作用。

4. 技能薪酬制

技能薪酬制的特点是每人都从最低薪酬出发，按照一定职务的执行能力划分薪酬等级，并以员工工作或考试显示的各种专业知识和技能逐步加薪。实行技能工资制，能鼓励员工钻研业务，减少骨干职工的流动性，促使职工自发提高技能和多岗位适应性。缺点是员工要求和追求强化培训，推动企业培训费用与薪酬开支互动增长，而且这种制度也无法考核真正的培训效果和学习效果。

5. 年功序列薪酬制

年功序列薪酬制的特点是企业根据员工在本企业的工作年限、年龄、学历和经历等因素确定薪酬。这种薪酬制度在日本企业使用得最为广泛，其设计指导思想是在本企业工作年限越长，资历越丰富，能力就越强，贡献也越大。这种薪酬制度的优点是能稳定员工队伍，有利于培养员工的"归属感"和"忠诚心"。缺点是助长论资排辈的风气，不利于调动员工的主动性。

6. 年薪制

年薪制一般作为高层管理人员使用的薪资方式，是一种"完全责任制"薪资。从人力资源的角度看，年薪制是一种有效的激励措施，对提升绩效有很大作用。年薪制突破了薪资机构的常规，对高层管理人员来说，年薪制代表身份和地位，能够促进人才建设，也可以提高年薪者的积极性。年薪制对国企普遍存在的"59岁现象"有一定程度上的抑制作用。

四、薪酬管理体系设计与调整

（一）薪酬体系设计

1. 薪酬体系设计含义

薪酬体系设计是根据企业的实际情况，紧密结合企业的战略和文化，系统、全面、科学地考虑各项因素，并及时根据实际情况进行修正和调整，遵循按劳分配、效率优先、兼顾公平及可持续发展的原则，充分发挥薪酬的激励和引导作用，为企业的生存和发展起到重要的制度保障作用。一个设计良好的薪酬体系直接与组织的战略规划相联系，从而使员工能够把他们的努力和行为集中到帮助组织在市场中竞争和生存的方向上去。

2. 薪酬体系设计原则

① 内部公平性。按照承担的责任大小、需要的知识能力的高低，以及工作性质要求的不同，在薪资上合理体现不同层级、不同职系、不同岗位在企业中的价值差异。

② 外部竞争性。保持企业在行业中薪资福利的竞争性，能够吸引优秀的人才加盟。

③ 与绩效相关性。薪酬必须与企业、团队和个人的绩效完成状况密切相关，绩效考评结果应当在薪酬中准确地体现，实现员工的自我公平，从而最终保证企业整体绩效目标的实现。

④ 激励性。薪酬以增强工资的激励性为导向，通过动态工资和奖金等激励性工资单元的设计，激发员工的工作积极性。另外，应设计和开放不同薪酬通道，使不同岗位的员工有同等的晋级机会。

⑤ 可承受性。确定薪资水平，必须考虑企业实际的支付能力，薪酬水平须与企业的经济效益和承受能力保持一致。人力成本的增长幅度应低于总利润的增长幅度，同时应低于劳动生产率的增长速度，可以通过适当工资成本的增加引发员工创造更多的经济增加值，保障出资者的利益，实现可持续发展。

⑥ 可操作性。薪酬管理制度和薪酬结构应当尽量浅显易懂，使得员工能够理解设计的初衷，从而按照企业的引导规范自己的行为，达成更好的工作效果。只有制度简洁明了，其流程操作性才会更强，才会有利于迅速推广，同时也便于管理。

⑦ 灵活性。企业在不同的发展阶段和外界环境发生变化的情况下，应当及时对薪酬管理体系进行调整，以适应环境的变化和企业发展的要求，这就要求薪酬管理体系具有一定的灵活性。

⑧ 适应性。薪酬管理体系应当能够体现企业自身的业务特点以及企业性质、所处区域、行业的特点，并能够满足这些因素的要求。

3. 薪酬体系设计的基本程序

1）薪酬调查

薪酬调查是薪酬设计中的重要组成部分。它解决的是薪酬的对外竞争力和对内公平问题，是整个薪酬设计的基础。只有实事求是的薪酬调查，才能使薪酬设计做到有的放矢，解决企业的薪酬激励的根本问题，做到薪酬设计个性化和有针对性。通常，薪酬调查需要考虑以下三个方面。

① 企业薪酬现状调查。通过科学的问卷设计，从薪酬水平的三个公平（内部公平、外部公平、自我公平）的角度了解现有薪酬体系中存在的主要问题，以及造成问题的

原因。

② 进行薪酬水平调查。主要收集行业和地区的薪资增长状况、不同薪酬结构对比、不同职位和不同级别的职位薪酬数据、奖金和福利状况、长期激励措施以及未来薪酬走势分析等信息。

③ 薪酬影响因素调查。综合考虑薪酬的外部影响因素（如国家的宏观经济状况、通货膨胀、行业特点和行业竞争、人才供应状况）和企业的内部影响因素（如盈利能力和支付能力、人员的素质要求及企业发展阶段、人才稀缺度、招聘难度）。

2）确定薪酬原则和策略

薪酬原则和策略的确定是薪酬设计后续环节的前提。在充分了解企业目前薪酬管理现状的基础上，确定薪酬分配的依据和原则，以此为基础确定企业的有关分配政策与策略，例如不同层次、不同系列人员收入差距的标准，薪酬的构成和各部分的比例等。

3）职位分析

职位分析是薪酬设计的基础性工作。基本步骤包括：结合企业经营目标，在业务分析和人员分析的基础上，明确部门职能和职位关系；然后进行岗位职责调查分析；最后由岗位员工、员工上级和人力资源管理部门共同完成职位说明书的编写。

4）岗位评价

岗位评价重在解决薪酬对企业内部的公平性问题。通过比较企业内部各个职位的相对重要性，得出职位等级序列。岗位评价以岗位说明书为依据，方法有许多种，企业可以根据自身的具体情况和特点，采用不同的方法来进行。

5）薪酬类别确定

根据企业的实际情况和未来发展战略，对不同类型的人员应当采取不同的薪酬类别。例如，企业高层管理者可以采用与年度经营业绩相关的年薪制，管理序列人员和技术序列人员可以采用岗位技能工资制，营销序列人员可以采用提成工资制，企业急需的人员可以采用特聘工资制，等等。

6）薪酬结构设计

薪酬的构成因素反映了企业的关注内容，采取不同的策略、关注不同的方面就会形成不同的薪酬结构。企业在考虑薪酬结构时，往往综合考虑以下几个方面的因素：一是职位在企业中的层级，二是岗位在企业中的职系，三是岗位员工的技能和资历，四是岗位的绩效，分别对应薪酬结构中的不同部分。

（二）薪酬体系调整

1. 薪酬体系调整的含义

薪酬体系调整是指公司薪酬体系运行一段时间后，随着企业发展战略以及人力资源战略的变化，现行的薪酬体系可能不适应企业发展的需要，这时需要对企业薪酬体系做出系统的诊断，确定最新的薪酬策略，同时对薪酬体系做出调整。

2. 薪酬体系调整的分类

无论是企业的薪酬制度还是针对个人的薪酬支付都不可能是一成不变的，薪酬管理始终处于一种动态的、有序的调整过程中。根据薪酬调整的动因不同，可将薪酬体系调整分为以下五种类型。

1）奖励性调整

奖励性调整是为了奖励员工做出的优良工作绩效，鼓励员工再接再厉更上一层楼，也就是论功行赏。奖励性调整又叫功劳性调整。

2）生活指数性调整

为了补偿员工因通货膨胀而导致的实际收入无形减少的损失，使员工的生活水平不致渐趋降低，企业应根据物价指数状况对薪酬进行调整，生活指数调整常用的方式有两类：一类是等比调整，即所有员工在原有薪酬基础上调升同一百分比；另一类是等额调整，即全体员工不论原有薪酬高低，一律给予等幅的调升。

3）效益调整

当企业效益好、盈利增加时，对全员进行普遍加薪，但以浮动式、非永久性为佳；当企业效益下滑时，全员性的薪酬下调也应成为当然。

4）工龄性调整

薪酬的增加意味着工作经验的积累与丰富，代表着能力或绩效潜能的提高，也就是薪酬具有按绩效与贡献分配的性质。薪酬调整应将工龄与考核结果结合起来，确定不同工龄员工薪酬调整的幅度。

5）特殊调整

这是企业根据内外环境及特殊目的而对某类员工进行的薪酬调整。实行年薪制的企业，每年年末应对下一年度经营者的年薪重新审定和调整。企业应根据市场因素适时调整企业内不可替代人员的薪酬，以留住人才。

案例分析

2007 年时铁路运输企业的人力资源管理问题

截至 2007 年，铁路运输企业管理人员总量为 26.1 万人，占全部职工的比重为 12.7%，其中专业技术人员为 144 624 人，占职工总量的 7.1%；生产人员共计 1 450 803 人，占职工总量的 70.8%，其中工人技师、高级技师等高技能人才 29 350 人，仅占生产人员的 2.0%；服务人员和其他人员为 142 585 人，占职工总量的 7.0%；内部退养、长学、长休、外出劳务人员等长期不能上班的非在岗人员共有 194 807 人，占职工总量的 9.5%。在人员配置上，普通型人员富余，专业技术人员、高技能人才不足；在人员结构上，机关、后勤服务人员富余，生产岗位人员紧张，特别是高技能人才和关键生产岗位人员更是不足。

随着国家经济体制改革不断深化，铁路运输企业作为"铁老大"的各种优势条件已然丧失，与非国企比较，收入偏低、用人机制不活以及激励手段乏力等问题明显：一是选人用人机制保守，人才难以脱颖而出；二是分配制度僵化，人才难以体现出其价值属性；三是工作内容单调，个人专长难以发挥；四是工作地点分散，工作条件艰苦，影响人才效能的发挥；五是就业渠道多样化，影响人才长期劳动关系的形成。

随着市场经济的发展和劳动用工制度的变革，人力资源可以在更广大的空间里自由选择。近些年来，铁路运输企业吸引人才乏力，优秀大学毕业生往往不把铁路运输企业作为其就业和发展方向，有的大学生录用不到半年就放弃铁路工作，致使铁路行业人才匮乏。

市场竞争激烈，使铁路运输企业对人才的依赖程度越来越高，对人的因素越来越重视。

但由于机制不完善，经营者、专业技术人员、高级技能人才和生产人员与企业之间没有形成利益共同体，企业经营得好坏与自己的收入没有直接关系。在管理上，企业为确保运输安全和生产经营任务完成，对职工又往往采取高压态势，考核得严，管理得紧，忽视职工对社交、尊重和自我实现的需要，忽视职工对丰富工作经验、提升灵活就业能力、实现心理成就感的职业生涯规划需要，从而造成经营管理者、专业技术人员、高级技能人才和生产一线人员缺乏工作责任感和紧迫感。工作能力强、表现优秀的职工却难以选拔到管理岗位，有的即使从事管理工作却也因不是干部身份而不能享受相应的工资、福利待遇。再如，专业技术人员、高级技能人才没有得到真正的重视。铁路企业实行了专业技术和高技能人才岗位聘任制改革，但也只是略微提高了津贴标准，在工资、福利、培训、职业发展等方面没有实质性改变，反而因受专业技术和高技能人才岗位设置数量限制，致使有的职工取得了技术资格也不能聘任技术职务，阻碍了人才发展，削弱了职工学技术、钻业务的积极性。

铁路公司化改革的序幕已经拉开，但还未真正到改革的深水区，人事改革是公司化改革的核心内容之一，也是最具挑战性的工作内容之一。

思考：

（1）试分析铁路运输企业人力资源管理存在的问题。

（2）试对铁路运输企业人力资源管理中存在的问题制定对策。

复习思考题

1. 人力资源的含义和特点是什么？
2. 人力资源管理的内容是什么？
3. 人力资源管理的基本过程是什么？
4. 铁路运输企业招聘有哪些渠道？
5. 员工培训与开发的种类和方法是什么？
6. 绩效管理的流程是什么？
7. 企业薪酬制度有哪些？

第 六 章

铁路运输企业财务管理

（1）明确铁路运输企业财务管理的基本概念和基本理论。
（2）掌握筹资管理、资产管理、成本管理、收入管理以及利润管理的基本方法和要求。

案例导入

近几年，国内大力兴建的客运专线，建设工期一般都在 3 年以上，跨越里程大都超过 300 km，尽管铁路行业推行几十亿元，甚至超过百亿元大标段招标，但一个项目中标施工单位仍有十几个之多，其下设独立核算的项目部和项目分部又有几十个，建设资金管理十分分散，而且随着铁路的大规模建设，各施工单位的建设规模也在不断扩张，过去一个施工单位的年施工规模四五十亿元已是很不错的业绩，现在剧增到一二百亿元，施工技术力量和管理人员极度缺乏，尤其是项目财务管理人员，往往是一个项目只有一个会计人员，身份既是财务主管、会计，又是出纳，内部控制根本无法落实，建设资金的安全性令人担忧。工期长、线路长、标段大、分布广、建设规模扩张太快、管理力量不足等特点决定了铁路建设资金管理的难度。

思考： 铁路建设企业目前的财务管理存在哪些问题？会引起什么不良后果？

第一节　铁路运输企业财务管理概述

一、运输企业财务活动

拥有一定数量的资金是企业进行生产经营活动的前提。企业为进行生产，必须取得生产经营资金，用于购置生产资料和支付职工的劳动报酬，以及支付各种需要的货币周转资金。企业通过组织生产，以营收形式收回资金，再购置必要的材料物资投入再生产，同时向国家上缴税金。这样周而复始地循环，构成了企业的资金运动。

运输企业的生产过程分为供应和运输两个过程，没有产品销售过程，因为其生产过程与销售过程是同时产生与消失的，它们统一在运输过程中完成。由于运输生产过程不创造新的具有实物形态的物质产品，运输生产的成果仅是使旅客和货物发生空间位置的转移，因此运输企业没有产成品，也没有销售过程，在资金周转过程中没有成品资金形态。

运输企业的运输收入一般是采用先售票（客票和货票）后载运的办法，营收进款的绝大部分在运输生产过程开始前已经取得，也就是收入在前、消耗在后，这一部分资金由储备资金和货币资金形态在尚未转化为生产资金形态时就直接恢复为货币资金形态，这一部分资金常被占用在各营业站点向企业解缴营业收入这个环节上，形成了一个特殊的资金占用形态——在途资金；运输企业还有一些递延性的消耗物资，如运输企业营运车辆的车装轮胎，属于车辆的组成部分，但由于轮胎的使用寿命短，在车辆全部使用期间内，需要多次更换和翻新，在轮胎翻新和修补时，要用周转轮胎替换，其周转轮胎的价值损耗又类似固定资产。这些就是运输企业资金运动。

运输企业财务活动是企业资金运动的总称，或者说，运输企业的资金运动是通过财务活动来实现的。运输企业的财务活动包括筹资、投资、资金营运和收益分配等方面。

（一）筹资活动

运输企业组织营运生产，必须以占有或能够支配一定数额的资金为前提。也就是说，企业从各种渠道以各种形式筹集资金，是资金运动的起点。所谓筹资是指企业为了满足投资和用资的需要，筹措和集中所需资金的过程。

企业通过筹资可以形成两种不同性质的资金：一是企业自有资金，企业可以通过向投资者吸收直接投资、发行股票、企业内部留存收益等方式取得，其投资者包括国家、外商、个人等；二是企业债务资金，企业可以通过从银行贷款、发行债券、利用商业信用在结算中形成等方式取得。企业筹集资金，表现为企业资金的流入。企业偿还借款、支付利息、股利以及付出各种筹资费用等，则表现为企业资金的流出。这种因为资金筹集而产生的资金收支，便是由企业筹资而引起的财务活动，是企业财务管理的主要内容之一。

（二）投资活动

运输企业取得资金后，必须将资金投入使用，以谋求最大的经济效益，否则筹资就失去了目的和效用。企业投资可以分为广义的投资和狭义的投资两种。广义的投资是指企业将筹集的资金投入使用的过程，包括企业内部使用资金的过程（如购置流动资产、固定资产、无形资产等）和对外投放资金的过程（如投资购买其他企业的股票、债券或与其他企业联营等）。狭义的投资仅指对外投资。无论企业购买内部所需资产，还是购买各种证券，都需要支付资金。而当企业变卖其对内投资形成的各种资产或收回其对外投资时，则会形成资金的收入。这种因企业投资而发生的资金的收付，便是由投资而引起的财务活动。

（三）资金营运活动

运输企业在日常生产经营过程中，会发生一系列的资金收付。首先，企业要采购物资，以便从事生产和销售活动，同时，还要支付工资和其他营运费用；其次，当企业把旅客和货物送到目的地后，便可取得收入，收回资金；最后，如果企业现有资金不能满足企业经营的需要，还要采取短期借款方式来筹集所需资金。上述各方面都会产生企业资金的收付。这就是因企业经营而引起的财务活动，也称为资金营运活动。

企业的营运资金，主要是为满足企业日常营运活动的需要而垫支的资金，营运资金的周转与生产经营周期具有一致性。在一定时期内，资金周转越快，资金的利用效率就越高，就可能取得更多的收入，获得更多的报酬。

（四）收益分配活动

运输企业通过投资（或资金营运活动）应当取得收入，并相应实现资金的增值。企业必须对取得的各种收入依据现行法规及规章做出分配，以全面实现财务目标。所以，广义地说，分配是指对企业各种收入进行分割和分派的过程；而狭义的分配仅指对利润尤其是净利润的分配。

运输企业通过投资取得的营运收入，首先要用以弥补营运生产耗费，缴纳流转税，其余部分成为企业的营运利润；而营运利润和投资净收益、营业外收支净额等构成企业的利润总额。利润总额首先要按国家规定缴纳所得税，净利润要提取公积金和公益金，分别用于扩大积累、弥补亏损和改善职工集体福利设施，其余利润作为投资者的收益分配给投资者或暂时留存企业或作为投资者的追加投资。值得说明的是，企业筹集的资金归结为所有者权益和负债两个方面，在对这两种资金分配报酬时，前者是通过利润分配的形式进行的，属于税后分配；后者是通过将利息等计入成本费用的形式进行分配的，属于税前分配。另外，随着分配过程的进行，资金或者从企业退出，或者留存企业，它必然会影响企业的资金运动，这不仅表现在资金运动的规模上，而且表现在资金运动的结构上，如筹资结构。

上述财务活动的四个方面，不是相互割裂、互不相关的，而是相互联系、相互依存的。资金筹集是企业资金运动的起点和条件，资金的投资是资金筹集的目的和运用，而资金的营运表明资金运用的日常控制，资金的分配则反映了企业资金运动状况及其最终成果。正是上述互相联系又有一定区别的四个方面，构成了完整的企业财务活动，这四个方面就是企业财务管理的基本内容。

二、运输企业财务管理的内容

（一）运输企业财务管理的概念

运输企业财务管理是运用货币表现的价值形式，根据企业资金运动的规律，正确组织企业财务活动，处理企业同各方面财务关系，对运输生产经营活动进行综合性的管理和监督的一项经济管理活动。搞好运输企业财务管理，对于改善企业经营管理、提高企业经济效益具有独特的作用。

（二）运输企业的财务管理

运输企业财务活动的四个方面，就是财务管理的内容。

1. 筹资活动的管理

在筹资过程中，企业一方面要确定筹资的总规模，以保证投资所需要的资金；另一方面要通过筹资渠道、筹资方式的选择，合理确定筹资结构，以降低筹资成本和风险，提高筹资效益。

2. 投资活动的管理

企业在投资过程中，必须选择合理的投资规模、投资方向和投资方式，确定合理的投资结构，以提高投资效益，降低投资风险。

3. 资金营运活动的管理

加速资金周转，提高资金利用效果，是资金营运管理的主要内容之一。另外，还需合理配备资金，妥善安排流动资产和流动负债的比例关系，既要防止流动资产的闲置，又要保证有足够的偿债能力。

4. 收益分配活动的管理

财务活动中的收益分配首先要执行有关的法律、政策、制度及事先确定的分配程序；另外，由于收益分配活动的复杂性以及收益分配活动对企业资金流转的重要影响，收益分配时必须注意处理好企业内外各利益主体之间、收益分配与企业融资及企业长远发展之间的辩证关系。

三、铁路运输企业财务管理的特点

铁路运输企业财务管理上的特点归纳起来，主要有以下几个方面。

1. 点多、面广、流动、分散的运输生产过程，使企业财务管理难度增大

铁路运输企业具有线路长、站点多、承载货物量大的经营特点，在财务结构上，又具有资金总额大、资金占用多、资本回报率低的特点。财务管理系统运作的灵活性、时效性往往难以保证，车辆在运输生产过程中流动、分散，营运收入的管理、营运消耗的管理和特殊支出的控制都有相当的难度。而且由于运输服务对象众多，营业收入的组织难度较大，坏账损失比例较高，应收账款所占的比重一般都比较大。

2. 成本水平受客观因素的影响较大

营运车辆消耗水平受所运输的货物、车辆行驶的路线、气候等客观因素的影响，成本管理较复杂，成本下降未必真正地节约了消耗，反之亦然。成本核算的对象是运输完成的客、货位移数量，而车辆空驶与重驶的消耗水平相差并不大，空驶消耗要计入重驶完成的位移量中，运输组织水平及运输效率对运输成本的影响很大。运输过程中一些小额特殊支出难以确切控制，如事故损失费、安全措施投入费等。

3. 资本密集性与沉没成本存在

铁路运输企业所需投资额度极大，其中特别又以固定设施的投资额度最大，可见这种行业具有资本密集的特点。一旦投资，其设施就很难移作他用，可以说其残值极低。因此，运输企业的设施在投资后，一定要按原设想之用途使用下去。若作他用，则无法收回投资。因此大部分运输投资都具有沉没成本。

四、财务管理的目标

财务管理的目标又称理财目标，是指企业财务管理在特定的内、外部环境中，通过有效地组织各项财务活动，实施各项财务管理职能，正确地处理好各项财务关系所要达到的最终目标。确定正确的财务管理目标，是评价财务管理质量和水平的标准。财务管理目标按范围不同可分为总目标和具体目标两类。

（一）财务管理的总目标

财务管理的总目标，即企业全部财务活动需要实现的最终目标。总结国内外历史经验，企业财务管理的总目标应该是千方百计地提高经济效益，通常用企业利润最大化、企业每股收益最大化和企业价值最大化三种方式表述。将利润最大化及企业每股收益最大化作为现代企业的财务管理总目标，具有一定的片面性，不能作为企业财务管理目标的最优选择。企业价值最大化的目标体现了对企业经济效益的深层次认识，而且它也考虑了资金的时间价值和

风险价值，更符合我国现阶段的国情。所以，企业价值最大化是现代企业财务管理最优的总目标，并在此基础上建立起我国企业财务管理目标的理论体系和方法体系。

（二）财务管理的具体目标

1. 企业筹资管理目标

企业的资金可以从多种渠道、用多种方式来筹集。不同来源的资金，其可使用时间的长短、附加条款的限制、资本成本的大小以及资金的风险等都不相同。因此，企业筹资的具体目标是：在满足生产经营需要的情况下，以较低的筹资成本和较小的筹资风险获取同样多的资金（或较多的资金）。筹资管理目标的实现对财务管理总目标的实现具有双重影响：一方面，筹资成本较低，有利于增加利润总额，从而使得企业价值最大化；另一方面，按投资需要筹资，防止盲目筹资，有利于控制资本占用额，也可提高资本利润率，使企业价值最大化。

2. 企业投资管理目标

投资是指企业资本的投放和使用，包括对企业自身和对外两个方面。企业对自身和对外投资都是为了获取利润，取得投资收益。但企业在进行投资的同时，也必然面临各种情况：投资项目可能成功或失败；投资可能收回，也可能收不回；投资既可能赚较多的钱，也可能赚较少的钱，或不赚钱，即投资会产生投资风险。因此，企业投资的具体目标是以较低的投资风险与较少的资金投放和使用，获取同样多的投资收益，或者获取较多的投资收益。投资管理目标的实现，对实现财务管理总目标的影响也是双重的：一方面，通过对内投资，提高生产经营能力与技术水平，通过对外投资，寻求新的利润增长点，均有利于增加利润总额；另一方面，按企业发展的需要进行投资，防止盲目投资，这些都有利于提高企业价值或增加股东财富。

3. 企业营运资金管理目标

营运资金又称营运成本，是指流动资产减去流动负债后的余额。流动资产是指可以在一年或一个营业周期内变现或使用的资产，主要包括现金、有价证券、应收账款、存货等。流动负债是指在一年或超过一年的一个营业周期内必须清偿的债务，主要包括银行短期借款、应付账款、应付票据、预收账款、应计费用等。如果流动资产等于流动负债，则占用在流动资产上的资金由流动负债融资；如果流动资产大于流动负债，则与此相对应的"净流动资产"要以长期负债或股东权益的一定份额为其资金来源。

企业营运资金的周转与生产经营周期具有一致性。在一定时期内，资金周转越快，就可以利用相同数量的资金，取得更多的运输收入、获得更多的报酬。因此，企业营运资金管理的目标是：节约成本费用开支，合理使用资金，加速资金周转，不断提高资金利用效果。这一目标的实现，是增加利润总额的主要途径，对提高企业价值有重大影响。

4. 资本收益分配管理目标

资本收益分配是指将企业取得的收入和利润，在企业与相关利益主体之间进行分割。这种分割不仅涉及各利益主体的经济利益，而且涉及企业的现金流出量，从而影响企业财务的稳定性和安全性。同时，由于这种分割涉及各利益主体经济利益的多少，因此不同的分配方案也会影响企业的价值。具体而言，企业当期分配较多的利润给投资者，将会提高企业的即期市场计价，但由于利润大部分被分配，企业或者即期现金不够，或者缺乏发展或积累资金，从而影响企业未来的市场价值。收入的取得是企业的生命线，是提高利润的关键因素。通过收入分配目标的实现，形成企业积累，增加发展潜力，有利于提高企业总价值。同时，正确处理各方面利益关系，有利于今后的资金筹集，也有利于总目标的实现。因此，资本收益分配管理目标是：扩大运输市场占有率，不断增加收入，按照国家规定与企业发展需要，处理好积累与消费的关系，以提高企业潜在的收益能力，从而提高企业总价值。

由上可见，财务管理总目标对具体目标起着主导作用，各具体目标要围绕总目标来制定，同时各具体目标的实现又是总目标实现的基础。

第二节　铁路运输企业筹资管理

企业筹资是指企业根据其生产经营、对外投资和调整资金结构的需要，通过筹资渠道，运用筹资方式，筹措所需资金的财务活动。筹集资金是企业资金运动的起点，是决定企业资金规模和生产经营发展速度的重要环节。

一、筹资的目的和要求

（一）筹资的目的

筹资的总体目的是满足企业生存和发展的需要。企业在不同时期，根据其经营和发展的需要，筹资的具体目的是多种多样的，大致可归纳为如下几种。

1. 满足生产经营的需要

企业最初设立时，需要具备一定的生产经营条件，包括房屋、设备、原材料、技术、人员等，这些都需要企业投入资金，也就是企业所有者最初的投入资本，以此为基础企业才能开始最初的筹建，企业也才具备了一定的借款条件。企业在正常的经营过程中，若出现资金困难，也需要不断补充新的资金，维持其正常经营能力。企业为了发展，采取扩张策略时，更需要筹集大量资金。因此，在企业生产经营过程中，及时筹措到足够的资金是企业生存与发展的先决条件。

2. 偿债的需要

企业由于自有资金有限，一般都有负债，而债务是要按期还本付息的。对于一些长期负债，往往数额巨大，企业在债务到期时必须安排足够资金偿付。如果到期企业现金不足，就需要筹措新的资金偿债。

3. 调整资金结构的需要

企业除了资金短缺和偿债的原因外，调整资金结构往往也是筹资的一种动机。随着企业运输生产经营活动不断循环周转，企业内部条件和外部环境都在不断变化。当市场繁荣时，企业盈利水平提高，高负债的资金结构可以使所有者权益收益率提高；而当市场疲软时，企业盈利水平降低，低负债的资金结构可以使企业减少利息压力，降低财务风险。为了寻求最佳资金结构，降低风险，增加盈利，就需要通过新的资金注入调整企业资金结构，使企业始终保持资金的良性循环。

企业的筹资目的虽然是多样的，但也并不是不相容的，往往在筹资时多种目的兼而有之。比如，企业增发股票，既能增加资金，满足生产经营需要，同时资金结构也发生了变化，权益资本比重升高。

（二）筹资的要求

筹资是企业的一项重要财务活动，筹资是否成功不仅关系到企业资金的投放和运作，而且对资金成本和资金结构都会产生直接影响。所以，筹资时必须满足以下 5 个基本要求。

1. 合理确定资金需要量

企业筹资首先要考虑的就是量的问题，即筹集多少资金。企业财务人员要认真做好预测工作，确定生产经营所需要的资金。由于企业资金都是有代价的，筹资过多而企业没有相应的投资能力会降低资金使用效率；筹资不足又会影响企业运输生产经营。

2. 适时取得资金来源

筹资不仅涉及数量问题，而且还有时间问题，即何时需要资金。只有做到心中有数，才能按时足额筹到所需资金。企业资金总是处于不断的周转运动中，随着经济业务的发展，企业每天都在发生着大量的收入与支出，如何使收支同步就成为安排资金时一个很重要的问题。时间对筹资而言尤其重要，既要避免筹资过早形成资金闲置，又不能因资金不到位丧失投资机会。

3. 选择最佳投资方向

筹集资金是为了使用资金，投资的多少决定筹资的数量，投资的时间决定筹资的时间，而筹资的效果最终是通过投资反映出来的。好的投资项目会增加企业盈利，并改善以后的筹资条件；而差的投资项目不仅不能为企业增加财富，甚至连投资都难收回，使企业财务状况进一步恶化。企业筹资前必须进行周密的投资分析，选择最佳投资方向。

4. 认真选择筹资渠道，降低资金成本

筹资是有代价的，企业由于筹措和使用资金而付出的代价就是资金成本。对于投资人而言，资金成本就是他出让资金使用权而应得的报酬。不同的资金来源，由于投资人所冒风险大小不同，相应要求的报酬也不相同。具体筹资时，企业选择不同的方式筹资，其成本也有所差别。比如，发行股票的费用要比申请银行借款费用高。企业在筹资时应综合考察各种资金来源和筹资方式，合理做出筹资决策，力求使资金成本降到最低。

5. 选择合适的资金来源，优化资金结构

企业资金有两种来源：负债和自有资金。负债与自有资金的比例即资金结构，它不仅决定企业财务风险的大小，而且直接影响企业的举债能力。企业筹资必然要影响原有的资金结构，所以企业在选择筹资渠道与方式时，必须考虑企业资金结构，要既能利用负债经营提高自有资本收益率，又要保持一定的举债能力，使财务风险不致过大。

二、筹资的渠道与方式

筹资渠道是指筹措资金的来源与通道，反映资金的源泉和流量。筹资渠道属客观范畴，即筹资渠道的多与少企业无法左右，它与国家经济发展程度及政策、制度等相关。企业了解筹资渠道的种类及每种渠道的特点，有助于利用筹资渠道。

筹资方式是指企业筹措资金所采取的具体形式，反映资金在企业中的具体存在形式。筹资方式属于主观范畴，可以由企业来选择。企业只有了解筹资方式的种类及每种方式的特点，才能灵活运用不同的筹资方式，降低资金成本，有效筹集所需资金。

（一）筹资渠道

① 国家财政资金。国家财政资金是指国家以财政拨款、财政贷款、国有资产入股等形式向企业投入的资金。它是我国国有企业，包括国有独资公司的主要资金来源，今后也仍然是国有企业筹集资金的重要渠道。

② 银行信贷资金。银行信贷资金是指银行对企业的各种贷款，是各类企业重要的资金来源。银行以储蓄存款作后盾，财力雄厚，并为企业提供多种多样的贷款，可以满足各类企业的需要。

③ 非银行金融机构资金。非银行金融机构是指各种从事金融业务的非银行机构，主要有信托投资公司、租赁公司、保险公司、证券公司、财务公司等。它们可以为企业直接提供部分资金或为企业筹资提供服务。虽然非银行金融机构没有银行实力雄厚，但它们资金供应灵活，且可提供多种特定服务，具有广阔的发展前景。

④ 其他企业资金。其他企业资金是其他企业向企业投资或由于业务往来而暂时占用在企业的资金。企业之间以闲置资金相互投资或者提供短期商业信用也是企业的一种资金来源。

⑤ 民间资金。企业职工和城乡居民利用节余资金向企业投资，也是企业资金的一种来源。随着城乡经济的发展，人们投资意识的增强，这部分资金的利用空间会越来越大。

⑥ 企业内部资金。企业内部资金是指企业在经营过程中形成的内部资金，主要包括提取公积金、未分配利润以及提取折旧而形成的资金。

⑦ 外商资金。外商资金是企业利用的外国投资者以及我国港、澳、台地区投资者的资金，它是外商投资企业的主要资金来源。随着我国资本市场向着国际化方向发展，外商资金会为越来越多的企业所利用。

（二）筹资方式

筹资方式是指企业取得资金的具体方法和形式，体现着资金的属性。认识筹资方式的种类及其属性，有利于企业选择合适的筹资方式，提高筹资效益，实现最佳的筹资组合。

① 吸收直接投资。吸收直接投资是企业以协议等形式吸收国家、其他法人单位、个人和外商等直接投入资金，形成企业资本金的一种筹资方式。吸收直接投资不以股票为媒介，是非股份制企业筹集权益资金的一种基本方式。

② 发行股票。股票是股份有限公司为筹集权益资金而发行的有价证券，是持股人在公司投资股份数额的凭证，它代表持股人在公司拥有的所有权。发行股票是股份有限公司筹措权益资金的一种主要方式。

③ 金融机构贷款。金融机构贷款是指企业根据借款合同向银行以及非银行金融机构借入的、按规定期限还本付息的款项，是企业筹集长、短期借入资金的主要方式。

④ 商业信用。商业信用是指企业之间在商品交易中因延期付款或预收货款而形成的借贷关系，是企业之间的直接信用行为。商业信用是企业之间融通短期资金的一种主要方式。

⑤ 发行债券。债券是企业为筹措借入资金而发行的、约定在一定期限向债权人还本付息的有价证券，发行债券是企业筹集借入资金的一种重要方式。

⑥ 发行融资券。融资券是企业为筹措短期资金而发行的无担保短期期票，在西方国家称为商业本票。发行融资券是企业筹集短期借入资金的一种方式。

⑦ 租赁。租赁是出租人以收取租金为条件，在契约或合同规定的期限内，将资产租借给承租人使用的一种信用业务。租赁是企业筹资的一种特殊方式。

⑧ 企业内部积累。企业内部积累是指企业从税后利润中提留的盈余公积金、公益金和未分配利润等。企业通过内部积累的方式筹集资金，手续简便易行，既有利于满足企业扩大生产经营规模的资金需要，又能够减少企业的财务风险。企业内部积累是各企业长期采用的

筹资方式。

（三）筹资渠道与方式的关系

筹资渠道与方式是两个不同的概念。筹资渠道反映企业资金的来源与方向，即资金从何而来；筹资方式反映企业筹资的具体手段，即如何取得资金。但在实际筹资的具体过程中，渠道与方式之间又有着密切的关系。一定的筹资方式可能适用于某一特定的筹资渠道，但一种筹资方式可能适用于多种不同的筹资渠道，而一种筹资渠道的资金也可以采取多种不同的方式取得。企业筹资时应根据不同的筹资渠道选择合适的筹资方式。

三、铁路建设筹融资现状

过去，铁路建设资金来源唯一，全部由国家财政预算拨款。改革开放后，铁路建设资金的来源渠道主要集中在铁路建设基金和银行贷款上。近几年虽然融资渠道有所增多，但还是满足不了当前建设资金需求，目前铁路建设资金的主要融资渠道有以下两大类。

（一）权益性资金融资

1. 铁路建设基金

铁路建设基金是国家批准铁路运输企业在办理货物运输业务时，向托运人、收货人核收的一定额度的用于铁路建设的基金。近年来，随着铁路货运收入的持续增长，铁路建设基金也紧随其增长，目前此项资金已经成为铁路建设资金的重要来源之一。

2. 中央预算内资金

改革开放前，全国铁路基本建设投资的 90% 来源于中央预算内政府投资。近几年，随着铁路建设规模的不断增加，中央预算内资金在铁路建设领域投资额中占比已大幅下降。当前，有些中小型项目，中央预算内资金投资比例已不足 20%。

3. 铁路自有资金

铁路自有资金包括铁路固定资产折旧等形成的专项资金、资产变现资金和铁路盈利形成的资金。铁路固定资产规模庞大，价值可观，每年的固定资产折旧和资产变现能为铁路基本建设输入数额不小的资金。随着铁路运输线路的逐年增多，营运能力的不断提高，该部分盈利也能为铁路建设提供一些资金来源。另外，自有资金为铁路建设资金来源中最稳定、最可控的资金，加大自有资金投资比重，不仅可以有效缓解筹资压力，而且可以降低建设成本，其重要性不容忽视。

4. 地方政府和地方企业投资

自 2008 年 8 月 1 日京津城际铁路通车运营，中国铁路建设推行的合资兴建铁路模式得到了首次证明。这种与地方政府和地方企业合作兴建铁路的模式，一般是地方政府以土地拆迁、货币资金出资入股；地方企业以货币出资，根据双方协议约定，取得一定运输优惠或转让多余运力获利。

（二）债务性资金融资

1. 铁路建设债券

我国铁路自 1995 年开始首次发行铁路建设债券以来，几乎每年都保持一定的发行额度，由于其融资成本低于银行贷款，若不是受规模限制，铁路债券融资应为铁路建设中债务性资金筹集的主要渠道。

2. 国内银行贷款

过去国家开发银行是铁路行业的主要贷款银行，随着铁路建设速度的加快，基于铁路行业独特的信用资质，工商银行、农业银行、中国银行、建设银行等商业银行也积极加入进来，但是由于国内目前利率管制，借款成本相对较高，铁路良好的信誉和资质无法得到"兑现"，对行业融资选择造成一定影响。

3. 国外银行贷款

为了利用国际机构和政府背景的贷款成本优惠政策和引进国外先进设备及技术，近年来，铁路还积极利用世界银行、亚洲开发银行等国际金融组织贷款、外国政府贷款、联合融资贷款及其他国外优惠贷款等，用于国家铁路、合资铁路的基本建设。不过因为此类贷款数量有限，存在一定汇率风险，所以该融资在铁路建设资金中占比很小。

第三节　铁路运输企业资产管理

一、流动资产管理

（一）流动资产的概念与分类

流动资产是指企业可以在一年或超过一年的一个营业周期内变现或耗用的资产。流动资产是运输企业进行生产经营活动的必备条件，是运输企业资金运用的一种重要形式，其数额及其构成情况，在一定程度上反映着运输企业的财务状况，对运输企业的支付能力和短期偿债能力都有一定影响。

流动资产在运输企业的再生产过程中以各种不同的形态同时存在，这些不同的存在形态就是流动资产的组成内容，具体包括以下4类。

1. 货币资金

货币资金是指运输企业在再生产过程中由于种种原因而持有的、停留在货币形态的资金，包括库存现金和银行存款。

2. 应收及预付款项

应收及预付款项是指在商业信用条件下或交易与收付款的时间差而形成的运输企业延期收回和预先支付的款项。如应收账款、应收票据、其他应收款、预付账款和待摊费用等。就运输企业的生产经营活动的实际情况而言，应收账款、应收票据业务较少。

3. 存货

存货是指运输企业购入的用于运输生产过程中消耗而储备的物资，包括燃料、材料、配件和低值易耗品等。

4. 短期投资

短期投资是指各种能够随时变现、持有时间不超过一年的有价证券以及不超过一年的其他投资，如各种短期债券。

（二）流动资产的特点

流动资产在一个生产周期内就能完成一次循环，并随着再生产过程周而复始地进行周转。流动资产的循环周转相比长期资产而言，具有以下特点。

1. 流动资产占用形态具有变动性

流动资产的资金占用形态是经常变化的，流动资产的循环是流动资产中各种占用形态的统一。企业的流动资金必须同时分别占用在生产储备资金、未完工产品资金、成品资金和货币资金与结算资金等各种形态上，一般在现金、燃料、材料、配件、低值易耗品、应收账款到现金资金之间顺序循环转化。流动资产的这一特点，要求企业合理地配置各种资产占用形态，促使企业流动资产周转顺利进行。

2. 占用数量具有波动性

流动资产在企业的再生产过程中，随着外部条件的变化，资产的占用数量时高时低，波动很大。季节性生产企业如此，非季节性生产企业也是如此。由于流动资产占用数量的波动性，在考虑流动资金的来源和供应方式时要注意，既要保障企业有稳定的资金来源，又要给企业一定的机动性与灵活性，以便合理安排资金的供需平衡。

3. 回收时间较短

流动资产占用的资金周转一次所需时间较短，通常在一年或一个营业周期内收回，对企业的影响时间较短。根据这一特点，流动资产所需资金可以用商业信用、短期银行借款等筹资方式解决。

4. 变现能力较强

流动资产中货币资金可随时用于支付，短期投资和应收账款等流动资产也有较强的变现能力，如果遇到意外情况，企业资金周转不灵、现金短缺时，可以迅速变卖或抵押这些资产，获取现金。

（三）流动资产管理的重要性

流动资产管理是企业财务管理的重要组成部分。运输企业生产经营活动所需要的流动资金通过有计划的筹集、分配和使用等组织和管理活动，借以达到既满足运输生产经营活动的需要，又能节约使用资金，加速资金周转，提高资金使用效果。企业在流动资产上的投资所占的份额较大，一般来说，流动资产占工业企业总资产的份额均在50%以上；流通企业有的甚至高达80%，而运输企业流动资产占总资产的份额则在20%左右。这些都说明，虽然流动资产在不同企业所占比例不同，但它仍是一项巨额或较大的投资，而且这部分资产极易受企业理财的内外环境的影响而不断变化，随时都会产生现金短缺，处理不当还会陷入债务危机，甚至引致企业失败。因此，管好用好流动资产，对于促进企业发展、减少流动资金占用、加速流动资金周转、提高资金使用的效果都是十分重要的。

1. 管理好、用好流动资产，有利于促进企业发展，提高资金的使用效果

流动资产是企业进行运输生产经营活动必备的物质条件。企业为了进行正常的运输生产经营活动，必须拥有一定数量的流动资金，且在运输生产过程的各个阶段不断地循环周转。而流动资金的不断循环周转，是企业运输再生产过程顺利实现的基本保证。因为在流动资金的周转过程中，任何一个周转环节发生障碍，都会影响运输生产经营过程的顺利进行，甚至会造成运输生产中断。例如，在供应过程中，资金不足或者资金使用不当，燃料、材料等物质不能及时采购，供应中断，就会造成车辆停运，影响运输任务完成。可见，运输企业既要拥有一定数量的流动资金，又要对流动资金合理使用、加强管理，尽可能做到用少的流动资金占用，完成尽可能多的运输工作量，这对促进运输企业发展、提高资金使用效果是十分重要的。

2. 管好用好流动资产，有利于促进运输企业加强经济核算，提高经营管理水平

流动资金是企业运输再生产过程中各种材料物质的价值形式。流动资金在周转过程中所体现的各种材料物质、在途现金和待结算的运费等，分布在企业运输生产经营过程的各个阶段上。随着企业运输再生产过程的不断进行，流动资金不断地从流通领域进入生产领域，再从生产领域回到流通领域。通过流动资金循环周转的全过程，可以综合地反映企业供应过程中各种燃料、材料等材料物质的采购、储存是否合理；运输过程中燃料、材料等物质的消耗是否节约；企业运输生产经营过程各个环节流动资金的使用是否合理等。因此，管好、用好流动资金，实质上是要求管好、用好各种材料物质，搞好营运收入结算，做到合理占用，节约使用流动资金。这就要求企业内部各级、各部门、生产单位都要精打细算，节约人力和物质消耗，合理使用资金。可见，管好、用好流动资产，对于促进运输企业加强经济核算，提高经营管理水平是十分重要的。

二、固定资产投资管理

（一）固定资产的概念

固定资产是指使用期限在一年以上，单位价值在规定的标准以上，并在使用过程中保持原有实物形态不变的资产。根据我国财务制度的规定，企业使用期限在一年以上的房屋、建筑物、机器设备、运输设备、器具、工具等资产均应作为固定资产；不属于生产经营主要设备的物品，单位价值在20万元以上，并且使用期限超过两年的也应作为固定资产。铁路运输企业的固定资产主要包括：

① 永久性房屋、建筑物；

② 陈旧可用的线路上部建筑及轨料、旧钢梁；

③ 按固定资产管理的互换配件、备用轮对、备用轨料、救援列车备料中的钢轨和轨枕，电力、给水、锅炉供暖设备的应急备用配件，通信信号及电力备用电缆，包括在原机价值内的随机配件，以及客车发电机、客车电扇、客车成组蓄电池；

④ 土地，指单独计价进账的土地。

固定资产是企业进行运输生产必须具备的劳动手段和物质条件，其中，有些劳动手段直接参加运输生产过程，如营运车辆、装卸机械，把工人的劳动传递到劳动对象上去，从而使劳动对象发生位移；有些劳动手段则对运输生产起辅助作用，如厂房、机器设备等。劳动手段虽然种类繁多，用途不同，但它们具有共同的性质，就是在劳动过程中起媒介作用，使工人的劳动与劳动对象结合起来。

固定资产是企业从事运输生产经营活动的重要物质条件，在运输企业的资金总额中，固定资产所占的比例很大，一般占资金总额的80%以上，其总量反映企业在一定时期经营规模的大小，在一定程度上代表着企业运输生产经营的技术水平，对企业的运输生产能力和获利能力等起着重要的作用。

（二）固定资产的分类

铁路运输企业的固定资产品种复杂、规格不一、数量繁多，在运输生产经营过程中发挥的作用也不同，且分布面广、流动性大。为了加强对固定资产的管理，应对运输企业所拥有的各种固定资产进行科学合理分类，通常可按以下标准分类。

1. **按固定资产的经济用途分类**

铁路运输企业的固定资产按其经济用途可分为生产用固定资产和非生产用固定资产两大类。

①生产用固定资产是指直接参加生产、经营过程的各种固定资产（包括基层站段行政管理部门所使用的固定资产），如营运车辆、装卸机械、车站、厂房等固定资产。

② 非生产用固定资产是指不直接服务于运输生产过程而是用于职工文化教育、医疗卫生等方面的各种固定资产，如职工宿舍、俱乐部、食堂等单位使用的房屋、设备等固定资产。

按固定资产的经济用途分类的目的在于，可据此分析各类固定资产在全部固定资产中所占的比重，研究固定资产的结构，考核固定资产的利用情况，便于了解生产技术水平，促使企业合理配置固定资产，充分发挥固定资产的效能。

2. **按固定资产的使用情况分类**

铁路运输企业的固定资产按其使用情况可分为使用中的固定资产、未使用的固定资产和不需用的固定资产三大类。

① 使用中的固定资产是指正在运输生产过程中使用的生产用和非生产用的固定资产。

② 未使用的固定资产是指尚未使用的新增固定资产，调入尚未安装的固定资产，进行改建、扩建的固定资产，以及经批准停止使用的固定资产。

③ 不需用的固定资产是指不适合企业运输生产经营活动需要，或者超过本企业当前需要，已经报请上级批准处理的固定资产。

按固定资产的使用情况分类的目的在于，反映和监督全部固定资产的利用情况，分析固定资产的利用程度，促使企业对未使用的固定资产尽快投入运输生产过程，对不需用的固定资产积极进行处理，促使企业提高固定资产使用效率，并且保证正确计提折旧。

（三）固定资产投资的特点

与流动资产投资相比，固定资产投资一般具有以下特点。

① 投资额大，回收时间长。企业为了获得投资收益，在购建固定资产时，必须一次性支付相当数额的资金，而这些资金的收回则是在该项资产未来的使用期限内分期实现的，且固定资产又可以在其有效的使用年限内连续地参加多个运输生产经营周期并发挥其作用。与流动资产投资相比，固定资产通常投资额大，并需要数年，甚至需要数十年才能全部收回其投资。因此，企业在固定资产的使用过程中，要注意充分发挥固定资产的效能，从而加速收回固定资产的投资。

② 固定资产变现能力较差，其投资具有不可逆转性。固定资产很难改变其使用用途，出售困难，流动性较差，变现能力较差。若要改变其用途，不是无法实现，就是代价太大，也就是说固定资产投资具有不可逆转性。

③ 投资风险较大。固定资产投资一般要经过较长的时间才能收回，在这个过程中，不确定的因素很多，这就可能使固定资产投入运用所形成的产品和劳务不再适合市场需要，固定资产投资不仅得不到报酬，而且面临投资损失的可能性。

④ 实物更新与价值补偿相分离。固定资产的价值补偿是随着固定资产的使用，以折旧的形式逐步进行并从营运收入中得到补偿的。而固定资产的实物更新是在原有固定资产到达

有效使用年限，且不能或不宜继续使用时，用积累起来的货币资金实现。所以，固定资产的价值补偿和实物更新在时间上是相互分离的。但是，两者又有密切联系，固定资产的价值补偿是实物更新的必要条件，不积累必要的货币资金不可能实现资产的实物更新；同时，只有实现了固定资产的实物更新，积累的货币资金才能转化为固定资产，重新形成企业再生产所需要的物质技术基础。

（四）固定资产的管理要求

加强固定资产的管理，主要要求企业不断提高固定资产利用效率，这一方面可以降低产品成本，增加盈利；另一方面也可节约基本建设投资，减少固定资金的占用。提高运输企业固定资产利用效率，主要是努力提高运输企业固定资产的利用效果，重点放在充分利用现有营运车辆、装卸机械、机器设备等固定资产上，具体应做好以下几方面的工作。

1. 管好固定资产，保证完整无缺

固定资产是企业的主要劳动手段，也是开展运输生产经营的物质基础，保证固定资产的完整无缺是企业运输生产经营正常进行的客观要求。因此，企业要想管好固定资产，首先应健全固定资产管理制度，严格固定资产购建、验收、使用、保管、调度、盘点、报废、清理等项手续，加强固定资产的核算工作，建立保管、保养和使用的责任制度，防止发生短缺、失修、损坏或降低技术性能。

2. 提高固定资产的利用程度

提高固定资产的利用程度，就是充分利用固定资产可能的工作时间，让固定资产在时间上满负荷，措施如下。

① 增加使用固定资产的数量。在现有固定资产中，将未使用固定资产尽快投入使用，增加实际使用固定资产的数量，可以通过合理压缩备用固定资产的数量，加快固定资产安装进程，使固定资产早日投入使用，早日形成生产能力。

② 增加机车车辆利用率。如一班改为两班，甚至四班三运转，人歇车不歇。

③ 提高修理质量，缩短修理时间。应加强固定资产的保管、维修和保养，提高修理质量，缩短修理时间，使之处于良好的性能状况。

④ 避免固定资产的计划外停工。运输企业固定资产的计划外停工指企业由于材料、工具、燃料和动力供应中断，生产调度不当，固定资产发生故障等原因造成的运输生产经营停滞。企业应切实做好各项运输生产经营准备，尽量不耽误正常运输生产。

3. 合理安排生产任务，正确使用固定资产

运输企业要提高固定资产的利用效率，既要保证企业固定资产在时间、运输生产能力上的满负荷，又不能使之超负荷，只有合理安排运输生产经营任务，正确使用，使固定资产保持良好的性能，才能真正发挥固定资产正常的生产能力。

4. 按经济使用年限及时更新

固定资产的使用寿命有经济寿命和物理寿命之分，由于技术进步等原因，有些固定资产虽然尚能在运输生产经营过程中发挥作用，但由于效率低、能耗高，从经济角度看再使用并不合算。此时，企业应考虑进行更新，以降低运输生产经营总成本。

5. 加强固定资产投资决策，提高投资效益

固定资产管理应讲求固定资产投资决策效益。随着企业运输生产经营的不断发展，企业有扩大投入和更新固定资产的需要，运输企业应根据长远经营方针，在对市场充分调查研究的基础上，不断拓建、改建、扩建固定资产，保证扩大运输生产经营。在这一过程中，企业运用科学方法分析比较各种不同的投资方案，对投资项目技术上的先进性、经济上的可行性做出合理的评价与分析，遵循投资见效快、效益高的原则，选定最优方案。

（五）固定资产的日常管理

1. 实行固定资产归口分级管理

一般来说，铁路运输企业的固定资产品种复杂、规格不一、数量繁多、用途各异、分布面广、流动性大，它的使用涉及企业各部门、各单位、车队、班组和个人。因此，要加强固定资产的管理，必须对固定资产实行归口分级管理责任制。

固定资产归口分级管理责任制，是把集中统一领导和分级管理相结合，专业管理和群众管理相结合，责、权、利相结合的一种固定资产管理制度。

归口管理就是把铁路运输企业的固定资产按不同类别交相应职能部门负责管理。具体做法是：营运车辆、装卸机械和机器设备等固定资产，归口由技术部门负责管理；房屋、建筑物、其他生产用的固定资产和非生产用的各种固定资产，归口由行政或总务部门负责管理。

所谓分级管理，就是在归口管理的基础上，按照管用结合的原则，再按固定资产的使用地点，由各级使用单位负责具体管理，并进一步落实到车队、班组和个人。具体做法是：营运车辆由各车队负责管理，具体落实到司机个人；装卸机械由装卸队负责管理；保养与修理用的机器设备及其所用的房屋和建筑物等由保养车间负责管理；车站房屋和建筑物及其设备由各车站负责管理；企业本部房屋、建筑物以及其他生产用的和非生产用的固定资产由行政或总务部门负责管理；等等。

在实行归口分级管理制度时，企业财务部门作为一个综合部门，应对企业全部固定资产的管理负总的责任，其具体工作有：

① 积极参与固定资产的投资决策，合理形成企业固定资产；

② 购入固定资产或建设完工交接时，要到现场参加验收，做到手续完备、责任清楚；

③ 固定资产调出时，应深入现场，核实调拨手续，做好财产转移工作；

④ 定期组织固定资产的财产清查，认真检查固定资产的保管、使用和维护情况；

⑤ 在固定资产报废时，应到现场参加鉴定、核实实物、查明报废原因，并认真做好清理工作；

⑥ 做好固定资产核算、分析工作，正确及时地反映固定资产的增减变动情况，把固定资产的价值管理与实物管理结合起来，当好企业领导的参谋助手。

2. 建立和健全固定资产的基础工作

1）编制固定资产目录

为了加强固定资产管理，企业财务部门要会同固定资产的使用和管理部门，按照国家规定的固定资产划分标准，分类详细编制"固定资产目录"。在编制固定资产目录时，要统一固定资产的分类编号。各管理部门和各使用部门的账、卡、实物都要统一用此编号。

2）建立固定资产卡片或登记簿

固定资产卡片实际上是以每一独立的固定资产项目为对象开设的明细账。卡片中不仅应登记固定资产的名称、类别、编号、预计使用年限、原始价值、建造单位等原始资料，还要登记有关验收、启用、大修、内部转移、调出及报废清理等内容。实行这种管理办法有利于保护企业固定资产的完整无缺，促进使用单位对设备的保养和维护，提高设备的完好程度，有利于做到账账、账实相符，为提高固定资产的利用效果打下良好的基础。

第四节　铁路运输企业成本管理

一、运输企业成本管理概念和分类

（一）营运活动的成本与费用

运输企业在实现旅客、货物位移的过程中，必然伴随着一系列人、财、物等的消耗，构成营运活动的成本与费用。对此，分析成本、费用的含义、关系，明确各类费用的经济内容、消耗特性等，对强化成本费用的控制、考核与管理，具有十分重要的意义。

要了解成本，必须先要弄清运输企业在生产经营活动中所发生的费用。费用是指运输企业在一定时期的营运生产过程中发生的，能用货币表现的各种耗费，是企业在获取营运收入的过程中付出的经济代价。运输企业的产品是旅客或货物的位移，不生产新的物质形态的产品，运输任务的完成既是生产的完成，又是销售的结束。在运输过程中，一方面完成生产过程，实现旅客和货物的位置移动；另一方面又要发生各种生产耗费，如运输企业为了完成旅客和货物的运输生产任务，车辆在运行过程中要消耗燃料、润滑油、材料等材料物质，发生车辆和其他固定资产的价值损耗，支付职工的工资以及管理费等。所有这些在运输生产经营过程中发生的费用，称为营运费用。由此可见，企业在运输生产经营过程中发生的营运费用是多种多样的，营运费用支出的节约与浪费，直接影响运输成本的水平。为了降低运输成本，节约营运费用，应对营运费用进行科学合理的分类。

（二）铁路运输企业成本分类

铁路运输企业的成本费用是铁路生产经营过程中活劳动和物化劳动耗费的货币表现，是反映企业生产经营活动的综合指标，是制定运输价格、投资决策、营销政策和企业之间清算的重要依据。铁路运输企业生产经营过程中的各种耗费按其经济用途和性质划分为营运成本、管理费用、财务费用。营运成本、管理费用、财务费用构成营业支出，营业支出与营业外收支净额构成运输总支出。

1. 营运成本

营运成本是指铁路运输企业营运生产过程中实际发生的与营运生产直接有关的各项支出。营运成本主要包括以下内容：

① 运输企业直接从事营运生产活动人员的工资、奖金、津贴、补贴，以及按批准的结算工资收入与实际工资支出的差额；

② 按规定提取的职工福利费；

③ 生产经营过程中运输设备运用所消耗的材料、燃料、电力费用和其他费用；

④ 生产经营过程中运输设备养护、修理所耗费的材料、配件、燃料、电力、工具备品费用及其他费用；

⑤ 运输生产用固定资产折旧费；

⑥ 为了恢复和提高固定资产原有性能和生产能力，对固定资产进行周期性大修理的费用；

⑦ 合理化建议及技术改进奖；

⑧ 运输生产经营过程中发生的季节性、修理期间的停工损失，事故净损失；

⑨ 按照国家有关规定可以在成本中列支的其他费用，如生产部门的办公差旅费、劳动保护等支出。

2. 管理费用

管理费用是指企业管理部门为管理和组织运输生产所发生的各项费用，以及管理费用性质的支出，其主要内容包括：

① 各路局集团公司人员工资、奖金、津贴、补贴；

② 机关办公差旅费、劳动保护费、职工制服补贴、折旧费、修理费、物料消耗、低值易耗品摊销及其他管理费用；

③ 按规定计提的职工福利费、工会经费、职工教育经费、职工待业保险金、职工工伤保险金、退休统筹金、职工住房公积金；

④ 有关税金、土地使用费、土地损失补偿费、技术转让费、技术开发费、业务招待费、咨询费、审计费、诉讼费、排污费、绿化费、广告费、展览费、董事会费、防疫经费、客货营销费用；

⑤ 无形资产和管理费摊销、坏账损失、存货盘亏（减盘盈）、毁损和报废；

⑥ 上交上级管理费，指按中国国家铁路集团有限公司要求上交的用于全路集中统一指挥等的有关费用。

3. 财务费用

财务费用是指企业为筹集资金而发生的各项费用。其主要内容包括：企业营运期间发生的利息支出（减利息收入）、汇兑净损益、金融机构手续费以及筹资发生的其他财务费用和资金占用费。

4. 营业外支出

营业外收支净额是指与企业运输生产经营活动没有直接关系的各项收入减去各项支出后的余额。营业外支出的主要内容包括：

① 营业外各部门人员工资，按规定计提的职工福利费、工会经费、职工教育经费、职工待业保险金、职工工伤保险金、退休统筹金、职工住房公积金；

② 职工子弟中小学校、职业中学、技工学校经费，铁路公安部门、检察院、法院、疗养院经费；

③ 非常损失，包括自然灾害损失和流动资产非常损失、非季节性和非修理期间的停工损失；

④ 固定资产盘亏、报废、毁损和出售的净损失；

⑤ 被没收的财物损失和支付的滞纳金、罚款、违约金、赔偿金以及企业赞助、公益救济性捐赠支出。

二、降低运输成本的途径

运输成本是企业各职能部门、各生产环节和基层单位在运输生产过程中，所支付的人力、物力价值的总和，它通过收取运费的形式将这部分价值转移到运输的商品之上，形成商品价值的一部分。因此，降低运输成本，不仅使运输企业可以取得较好的经济效益，而且对社会和人民也将带来更多的利益。降低运输成本的途径主要有以下几种。

1. 加强成本目标管理

目标成本是企业决策部门集中各职能部门的建议与措施，结合计划期具体情况，由企业财务部门草拟，最终由决策机关批准的预期成本标准。为了实现这一标准，必须根据成本各个项目的具体内容将指标进行分解，逐级落实，一直到每个职工都有计划期应予完成的具体目标，将其列入经济责任制奖惩条件之内。

由于运输生产有较强的协作性，因而分解到基层班组、个人的成本指标必须附有与有关各工序、各环节的协作指标，即不仅要全面完成本职工作内的各项指标要求，还要为友邻工序创造良好工作条件。

2. 加强成本归口管理

目标成本管理要涉及企业所有部门和生产环节，必须采取科学的归口管理方法，即按企业体系中各垂直分系统的职责分工进行控制，企业的财务部门则及时地进行监督与协调，协调各垂直分系统对分管内容实行有效的控制和监督。

3. 在总的目标成本范围内，分别制定各成本项目的目标水平

将目标成本层层分解，落实到每一个部门、每一个环节的具体工作内容上，分别制定各成本项目的目标水平。例如，降低运行燃料消耗就涉及每个营运车驾驶员必须达到每公里燃料消耗定额标准，并力争低于这个定额，彻底消除人为损耗。要达到这一要求，又必然要求保修车间能提供性能完好、发动机燃料系统功能正常的车辆；物资供应部门既要保证供应的燃料优质足额，还要保证修配件供应及时；与此同时，要求业务部门提供足够货源以提高车辆运用效率，调度部门采用科学的调度方法，尽可能减少车辆的空驶行程等。总之，为了降低单位燃料消耗，各个工作岗位都要结合本职工作定出计划期的消耗标准和质量标准。

4. 严格执行各项人力、物力、财力消耗定额

为了最优地达到目标成本中人力、物力消耗标准，关键在于严格执行各项消耗定额，并实事求是地进行记录，使各项消耗定额经常保持平均先进水平。

总之，降低运输成本的途径重点在于增产和节约。增产是指尽最大努力增加运输工作量，开拓新的服务项目和生产途径，充分利用现有的人力、物力和其他各项有利条件，千方百计地采取一切有效措施降低各种物资消耗，尽最大努力消除一切事故赔偿费用的损失。

三、运输成本的管理

运输成本管理，就是对企业在运输生产经营过程中所发生的构成营运业务成本的各项营运费用，进行有组织、有系统的预测、计划、控制、核算、考核和分析等一系列科学管理工作的总称。它是运输企业财务管理的重要组成部分，也是企业经营管理的组成部分。成本管理的根本目的就是要以最少的劳动和物质消耗，或者说以最少的资金消耗完成更多的运输和装卸工作量，并要在运输生产经营过程的各个环节，加强节约，降低成本，提高经济效益。

1. 成本预测

所谓成本预测，就是根据成本的特性及有关信息资料，运用科学的分析方法对未来的成本水平及变动趋势做出测算与推断的过程。进行成本预测，主要是为了掌握计划期运输市场变化趋势及影响成本升降的各因素，预测计划期内可达到的成本降低率、各因素变动对营运成本的影响的程度以及目标成本等，以便编制成本计划与费用预算。成本预测像其他预测一

样，有多种定性、定量预测方法可供采用。

2. 成本计划与费用预算

成本计划及费用预算是企业生产经营活动计划的重要组成部分，是进行成本控制、考核及分析的依据。实行成本费用全面预算管理，首先要明确全面预算管理的职能定位、运作体系，成立预算管理委员会及预算管理办公室，强化全面预算管理的组织体系；其次要完善成本费用预算管理模式，公司根据实际情况和成本费用属性将全公司成本费用分为非责任成本、双向归口责任成本、单向责任成本。

① 非责任成本是按照相关制度直接计提发生的费用，包括折旧费、税金及附加、固定费用摊销等。

② 双向归口责任成本是职能部门与基层单位捆绑责任的成本费用，包括修理费、办公费、差旅费、业务招待费、各项人工成本等。

③ 单向责任成本是总成本费用中除非责任成本、双向归口责任成本以外的所有费用。

此外，要落实全面预算的全过程管理，全面预算全过程管理包括预算编制、预算执行、预算分析、预算考核、预算反馈五个环节。

3. 成本控制

成本控制是指企业在运输生产经营活动中，用一定的标准对成本的形成进行监测、调整，保证企业达到成本目标的过程。运输企业进行成本控制，其基本任务是通过建立健全成本控制系统，运用各种控制手段与方法，对成本的形成进行适时、全面、有效的控制，防止运输生产经营活动中的损失浪费，避免成本偏差的发生，保证企业成本目标的实现。成本控制要以"主要生产环节不漏、重点控制内容不丢、全面辐射生产过程"为基本原则，分系统确定业务部门参与成本管理的具体内容。在实践中，重点要管源头，让业务部门直接参与到年度预算的分解、下达中。

四、铁路运输企业全面成本管理的内容

在铁路运输企业中，成本支出占比较大的是员工薪酬、材料费、修理费，这是成本控制的重点。此外，还要结合年度预算重点掌握煤费、水费、油费、电费、办公费、差旅费等主要科目的支出，避免加大成本或资金占用。

铁路运输企业全面成本管理的主要内容如下。

① 全过程成本管理。主要是指从受理托运人的托运申请开始到将货物安全运达目的地的整个运输服务过程进行的成本管理，而不仅仅是运输途中的成本管理。全过程成本管理实质上是对运输服务的全过程进行成本管理，是对全面成本管理的基本要求。

② 全方位成本管理。主要是指对铁路运输企业的整个经营管理环节进行成本管理，挖掘成本空间，提高组织效率。它不仅仅是对运输服务的全过程进行成本管理，还包括对工程成本、投资成本、资本成本、税收成本、人力资源成本、组织运行成本等的全方位管理。

③ 全员成本管理。主要是指铁路运输企业必须充分调动每个部门和每个职工控制成本的积极性、主动性，做好上下结合、专业控制和群众控制相结合，使全体员工都有成本意识，都充分参与到成本控制和管理环节中去。全员成本管理是全过程成本管理和全方位成本管理的必然要求。

第五节 铁路运输企业收入管理

一、收入的概念与分类

（一）收入的概念

收入是指企业在日常活动中形成的、会导致所有者权益增加的、与所有者投入资本无关的经济利益的总流入。其中"日常活动"是指企业为完成其经营目标所从事的经常性活动以及与之相关的活动。

（二）收入的分类

1. 按照企业从事日常活动的性质分类

收入可以有不同的分类。按照企业从事日常活动的性质，可以将收入分为销售商品收入、提供劳务收入、让渡资产使用权收入、建造合同收入等。

① 销售商品收入，是指企业通过销售商品实现的收入，如工业企业制造并销售产品、商业企业销售商品等实现的收入。

② 提供劳务收入，是指企业通过提供劳务实现的收入，如咨询公司提供咨询服务、软件开发企业为客户开发软件、安装公司提供安装服务、铁路运输企业提供客货运输服务等实现的收入。

③ 让渡资产使用权收入，是指企业通过让渡资产使用权实现的收入，如商业银行对外贷款、租赁公司出租资产等实现的收入。

④ 建造合同收入，是指企业承担建造合同所形成的收入。

2. 按照企业从事日常活动的重要性分类

按照企业从事日常活动在企业中的重要性，可以将收入分为主营业务收入、其他业务收入等。

① 主营业务收入，是指企业为完成其经营目标所从事的经常性活动实现的收入，如工业企业生产并销售产品、商业企业销售商品、铁路运输企业提供客货运输服务、咨询公司提供咨询服务、软件公司为客户开发软件、安装公司提供安装服务、商业银行对外贷款、保险公司签发保单、租赁公司出租资产等实现的收入。

② 其他业务收入，是指与企业为完成其经营目标所从事的经常性活动相关的活动形成的收入，如工业企业对外出售不需要的原材料、利用闲置资金对外投资、对外转让无形资产使用权等。

注意：企业发生的既不属于经常性活动也不属于与经常性活动相关的其他活动，如工业企业处置固定资产、无形资产等形成的经济利益的总流入不构成收入，应当确认为营业外收入。

二、收入的确认与计量

企业收入的来源渠道多种多样，不同收入来源的特征有所不同，确认条件也往往存在差异，如销售商品、提供劳务、让渡资产使用权等。基本准则规定了收入的确认至少应当符合以下 3 个条件：一是与收入相关的经济利益很可能流入企业；二是经济利益流入企业的结果会导致资产的增加或者负债的减少；三是经济利益的流入额能够可靠计量。

（一）商品销售收入的确认与计量

商品包括企业为销售而生产的产品和为转售而购进的商品，如工业企业生产的产品、商业企业购进的商品等。企业销售的其他存货，如原材料、包装物等，也视同企业的商品。销售商品收入同时满足下列条件的，才能予以确认。

1. 企业已将商品所有权上的主要风险和报酬转移给购货方

这是指与商品所有权有关的主要风险和报酬同时转移给了购货方。其中，与商品所有权有关的风险，是指商品可能发生减值或毁损等形成的损失；与商品所有权有关的报酬，是指商品价值增值或通过使用商品等产生的经济利益。

判断企业是否已将商品所有权上的主要风险和报酬转移给购货方，应当关注交易的实质而不是形式，同时考虑所有权凭证的转移或实物的交付。如果与商品所有权有关的任何损失均不需要销货方承担，与商品所有权有关的任何经济利益也不归销货方所有，就意味着商品所有权上的主要风险和报酬转移给了购货方。

企业既没有保留通常与所有权相联系的继续管理权，也没有对已售出的商品实施有效控制。

通常情况下，企业售出商品后不再保留与商品所有权相联系的继续管理权，也不再对售出商品实施有效的控制，商品所有权上的主要风险和报酬已经转移给购货方，应在发出商品时确认收入。

2. 收入的金额能够可靠地计量

收入的金额能够可靠地计量，是指收入的金额能够合理地估计。如果收入的金额不能够合理估计，就无法确认收入。企业在销售商品时，商品销售价格通常已经确定。但是，由于销售商品过程中某些不确定因素的影响，也有可能存在商品销售价格发生变动的情况。在这种情况下，新的商品销售价格未确定前通常不应确认销售商品收入。企业通常应按从购货方已收或应收的合同或协议价款确定收入金额；合同或协议价款延期收取具有融资性质时，企业应按应收的合同或协议价款的公允价值确定收入金额；已收或应收的价款不公允的，企业应按公允的交易价格确定收入金额。

3. 相关的经济利益很可能流入企业

相关的经济利益很可能流入企业，是指销售商品价款收回的可能性大于不能收回的可能性，即销售商品价款收回的可能性超过 50%。企业在确定销售商品价款收回的可能性时，应当结合以前和买方交往的直接经验、政府有关政策、其他方面取得的信息等因素进行分析。企业销售的商品符合合同或协议要求，已将发票账单交付买方，买方承诺付款，通常表明满足本确认条件（相关的经济利益很可能流入企业）。

如果企业判断销售商品收入满足确认条件确认了一笔应收债权，以后由于购货方资金周转困难无法收回该债权时，不应调整原确认的收入，而应对该债权计提坏账准备、确认坏账损失。

如果企业根据以前与买方交往的直接经验判断买方信誉较差，或销售时得知买方在另一项交易中发生了巨额亏损，资金周转十分困难，或在出口商品时不能肯定进口企业所在国政府是否允许将款项汇出等，就可能会出现与销售商品相关的经济利益不能流入企业的情况，此类情况下不应确认收入。

4. 相关的已发生或将发生的成本能够可靠地计量

通常情况下，与销售商品相关的已发生或将发生的成本能够合理地估计，如库存商品的成本、商品运输费用等。如果库存商品是本企业生产的，其生产成本能够可靠计量；如果是外购的，购买成本能够可靠计量。当与销售商品相关的已发生或将发生的成本不能够合理地估计时，企业不应确认收入，已收到的价款应确认为负债。

企业销售商品满足收入确认条件时，应当按照已收或应收合同或协议价款的公允价值确定销售商品收入金额。从购货方已收或应收的合同价款或协议价款，通常作为公允价值。某些情况下，合同或协议明确规定销售商品需要延期收取价款，如分期收款销售商品，实质上具有融资性质的，应当按照应收的合同价款或协议价款的现值确定其公允价值。应收的合同价款或协议价款与其公允价值之间的差额，应当在合同或协议期间内，按照应收款项的摊余成本和实际利率计算确定的摊销金额，冲减财务费用。

（二）提供劳务收入的确认与计量

1. 提供劳务交易的结果能够可靠估计时

企业在资产负债表日提供劳务交易的结果能够可靠估计的，应当采用完工百分比法确认提供劳务收入。完工百分比法，是指按照提供劳务交易的完工进度确认收入与费用的方法。提供劳务交易的结果能够可靠估计，是指同时满足下列条件。

① 收入的金额能够可靠地计量，指提供劳务收入的总额能够合理地估计。通常情况下，企业应当按照从接受劳务方已收或应收的合同价款或协议价款确定提供劳务收入的总额。随着劳务的不断提供，可能会根据实际情况增加或减少已收或应收的合同价款或协议价款，此时企业应及时调整提供劳务收入的总额。

② 相关的经济利益很可能流入企业，是指提供劳务收入总额收回的可能性大于不能收回的可能性。企业在确定提供劳务收入总额能否收回时，应当结合接受劳务方的信誉、以前的交易经验以及双方就结算方式和期限达成的合同或协议条款等因素，综合进行判断。企业在确定提供劳务收入总额收回的可能性时，应当进行定性分析。如果确定提供劳务收入总额收回的可能性大于不能收回的可能性，即可认为提供劳务收入总额很可能流入企业。通常情况下，企业提供的劳务符合合同或协议要求，接受劳务方承诺付款，就表明提供劳务收入总额收回的可能性大于不能收回的可能性。如果企业判断提供劳务收入总额不是很可能流入企业，应当提供确凿证据。

③ 交易的完工进度能够可靠确定，指交易的完工进度能够合理地估计。

④ 交易中已发生和将发生的成本能够可靠地计量，指交易中已经发生和将要发生的成本能够合理地估计。企业应当建立完善的内部成本核算制度和有效的内部财务预算及报告制度，准确地提供每期发生的成本，并对完成剩余劳务将要发生的成本做出科学、合理的估计。同时应随着劳务的不断提供或外部情况的不断变化，随时对将要发生的成本进行修订。企业应当按照从接受劳务方已收或应收的合同价款或协议价款确定提供劳务收入的总额，但已收或应收的合同价款或协议价款不公允的除外。

2. 提供劳务交易的结果不能可靠估计时

企业在资产负债表日提供劳务交易结果不能够可靠估计，即不能满足四个条件中的任何一条时，企业不能采用完工百分比法确认提供劳务收入。此时，企业应正确预计已经发生的劳务成本能够得到补偿和不能得到的补偿，分别进行会计处理：

① 已经发生的劳务成本预计全部能够得到补偿的，应按已收或预计能够收回的金额确认提供劳务收入，并结转已经发生的劳务成本；

② 已经发生的劳务成本预计部分能够得到补偿的，应按能够得到补偿的劳务成本金额确认提供劳务收入，并结转已经发生的劳务成本；

③ 已经发生的劳务成本预计全部不能得到补偿的，应将已经发生的劳务成本计入当期损益，不确认提供劳务收入。

3. 同时销售商品和提供劳务交易时

企业与其他企业签订的合同或协议，有时既包括销售的商品又包括提供的劳务，如销售电梯的同时负责安装工作、销售软件后继续提供技术支持、设计产品的同时负责生产产品等。此时，如果销售商品部分和提供劳务部分能够区分且能够单独计量，企业应当分别核算销售商品部分和提供劳务部分，并将销售商品的部分作为销售商品处理，将提供劳务的部分作为提供劳务处理；如果销售商品部分和提供劳务部分不能够区分，或虽能区分但不能够单独计量，企业应当将销售商品部分和提供劳务部分全部作为销售商品部分进行会计处理。

（三）让渡资产使用权收入的确认与计量

让渡资产使用权收入主要包括：

① 利息收入，主要是指金融企业对外贷款形成的利息收入，以及同行业之间发生往来形成的利息收入等；

② 使用费收入，主要是指企业转让无形资产（如商标权、专利权、专营权、软件、版权）等资产的使用权形成的使用费收入；

③ 企业对外出租资产收取的租金、进行债权投资收取的利息、进行股权投资取得的现金股利，也构成让渡资产使用权收入，有关的确认与计量方面的要求，应依据租赁、金融工具确认和计量、长期股权投资等准则的相关规定进行。

让渡资产使用权收入同时满足下列条件的，才能予以确认：

① 相关的经济利益很可能流入企业；

② 收入的金额能够可靠地计量。

企业应当分下列情况确定让渡资产使用权收入金额：

① 利息收入金额，按照他人使用本企业货币资金的时间和实际利率计算确定；

② 使用费收入金额，按照有关合同或协议约定的收费时间和方法计算确定。

三、铁路运输收入与收入管理

（一）铁路运输收入的概念及分类

1. 铁路运输收入的概念

铁路运输收入，是指铁路运输企业在办理客货运输业务和辅助作业中，向旅客、托运人、收货人核收的票款、运费、杂费等运输费用的总称。铁路运输收入是铁路经济发展中主要的资金来源，是铁路经济效益的集中体现。

2. 铁路运输收入的分类

铁路运输收入实质是铁路运输企业运输产品的销售收入，用以补偿铁路运输企业生产过程中的耗费，亦是铁路运输企业维持生产和自我发展所需资金的主要来源。

铁路运输收入分为客运收入、货运收入、铁路建设基金、代收款四种。

① 客运收入，是指铁路运输企业在办理旅客运输业务和辅助作业中，使用铁路运输票据，按规定向旅客、托运人、收货人核收的票款、运费、杂费。

② 货运收入，是指铁路运输企业在办理货物运输业务和辅助作业中，使用铁路运输票据，按规定向托运人、收货人核收的运费、杂费。

③ 铁路建设基金，是指铁路运输企业在办理货物运输业务过程中，使用铁路运输票据，按规定向托运人、收货人核收的经国家批准征收的铁路建设基金。

④ 代收款，是指铁路运输企业在办理旅客、货物运输业务和辅助作业中，使用铁路运输票据或其他专用票据，按规定向旅客、托运人、收货人核收的费用。代收款具体包括：

a）国际联运应清算给外国铁路的旅客票价收入，行李、包裹、货物运杂费；内地与香港直通运输中应清算给有关铁路方的旅客票价收入，行李、包裹、货物运杂费；

b）装卸费及其他作业费；

c）旅客、托运人、收货人预付款；

d）经铁道管理部门批准的其他代收款。

（二）铁路运输收入的确认与计量

构成铁路运输收入的各个内容项目，其性质是不同的。从是否能够为企业带来经济利益流入这一角度考察，"铁路建设基金"是经国务院批准征收的专门用于铁路建设的政府性基金，主要用于铁路建设项目以及与建设项目有关的支出，具有特定的用途，属于专项资金；"代收款"顾名思义，属于代其他主体收取的款项。这两项实际上均不能作为铁路运输企业的营业收入加以确认，需要按收入准则加以确认的铁路运输收入是指其中的客运收入和货运收入。由于铁路运输费用具体核收方式的不同，以及铁路运输收入性质和管理方式的特殊性，铁路运输收入应按以下原则进行确认与计量：

① 旅客和货物（含行包）运输，无论是否收讫价款，都应当在售出车票或办理承运手续并出具运输票据后确认收入。这是针对铁路旅客运输存在预售客票、发售定期票（如月票）的情况，以及铁路货物（含行包）运输存在预付运费的情况提出的。出现上述情况时，售出车票或办理承运手续并出具运输票据，与实际完成运输任务，在时间上会不一致，此时应以前一个时间作为客货运输收入确认的时点。

② 对先运输后办理手续的军事运输和政府指令性运输等特殊运输业务，应当以实际运输后的后付票据确认收入。这两种运输在实际工作中均采取后付费用的方式，因此，其收入的确认应以取得相应的票据为依据。

③ 两个及两个以上企业联合完成的运输业务，以及企业之间互相提供相关服务，按照国务院铁路主管部门制定的收入清算办法或联合运输合同、协议，根据全国铁路运输收入清算机构出具的收入结算凭证，或者企业间互相认定的结算金额，确认各自的收入。

如果一项运输业务是由两个或两个以上的独立核算的铁路运输企业共同完成的，那么，由发送旅客和货物的铁路运输企业收取的票款、运费、杂费等，就应按国务院铁路主管部门制定的收入清算办法或联合运输合同、协议，在相关铁路运输企业之间进行分配，作为各铁路运输企业的营业收入加以确认；对于各企业之间互相提供相关服务的，也应按相关规定进行清算。

四、铁路运输进款清算

由于铁路运输具有网络特性，大量运输业务需要各个铁路运输企业联合完成，因此，企业在办理客货运输业务过程中应向旅客、托运人或收货人等核收的各项费用，即铁路运输进款，不能直接作为本企业的营业收入。应先在本企业归集，再按国务院铁路主管部门制定的相关清算办法进行清算，属于本企业的部分才能确认为本企业的营业收入。

(一) 铁路运输进款清算总体思路

目前，铁路运输进款清算的总体思路是：收入来自市场，旅客运输、专业运输承运结算，普通货运分段计算，提供服务相互清算。具体可以分为以下几种情况。

① 与旅客列车运行直接相关的客运进款原则上作为列车担当企业的客运营业收入，其余客运进款作为收款企业的客运营业收入。行包专列、行邮专列、集装箱专列、特货专列比照旅客列车办理。

② 专业运输全程与专业运输直接相关的进款作为专业运输公司的营业收入。

③ 普通货物运输，在不同铁路类型的企业主体之间，按"分段计算"进行清算；在铁路运输企业之间按"管直"清算，即管内货运进款全部归己，直通货运按运行、发送、到达分别清算。运行收入按周转量和统一单价清算，发送收入按照直通发送收入和统一的直通货运发送清算比率清算，到达收入按直通到达吨和统一的直通货运到达清算单价进行清算。

④ 不同运输主体之间提供的服务全部要相互清算。线路使用费也作为相关服务的一个项目，由列车担当（或者组织开行的）企业向线路所属企业付费。

铁路运输企业的进款清算，包括客运进款清算、普通货运进款清算、专业运输进款清算、其他运输进款清算和提供服务收入清算五部分。

(二) 客运进款清算

铁路运输企业客运进款清算的内容，包括客票进款、行包专列运费进款、列车补票进款，以及与列车有关的客运其他进款和客票发展金。

1. 客票进款的清算

客票进款包括：旅客票价进款、卧铺订票费进款、车站候车室空调费进款。

(1) 旅客票价进款，包括基本票价进款和各种浮动票价进款。

执行国家铁路统一票价的旅客票价进款，包括基本票价进款、季节浮动票价进款和各种高等级列车（豪华列车、旅游列车等）在基本票价基础上的上浮票价进款，全部清算给列车担当企业（包括在本企业担当的旅客列车上加挂的外企业客车取得的上述票价进款），作为其客运营业收入中的客票收入。进入或通过合资铁路、股份制铁路、地方铁路及临管线的，实行分段计费，高于上述国家铁路运价部分的票价进款，全部清算给线路所属企业，作为其客运营业收入中的浮动票价收入。

(2) 卧铺订票费进款，70%清算给列车担当企业（包括在本企业担当的旅客列车上加挂的外企业客车取得的卧铺订票费进款），纳入其客运营业收入中的客票收入；30%清算给车票发售企业，纳入其客运营业收入中的客运其他收入。

(3) 车站候车室空调费进款，全部集中汇缴中国国家铁路集团有限公司统筹分配。中国国家铁路集团有限公司每年按定额的办法增加铁路运输企业的营业收入，作为专项收入清算。

2. 行包专列运费进款的清算

行包专列运费进款，原则上全部清算给组织列车开行的企业，作为其客运营业收入中的行包专列收入。但是，其中外企业加挂车辆所取得的进款清算给车辆加挂企业，作为其客运营业收入中的行包专列收入。

3. 列车补票进款的清算

列车补票进款，全部清算给列车担当企业，作为其客运营业收入中的列车补票收入。

4. 与列车有关的客运其他进款和客票发展金的清算

与列车有关的客运其他进款，全部清算给收款企业，作为其客运营业收入中的客运其他收入。客票发展金，全部清算给车票发售企业，作为其客运营业收入中的客票发展金收入。

(三) 普通货运进款清算

铁路运输企业普通货运进款清算的内容，包括货物运费进款、电力附加费、货车中转技术作业费等，但这里仅指普通货物的整车、零担运输部分，不包括集装箱、特种货物运输的部分。

1. 普通货物运费进款的清算

普通货物运费进款包括：整车、零担运输的各种货物运费（含国际联运国内段运费、变更到站运费），快运费，以及自备机车、货车和租用机车的货车挂运费、空车回送费等。

普通货物运输进款，在执行不同运价政策的主体之间实行"分段计费"，在相同运价政策下不同企业类型的主体（国家铁路与股份制铁路等）之间按"分段计算"的办法清算，除铁路运输企业外，直接作为相应企业（主体）的货运营业收入。

国家铁路与股份制铁路之间普通货物运费实行"分段计算"的办法清算，股份公司的营业收入包括：在股份公司管内取得的分段运费，按分段计算方法清算的在股份公司管界内的电力附加费、杂费中的货车中转技术作业费收入（管内运输的全部，直通运输按里程比例应得部分）。但不包括各种分流运费、新路新价均摊运费、建设基金、保价收入等。

当股份制铁路与国家铁路直通运输的货物运费只收取一个基价1时，则基价1按规定的比例在发送企业与到达企业之间分配。

铁路运输企业普通货物运费进款的清算，按"管直"的办法进行。货物运费收入清算的项目包括：货运管内清算收入、货运直通运行清算收入、货运直通发送清算收入、货运直通到达清算收入。

① 货运管内清算收入。铁路运输企业的货运管内清算收入，以本企业实际完成的整车、零担运输的管内进款作为本企业的货运营业收入。

② 货运直通运行清算收入。铁路运输企业的货运直通运行清算收入，按照本企业实际完成的普通货物直通周转量和全路统一的直通货物周转量清算单价计算。计算公式如下：

$$货运直通运行清算收入 = 本企业完成的普通货物直通周转量 \times$$
$$全路统一的直通货物周转量清算单价$$

在计算全路统一直通货物周转量清算单价时，除直通货物运费收入外，包括各种分流运费、新路新价均摊运费、货车中转技术作业费，但要扣除货运直通发送清算、货运直通到达清算、编组站调车、空车走行单项补偿及用于货物违流运输清算补偿所需的费用。

③ 货运直通发送清算收入。铁路运输企业的货运发送清算收入，按照本企业实际完成的整车、零担运输的直通货物运费进款和全路统一的直通发送清算比率计算，计算公式

如下：

$$货运直通发送清算收入 = 本企业实际完成的直通货物运费进款 \times$$
$$全路统一的直通发送清算比率$$

④ 货运直通到达清算收入。铁路运输企业的货运直通到达清算收入，按照本企业实际完成的普通直通货物到达吨数和全路统一的货运到达清算单价计算，计算公式如下：

$$货运直通到达清算收入 = 本企业完成的普通直通货物到达吨数 \times$$
$$全路统一的货运到达清算单价$$

2. 普通货运电力附加费的清算

股份制铁路的电力附加费，根据管界内运输的实际里程，按"分段计算"的办法进行清算，直接作为相应企业的货运营业收入。

铁路运输企业普通货运电力附加费清算收入，按照本企业电力牵引区段产生的普通货物周转量和全路统一的电力附加费清算单价计算，计算公式如下：

$$普通货运电力附加费清算收入 = 本企业电力牵引区段产生的普通货物周转量 \times$$
$$全路统一的电力附加费清算单价$$

3. 普通货车中转技术作业费的清算

股份制铁路普通货车中转技术作业费，与前述普通货物运费进款的清算办法有关内容相同。铁路运输企业普通货车中转技术作业费不单独清算。

4. 各种分流运费、新路新价均摊运费的清算

在铁路运输企业线路上运输，核收的各种整车及零担的分流运费、新路新价均摊运费全部集中汇缴中国国家铁路集团有限公司，纳入铁路运输企业的货运直通清算。

（四）专业运输进款清算

铁路运输企业专业运输进款清算的内容，包括"客运运输进款"项下的行李运费进款、普通包裹运费进款、邮运进款、行邮专列运费进款，"货运运输进款"项下的集装箱、特种货物运输的货物运费进款、电力附加费、货车中转技术作业费，集装箱使用费和篷布使用费、延期使用费，特种车回送费，长大货物车使用费、车延期使用费等。

上述所明确的专业运输的各种进款，不论执行何种运价政策，也不论是否分段计费，均按照专业运输的性质将全程进款全部清算给相应的专业运输公司。

承运行李、普通包裹在票据上核收的行李运费、普通包裹运费，行邮专列运费、邮运运费、行李车租用费、行李车包车运费、租用行李车挂运费、行李车包车停留费全部清算给行包公司，作为行包公司的营业收入。

承运集装箱货物在票据上核收的全部集装箱货物运费（包括零担拼箱运费）、货物快运费、变更运费、电力附加费、各种分流运费、新路新价均摊运费，以及集装箱使用费（包括铁路拼箱费）、自备集装箱管理费、集装箱延期使用费、货车篷布使用费、货车篷布延期使用费、地方铁路货车篷布和集装箱使用费、地方铁路及在建线货车（集装箱专用平车）使用费、集装箱赔偿费、篷布赔偿费、集装箱租赁费、集装箱一口价中的组织服务费等全部清算给集装箱公司，作为集装箱公司的营业收入。

承运冷藏车（B型车）、家畜车（J型车）、长大货物车（D型车）装运的货物，在票据上核收的货物运费、变更运费、货物快运费、电力附加费、新路新价均摊运费、京广线加收京九分流运费、货车中转技术作业费、长大货物车空车回送费、冷藏车（取消托运时）

空车回送费、冷藏车制冷费及冷却费、加冰（盐）费、冷藏车（家畜车、长大货物车）车辆租用费、押运人乘车费、地方铁路及在建线货车（冷藏车、家畜车、长大货物车）使用费、长大货物车使用费、长大货物车延期使用费等全部清算给特货公司，作为特货公司的营业收入。

（五）其他运输进款清算

铁路运输企业其他运输进款清算的内容，包括"客运运输进款"项下的车站客运其他进款，"货运运输进款"项下的货运其他进款，"运输关联进款"项下除客票发展金外的各项进款，"专项进款"项下的铁路建设基金等。

车站客运其他进款、货运其他进款、运输关联进款除下列情况外原则上全部清算给收款企业。

① 上述规定的应清算给行包公司、集装箱公司、特货公司等专业运输公司的进款。

② 行包公司直管站核收的行李包裹变更手续费、行李包裹查询费、行李包裹保管费、标签费以及行李包裹装卸费、行李包裹搬运费、行李包裹接取送达费等清算给行包公司，作为行包公司的营业收入。

③ 集装箱一口价中的运单表格费、货签表格费、施封材料费、清扫费，除集装箱公司直管站清算给集装箱公司外，其余清算给发送的铁路运输企业；集装箱一口价中的各种代收款（包括装卸作业费、港站费用及转场费用、护路联防费等）、印花税，发送铁路运输企业作为代收款，通过集装箱公司清算。

④ 集装箱公司直管站核收的运单表格费、货签表格费、施封材料费、集装箱变更手续费清算给集装箱公司，作为集装箱公司的营业收入。

⑤ 承运冷藏车（B型车）、家畜车（J型车）、长大货物车（D型车）装运的货物，其印花税由发送铁路运输企业作为代收款，通过特货公司清算。

铁路建设基金，不论是在国家铁路运输的货物核收的，还是股份制铁路运输的货物核收的，全部通过中国国家铁路集团有限公司汇缴中央财政。

（六）提供服务收入清算

铁路运输企业的提供服务收入，包括线路使用费收入、客运提供服务收入、货网提供服务收入、其他服务收入四部分。

1. 线路使用费收入

铁路运输企业的线路使用费收入，包括客运线路使用费收入、行包专列线路使用费收入和专业运输公司开行各种专列（行邮专列、集装箱专列、特货专列）支付的线路使用费收入。

铁路运输企业的线路使用费收入，按照本企业在账管界内实际核收的线路使用费进行清算。

2. 客运提供服务收入

客运提供服务收入是指铁路运输企业向外企业客运业务提供各种服务而向受益方收取的服务收入，包括提供加挂客车收入，行李、邮运车辆挂运服务收入，行包专列挂运收入，行包专列发送服务收入，行李车检修服务收入，等等。

① 提供加挂客车收入是指在外企业担当的旅客列车上加挂本企业的客车而向列车担当企业收取的服务收入。提供加挂客车收入按照实际挂运的车辆公里和全路统一的提供加挂客

车服务费单价进行清算，计算公式如下：

$$提供加挂客车收入 = 在外企业旅客列车上加挂本企业车辆产生的车辆公里 \times$$
$$全路统一的提供加挂客车服务费单价$$

② 行李、邮运车辆挂运服务收入是指在本企业担当的旅客列车上加挂行李车、邮政车而向行包公司收取的服务收入。行李、邮运车辆挂运服务收入分两部分清算，一部分按车辆公里清算（用于弥补线路使用费），另一部分按总重吨公里清算（用于弥补机车牵引费）。

按车辆公里清算的部分，根据车辆所经行线路的客运线路类别，执行全路统一的分类别车辆公里单价；按总重吨公里清算部分，根据车辆所经行的企业及牵引机车的类型及相应的机车牵引费单价执行，计算公式如下：

$$行李、邮运车辆挂运服务收入 = \sum (在本企业旅客列车上加挂的行李、邮政车辆产生的$$
$$分类别的车辆公里 \times 相应类别的车辆公里挂运费单价) +$$
$$\sum (在本企业旅客列车上加挂的行李、邮政车辆在不同$$
$$线路上产生的总重吨公里 \times 相应企业相应机车牵引种别$$
$$的机车牵引费单价)$$

③ 行包专列挂运收入是指在本企业行包专列上加挂外企业车辆而向车辆配属企业收取的服务收入。行包专列挂运收入按照实际挂运的车辆公里和全路统一的行包专列挂运服务费单价进行清算，计算公式如下：

$$行包专列挂运收入 = 在本企业行包专列上加挂外企业车辆产生的车辆公里 \times$$
$$全路统一的行包专列挂运服务费单价$$

④ 行包专列发送服务收入是指为外企业组织的行包专列提供发送服务而向行包专列开行企业收取的发送服务收入。行包专列发送服务收入按照实际完成的外企业行包专列进款和全路统一的行包专列发送服务费比例进行清算，计算公式如下：

$$行包专列发送服务收入 = 本企业实际完成的外企业行包专列进款 \times$$
$$全路统一的行包专列发送服务费比例$$

⑤ 行李车检修服务收入是指本企业的客车段为行包公司的行李车进行检修而向行包公司收取的行李车检修服务收入。行李车检修服务的各种单价由相关的企业与行包公司协商制定。

3. 货网提供服务收入

货网提供服务收入是指铁路运输企业向外企业提供除以上客运业务以外的各种服务而向受益方收取的服务收入，包括机车牵引服务收入、车站旅客服务收入、车站上水服务收入、售票服务收入、接触网服务（含电费）收入、承运及发送服务收入、到达作业服务收入、中转作业服务收入、车辆挂运服务收入、车辆编解服务收入、货车租用服务收入、劳务收入及加冰、加盐服务收入。

1）机车牵引服务收入

这是指本企业机车牵引旅客列车向列车担当企业收取的服务收入，牵引行包专列、行邮专列、集装箱专列、特货专列向组织专列运输的企业收取的服务收入，以及牵引一般货物列车跨企业管界（在外企业管内）运行时向受益方收取的服务收入。机车牵引服务收入按实际完成的总重吨公里和公布的价格计算，计算公式如下：

$$机车牵引服务收入 = 机车牵引旅客列车或各种专列的总重吨公里 \times$$

相应属性（机车的客货运属性）相应种别（分蒸、内、电）单价+

机车牵引货车（分蒸、内、电）的跨企业总重吨公里×相应单价

一站直达旅客列车的机车牵引服务清算执行区段统一单价；其余旅客列车和各种专列的机车牵引服务清算。原则上，执行机车牵引企业分机车种别（内燃、电力）的平均单价，但当跨企业牵引时，执行机车担当企业与线路所属企业的同种机车牵引费单价的算术平均数；由机车向旅客直接供电的机车交路在上述执行机车牵引服务清算单价的基础上，增加机车向客车供电的附加单价清算。

货运机车跨企业长交路轮乘制清算执行区段统一单价；其余货运跨企业机车牵引，以机车牵引企业与线路所属企业的同种别（内燃、电力）机车牵引费单价的算术平均数计算机车牵引服务收入。

货运机车跨企业长交路轮乘制工作量按机车配属企业统计；乘务员不属于机车配属企业时，按雇用乘务员处理。

2）车站旅客服务收入

这是指管内各车站为旅客列车提供发送服务而向列车担当企业收取的服务收入。车站旅客服务收入按照发送人，分管内慢车 100 km 以内和其他两档，按全路统一的单价计算，计算公式如下：

车站旅客服务收入=本企业各站发送的管内慢车 100 km 以内的人数×

管内慢车旅客发送服务收入单价+

本企业各站其他旅客发送人数×

其他旅客发送服务收入单价

3）车站上水服务收入

这是指管内各上水车站为旅客列车提供上水服务而向列车担当企业收取的服务收入。车站上水服务收入按照实际通过上水站上水的旅客列车列次和全路统一的单价计算，计算公式如下：

车站上水服务收入=$\sum$（通过本企业上水站的旅客列车列次 ×

全路统一的车站上水服务收入单价）

4）售票服务收入

这是指本企业管内各车站为外企业担当的旅客列车提供售票服务而向列车担当企业收取的服务收入。售票服务收入按照所售票款的进款收入和全路统一的比例计算，计算公式如下：

售票服务收入=本企业管内车站所售外企业担当列车的进款收入×

全路统一的售票服务收入比例

5）接触网服务（含电费）收入

这是指铁路运输企业向外企业的客运电力机车提供接触网设施而收取的服务收入及电费。该项收入按照实际提供的总重吨公里和公布的单价计算。

一站直达旅客列车执行分线的区段统一的跨企业客运电力机车接触网服务（含电费）收入清算单价，其余执行不同企业别的跨企业客运电力机车接触网服务（含电费）收入清算单价，机车向旅客列车直接供电的机车交路在此基础上增加机车向客车供电的附加单价清算，计算公式如下：

接触网服务收入=外企业客运电力机车在本企业管内产生的总重吨公里×

相应的客运电力机车用电及接触网服务单价

6）承运及发送服务收入

这是指铁路运输企业为专业运输公司办理承运及发送作业，而向专业运输公司收取的与承运及发送相关的服务收入。

承运及发送服务收入分两部分计算：一部分为代办承运业务的服务收入，另一部分为办理发送作业的服务收入。

承运服务收入按照代办承运的全部运费和全路统一的比例计算；发送作业服务收入按照发送吨（或换算箱）和全路统一的发送作业服务单价计算，计算公式如下：

$$承运及发送服务收入 = 代办承运的全部运费 \times 承运服务收入清算比例 +$$
$$发送吨（换算箱）\times 发送作业清算单价$$

7）到达作业服务收入

这是指铁路运输企业为专业运输公司承运的对象办理到达作业而向专业运输公司收取的与到达业务相关的服务收入。

到达作业服务收入按照到达吨（换算箱）和全路统一的到达作业清算单价计算，计算公式如下：

$$到达作业服务收入 = 到达吨（换算箱）\times 到达作业清算单价$$

8）中转作业服务收入

这是指铁路运输企业为专业运输公司承运的对象办理中转作业而向受益方收取的与中转业务相关的服务收入。

中转作业服务收入按照中转吨（换算箱、行包件）和全路统一的中转作业清算单价计算，计算公式如下：

$$中转作业服务收入 = 中转吨（换算箱、行包件）\times 中转作业清算单价$$

9）车辆挂运服务收入

这是指在本企业开行的货物列车上加挂专业运输公司组织运输的车辆，而向专业运输公司收取的服务收入。

专业货运车辆挂运服务收入分两部分清算：一部分按车辆公里清算（用于弥补线路使用费部分），另一部分按总重吨公里清算（用于弥补机车牵引费部分）。

按车辆公里清算的部分，根据车辆所经行货运的线路类别，执行全路统一的分类别辆公里单价；按总重吨公里清算部分，根据车辆所经行的线路区段及牵引机车的类型按相应的机车牵引费单价执行，计算公式如下：

$$车辆挂运服务收入 = \sum（在本企业开行的货物列车上加挂的其他企业的车辆产生的车辆$$
$$公里 \times 相应线路类别的车辆公里挂运费单价）+$$
$$\sum（在本企业开行的货物列车上加挂的其他企业的车辆产生的总重$$
$$吨公里 \times 相应企业相应机车牵引种别的机车牵引费单价）$$

10）车辆编解服务收入

这是指铁路运输企业为专业运输公司组织的列车或车辆在编组站办理中转作业（包括有调中转、无调中转），而向专业运输公司收取的与编解作业相关的服务收入。

车辆编解服务收入按照通过编组站的中转货车辆次（不分有调、无调作业）和全路统一的编解服务清算单价计算，计算公式如下：

车辆编解服务收入=通过编组站的中转货车辆次×全路统一的编解服务清算单价

11) 货车租用服务收入

这是指本企业的货车被外企业使用而向受益方收取车辆租用服务收入。货车租用服务收入按照实际使用车辆日和全路统一的分类别的（客货、分普通和特种等）货车租用费单价计算，计算公式如下：

货车租用服务收入=实际使用车辆日×全路统一的分类别的货车租用服务单价

铁路运输企业管界（包括纳入铁路运输企业管界口径的合资铁路、股份制铁路、地方铁路、临管线等）内，专业运输公司使用的部属货车，按照专业公司租用相应铁路运输企业的货车计算货车租用费。

国家铁路货车进入合资铁路、股份制铁路、地方铁路，按照《铁路货物运价规则》的规定，收取货车占用费。

12) 劳务收入

劳务收入指的是铁路运输企业向专业运输公司提供劳务而向专业运输公司收取的与劳务输出相关的服务收入。

劳务收入的清算指标原则上为年，具体的清算标准由各铁路运输企业与专业运输公司协商确定。

13) 加冰、加盐服务收入

这是指铁路运输企业为特货公司组织运输的货物提供加冰、加盐服务而向特货公司收取的与加冰、加盐相关的服务收入。加冰、加盐服务收入的清算办法由铁路运输企业与特货公司协商确定。

4. 其他服务收入

铁路运输企业向外企业提供以上项目以外的其他服务，根据提供与接受服务的双方协商的价格及签认的工作量进行清算。

（七）铁路运输进款清算的实施

铁路运输企业营业收入的确认或清算，从方式上划分为以下三种情形：即由中国国家铁路集团有限公司客货运收入清算系统确认，通过资金清算中心清算；由中国国家铁路集团有限公司财务司确认，通过上下级往来清算；由铁路运输企业确认，通过企业间清算。

1. 由中国国家铁路集团有限公司客货运收入清算系统确认，通过资金清算中心清算的项目

① 客票与行包专列收入，通过票据核收的集装箱、特货公司运费、杂费等全部收入（不包括规定作为发送企业代收款的部分）。

② 旅客列车、行包专列、行邮专列、集装箱专列、特货专列线路使用费收入，旅客列车、行包专列、行邮专列、集装箱专列、特货专列以及跨企业的货运机车牵引服务收入（其中铁路运输企业应收行邮专列的线路使用费及机车牵引费只确认，不结算）。

③ 跨企业客运电力机车接触网服务（含电费）收入、加挂客车收入、行包专列挂运收入、车站旅客服务收入、车站上水服务收入、售票服务收入、行包专列发送服务收入、行包专列车辆使用费、办理集装箱及特货运输的承运及发送服务收入、中转服务收入、到达服务收入、车辆挂运服务收入（其中，铁路运输企业应收行李车、邮政车的车辆挂运服务收入只确认，不结算）、车辆编解服务收入、车辆租用服务收入。

对于以上项目，由中国国家铁路集团有限公司资金清算中心根据客货运收入清算系统提

供的信息及中国国家铁路集团有限公司统计中心提供的资料计算，定期公布并通知相关的单位列账。

国家铁路、合资铁路、股份制铁路、地方铁路以及临管线之间相互代收的货运收入，由各运输企业收入部门按有关规定确认收入并向中国国家铁路集团有限公司资金清算中心上报相关的信息，通过中国国家铁路集团有限公司资金清算中心办理资金结算。

2. 由中国国家铁路集团有限公司财务司确认，通过上下级往来清算的项目

由中国国家铁路集团有限公司财务司确认，通过上下级往来清算的项目包括：铁路运输企业的货运管内清算收入、货运直通清算收入、货运发到清算收入、货运其他收入、单项清算收入、营业外单位收入、空调候车室收入、办理行包运输的承运及发送服务收入、中转服务收入、到达服务收入、普通行包及行邮专列的各项收入。

对于以上项目，由中国国家铁路集团有限公司财务司根据有关收入报表、正式的统计报表及经中国国家铁路集团有限公司客、货运收入清算系统确认的信息，对铁路运输企业、行包公司的数据进行确认，通知铁路运输企业、行包公司按季度列账。

铁路运输企业应收行李车、邮政车的车辆挂运服务收入，行邮专列的线路使用费及机车牵引费也通过中国国家铁路集团有限公司财务与铁路运输企业、行包公司的上下级往来进行清算。

3. 由运输企业确认，在本企业内清算或者通过企业之间清算的项目

由运输企业确认，在本企业内清算或者通过企业之间清算的项目包括列车补票及客运其他收入，劳务收入，加冰、加盐服务收入，其他服务收入及规定的各种代收款等。

对于铁路运输企业的列车补票及客运其他收入，根据收入部门提供的有关凭证直接列账，对于铁路运输企业的其他项目，由企业主体之间签订协议，相互确认工作量并进行清算。

对于国家铁路、合资铁路、股份制铁路、地方铁路以及临管线之间相互代收的货运收入在企业之间确认的基础上，通过中国国家铁路集团有限公司资金清算中心办理资金结算。

（八）铁路运输收入管理

1. 铁路运输收入管理的基本任务

《铁路运输收入管理规程》明确规定，铁路运输收入管理工作是指对铁路客货运输票据、运输进款资金运动和运输收入实现的全过程进行监督与管理。铁路运输收入管理的基本任务是：

① 监督客、货营业单位正确核收各种运输费用；

② 负责运输收入进款资金的管理，确保运输收入完整和资金的及时缴拨；

③ 对各项运输收入进行审核和会计核算，编制会计报表，提供准确的运输收入数据信息；

④ 为各经济主体之间的资金结算和运输收入清算提供准确的运输收入数据信息；

⑤ 负责铁路客货运输票据的印制、供应、使用和保管等管理工作，保证满足运输生产的需要；

⑥ 负责编制铁路运输收入预算，并组织落实；

⑦ 查处各种侵犯铁路运输收入的违章违纪行为。

2. 铁路运输收入管理体制

铁路运输进款及运输收入实行分级管理、单位领导负责制。铁路运输企业根据需要设置运输收入管理机构，站段要设置具体负责运输收入管理和运输进款收、缴工作的部门和专

（兼）职人员。

铁路运输企业收入管理部门内部应设有承担预算、会计、审核、票据管理、电算技术、稽查等职责人员。国家铁路运输企业运输进款及运输收入会计核算单位为铁路运输企业（路局集团公司和专业运输公司，下同），对客货运输票据的专业审核工作必须在铁路运输企业或专业运输公司收入管理部门进行；铁路运输企业和专业运输公司收入专业管理人员数量由铁路运输企业、专业运输公司根据工作量设定。设立全国铁路收入清算机构，负责铁路运输企业的运输收入清算和资金结算工作。

3. 国家铁路运输企业内部运输收入管理工作的具体职责

1）铁路运输企业的具体职责

① 负责贯彻国务院铁路主管部门有关规章、制度，并制定实施细则，按照运输收入管理范围和基本任务的要求组织管理本企业运输收入工作，研究、分析运输收入，提出和制定挖潜提效、增运增收、堵漏保收、提高企业经济效益的措施和激励政策。

② 对站段、营业站运输收入工作进行监督与指导。

③ 负责收入部门计算机软、硬件的推广和应用工作，对所属单位应用的与运输收入相关的计算机软件进行审定和监督、检查。

④ 编制下达运输收入预算，建立经济活动分析制度，保证运输收入预算的实现。

⑤ 向国务院铁路主管部门提报运输收入会计决算报表。

2）站段的具体职责

① 负责管理车间、班组的运输收入工作。

② 分劈、下达、组织完成运输收入预算，组织客货职工增运增收和堵漏保收。

③ 请领、保管和使用客货运输票据。

④ 正确核收客货运杂费。

⑤ 办理运输进款存汇和上缴。

⑥ 按期编制"运输进款收支报告"，整理报送各种收入票据，报表，传送数据，收集和报告市场信息。

铁路运输收入管理的基本职能是运用专门的方式方法，组织、管理、监督铁路运输收入工作的全过程，保证及时、完整、准确地核算运输收入，有计划、有目的地组织增运增收、堵漏保收，确保铁路运输收入的进款完整和缴拨及时。

第六节　铁路运输企业利润管理

国家财政收入是实现扩大再生产和满足国防建设、行政管理、文教卫生事业等方面的物质保证。国家财政收入主要是由企业和个人上交的税金来实现，其中根据企业实现的利润计算的所得税是财政收入的主要来源，因此企业加强利润管理，可以顺利完成为国家取得财政收入的重要使命。另外，利润是企业财务成果的表现，是衡量和评价企业经济活动的一个重要指标，企业在完成劳务的过程中的劳动消耗（包括活劳动的消耗和物化劳动的消耗）和劳动占用的经济效果最终都会在利润上得到反映。所以，加强企业利润管理，对企业加强经营管理有着非常重要的意义。

企业利润管理的主要任务是在会计核算的基础上，根据会计资料，统计利润额和利润率，以及检查利润计划的执行情况。

一、运输企业利润及其构成

（一）运输企业利润的概念

利润是企业在一定时期从事生产经营活动和投资业务及其他非经营活动所取得的财务成果。从整个社会来看，利润是社会再生产的重要资金来源；从企业来看，取得利润是企业生存与发展的必要条件，也是评价一个企业生产经营状况的重要指标。利润总额是一个综合性的财务指标，它集中反映了企业经济效益的高低。企业生产经营活动的目的之一就是实现越来越多的利润，取得最佳的经济效益，实现企业价值最大化。

运输企业利润是运输企业在一定时期内实现的财务成果，是在保证运输企业资本金完整的基础上实现的净收益。利润总额是运输企业各项收入扣除相关的成本、费用、税金和损失以及其他支出后的净额，它集中反映运输企业生产经营活动中取得的最终财务成果。它实质上是运输企业职工为社会创造的剩余价值的一部分。由此可见，运输企业为社会创造的剩余价值越多，为社会做出的贡献就越大。运输企业应千方百计地增加业务收入，降低各种营业成本，努力增加利润。

利润根据其构成的不同，可以表述为以下几个不同层次的含义。

1. 毛利润

毛利润是运输企业营运收入与营运成本的差额，它是一切利润的基础和源泉。毛利润的多少，决定了企业的财务基础和竞争地位。

2. 息税前利润

息税前利润是毛利润与经营费用之差，反映了公司的经营效果和盈利水平，也称为经营利润。它反映了不同企业间的不同资金结构、不同税率及其他有关因素的影响，较准确地对企业的经营管理水平进行定位。

3. 税前利润

税前利润是企业利润总额扣除应扣款项后的余额，是企业所得税的计税依据。

4. 税后利润

税后利润是企业税前利润扣除所得税后的余额，也称净利润，是公司股东权益的净增加额。

5. 普通股股东权益

普通股股东权益是公司税后利润减去优先股股息后的余额，它是决定公司股票市场价格的最重要因素，是公司利润管理的重要内容。

（二）利润总额的构成

利润总额是指运输企业从事生产经营和对外投资活动及其他非经营性活动所获得各项利润的总和，是企业运用全部资产所获得的利润。运输企业的利润总额主要由营运利润、投资净收益、营业外收支净额及补贴收入四部分组成。其计算公式为

$$利润总额＝营运利润＋投资净收益＋营业外收支净额＋补贴收入$$

1. 营运利润

营运利润是指运输企业从事各种运输经营活动（包括货运、客运及其相关服务）所取得的利润，是运输企业主要的财务成果。根据营运活动的性质，营运利润可进一步区分为主

营业务利润和其他业务利润。其计算公式为

$$营运利润 = 主营业务利润 + 其他业务利润 - 管理费用 - 财务费用$$

主营业务利润是指运输企业从事主要生产经营活动，如提供运输、装卸、搬运等劳务所取得的利润。主营业务利润是主营业务净收入扣除主营业务成本、主营业务税金及附加后的余额。其计算公式为

$$主营业务利润 = 主营业务收入 - 主营业务成本 - 主营业务税金及附加$$

式中，主营业务收入是运输企业从事运输、装卸、搬运等劳务取得的收入净额；主营业务税金及附加主要包括营业税、城市维护建设税和教育费附加等；主营业务成本是在运输、装卸、搬运等劳务过程中发生的运输劳务人员工资和福利费支出、固定资产折旧、固定资产修理费、办公费、保险费、包装费、运输费、保险费等。

其他业务利润是指运输企业从事主营业务以外的附属业务所取得的利润。其计算公式为

$$其他业务利润 = 其他业务收入 - 其他业务成本$$

主营业务利润与其他业务利润扣除管理费用、财务费用后的余额就是营运利润，这是企业利润总额的主要部分。管理费用与财务费用都是企业的期间费用，直接冲减当期利润。管理费用是指运输企业行政管理部门为管理和组织经营活动而发生的各项费用，具体包括管理经费、工会经费、职工教育经费、劳动保险费、待业保险费、董事会费、咨询费、审计费、诉讼费、排污费、绿化费、税金、土地使用费、土地损失补偿费、无形资产摊销、开办费摊销、业务招待费、坏账损失等。财务费用是指运输企业筹集经营所需资金而发生的费用，具体包括利息支出（减利息收入后的净支出）、汇兑损失（减汇兑收益后的净损失）、金融机构手续费，以及筹集生产经营资金发生的其他费用。

2. 投资净收益

投资净收益是指运输企业从事对外投资活动所取得的投资收益扣除投资损失后的余额。运输企业的对外投资包括股票投资、债券投资、联营投资和其他投资等。投资收益大于投资损失，增加运输企业利润；投资收益小于投资损失，减少运输企业利润。

投资收益主要包括：

① 对外债券投资所获得的利息收入；

② 采用成本法核算对外股权投资所分得的利润和股利；

③ 投资到期收回或中途转让取得的款项高于原投资账面价值的差额；

④ 采用权益法核算的，对外股权投资在被投资企业增加的净资产中按投资比例拥有的份额等。

投资损失包括：

① 投资到期收回或者中途转让有价证券获取款项低于投资账面价值的差额；

② 采用权益法核算时，对外股权投资在被投资企业减少的净资产中所分担的数额等。

用企业对外投资总额（包括长期投资和流动资产中的短期投资）与对外投资净收益比较，可反映企业对外投资决策的成效。一般来说，企业对外投资收益率不应当低于内部投资收益率；如果企业对外投资是为了避免资金的闲置，对外投资的最低界限应当是企业同期限定期储蓄存款利率。

3. 营业外收支净额

营业外收支净额是指企业与生产经营无直接关系的各项营业外收入扣除营业外支出后的

差额。

营业外收入是指与运输企业正常经营活动无直接关系的各项收入，主要包括企业的固定资产盘盈和出售的净收益、罚没净收入、因债务人的原因确实无法支付的应付账款、资产再次评估增值、债务重组收益、接受捐赠收入、教育费附加返还款等。

营业外支出是指企业发生的与其运输生产经营活动无直接关系的各项支出，主要包括固定资产盘亏、报废、毁损和出售的净损失，以及资产评估减值、债务重组损失、非常损失、公益性捐赠支出、罚款支出等。

当运输企业的营业外收入大于营业外支出时，增加利润总额；当营业外收入小于营业外支出时，减少利润总额。

4. 补贴收入

补贴收入是指运输企业按照国家规定对低于劳务成本的运价收取服务费而获得的财政补贴收入，主要属于经营政策性亏损的劳务补贴。

以上计算的是运输企业的利润总额，如果计算运输企业的净利润，还应减所得税。其计算公式为

$$净利润 = 利润总额 - 所得税$$

二、利润管理的原则

1. 树立正确的盈利观点，取得合法利润

在社会主义市场经济条件下，以经济效益为中心的客观要求，决定了利润指标是企业生产经营活动的最重要的指标，但绝不意味着企业可以不择手段地追逐利润。树立正确的盈利观点，就是既要反对那种不讲核算、不讲成本、不求效益的错误做法；又要防止不顾市场需要，无视国家和人民的利益，片面追求利润的错误倾向。运输企业要在国家的政策、法令、法规允许的范围内遵循价值规律和市场规则，合法进行经营活动，为社会提供优质服务。通过努力拓展市场，灵活组织运输生产、经营，不断改善服务，挖掘增收潜力等措施，保持业务和效益的同步增长，去争取实现更多的既合理又合法的利润。

2. 实行利润目标分管责任制，保证目标利润的实现

铁路运输企业是依法自主经营、自负盈亏、独立核算的经营实体，并对国家承担交纳税（利）的责任。为了履行对国家的责任，每个企业都必须结合实际进行盈亏决策，确定目标利润，建立起内部经营和盈亏责任体系，将企业目标利润及有关经济指标逐级分解，落实到内部各个责任单位和个人，做到各部门利润明确，责任分明，把运输企业的整体经济利益与每个部门和职工的切身利益联系在一起，使人人关心利润，为创利献计献策，进一步调动群众的积极性，同时强化激励机制，奖优罚劣，以确保目标利润的实现。

3. 严格执行有关财政法规，正确进行利润分配

利润分配是政策性很强的工作，要严格地遵守国家有关财政法规。运输企业应该正确、如实地核算利润总额，不得隐瞒或虚报。运输企业实现的利润要依照有关财经法规合理分配，任何单位或个人无权对运输企业的合法利润分配进行干涉或变相侵占，运输企业有权拒绝各种不合理的摊派和罚款，保护自身的合法权益。

案例分析

铁路运输实行营改增

财政部和国家税务总局联合印发了《关于铁路运输和邮政业纳入营业税改征增值税试点的通知》，明确从 2014 年 1 月 1 日起铁路运输和邮政业纳入营改增试点的相关政策。通知规定，铁路运输和邮政业适用 11% 的税率。

增值税是对在我国境内销售货物、提供加工、修理修配劳务以及进口货物的单位和个人，就其取得的增值额为计算依据征收的一种税。营业税是对在我国境内提供应税劳务、转让无形资产、销售不动产的单位和个人，就其取得的营业收入征收的一种税。两者征收范围不同：凡是销售不动产，提供劳务（不包括加工修理修配），转让无形资产的交营业税；凡是销售动产，提供加工修理修配劳务的交纳增值税。两者的计税依据不同：增值税是价外税，营业税是价内税。所以在计算增值税时应当先将含税收入换算成不含税收入，即计算增值税的收入应当为不含税的收入。而营业税则是直接用收入乘以税率即可。营业税改征增值税的经济效应，不仅体现为税负减轻对市场主体的激励，也显示出税制优化对生产方式的引导。它以消除重复征税为前提，以市场充分竞争为基础，通过深化产业分工与协作，推动产业结构、需求结构和就业结构不断优化，促进社会生产力水平相应提升。营业税改征增值税，既可以从根本上解决多环节经营活动面临的重复征税问题，推进现有营业税纳税人之间加深分工协作，也将从制度上使增值税抵扣链条贯穿于各个产业领域，消除目前增值税纳税人与营业税纳税人在税制上的隔离，促进各类纳税人之间开展分工协作。

铁路运输"营改增"将带来四个方面的影响。

一、降低运输成本

营业税改征增值税，其主要目的是避免重复征税，减少运营成本，这在社会上已经形成普遍共识。

物流运输行业营业税重复征收一直备受诟病。营业税是以营业额来做税基的，即缴税额等于营业额乘以税率，在每一个环节都要征税，不可以抵扣上一环节的进项税。而增值税是价外税，计算时要换算为不含税销售额，可以避免重复征税，并且增值税还可以抵扣上一环节的进项税。所以，相比之下，营业税税负高，而增值税税负低。

二、方便企业做账

营改增避免了重复征税的情况，缴纳的税少了，相应的账也少了，给企业做账带来了很大的方便。

铁路运输纳入营改增范畴，不只是运输票，其他的税票、服务票也可以进行抵扣。而且不用一票对一票，做起账来相对容易，避免了重复纳税，这样自然也就降低了运输上的成本。

三、推进体制改革

营改增最先进入的是服务业，而铁路运输属于服务业范畴，理应纳入营改增。营改增是推动铁路融入服务业的具体体现，不但可以降低物流成本，还能够推动大交通一体化，缩短城市之间的差距。

思考：

（1）什么是"营改增"？

（2）试讨论"营改增"带给铁路运输企业怎样的变化。

复习思考题

1. 什么是运输企业财务管理？运输企业财务管理包括哪些内容？
2. 运输企业筹资的渠道和方式主要有哪些？
3. 简述流动资产管理的重要性。
4. 试述固定资产投资的特点及其投资管理要求。
5. 简述运输成本的概念、构成及降低运输成本的方法。
6. 简述铁路运输企业收入的概念、分类以及收入确认和计量的原则。

第七章

铁路运输企业设备管理

学习目标

（1）明确设备管理的概念、任务和意义，了解铁路运输设备的分类和特点。

（2）熟悉设备的选择、使用和维修的内容，了解我国现行铁路车辆检修制度。

（3）理解设备更新改造的概念和内容，熟悉铁路运输设备的更新改造的原则和范围，了解铁路运输设备更新改造项目的分级管理和计划管理。

案例导入

铁路运输在现代运输方式中占有重要地位，并发挥越来越重要的作用。《2017 年全国铁道统计公报》显示，2017 年全国铁路旅客发送量完成 30.84 亿人，其中国家铁路 30.38 亿人，比上年增长 9.6%；全国铁路旅客周转量完成 13 456.92 亿人·km，比上年增长 7.0%，其中国家铁路 13 396.96 亿人·km，比上年增长 6.9%。2017 年全国铁路货运总发送量完成 36.89 亿吨，比上年增长 10.7%；全国铁路货运总周转量完成 26 962.20 亿 t·km，比上年增长 13.3%，其中国家铁路 24 091.70 亿 t·km，比上年增长 13.2%；集装箱、商品汽车、散货快运发送量比上年分别增长 47.9%、58% 和 9.3%。

2017 年全国铁路固定资产投资完成 8 010 亿元，投产新线 3 038 km，其中高速铁路 2 182 km。2017 年全国铁路营业里程达到 12.7 万 km，其中高速铁路营业里程达到 2.5 万 km，全国铁路路网密度达 132.2 km/万 km²，比上年增加 3.0 km/万 km²，其中复线里程 7.2 万 km，复线率 56.5%，电气化里程 8.7 万 km，电气化率 68.2%，西部地区铁路营业里程 5.2 万 km，比上年增长 3.3%。

2018 年中国铁路总公司工作会议指出，到 2020 年，基本建成布局合理、覆盖广泛、高效便捷、功能完善、世界上最现代化的铁路网和高铁网，并与其他交通方式实现有机衔接和深度融合。全国铁路营业里程达到 15 万 km 左右，基本覆盖 20 万人口以上城市；其中高铁 3 万 km 左右，覆盖 80% 以上的大城市；中西部（含东北三省）铁路 11.2 万 km 左右，复线率和电气化率分别达到 60% 和 70%。

到 2020 年，铁路成套技术标准体系更加先进成熟、科学完善、经济适用，高速铁路、高原铁路、高寒铁路、重载铁路技术世界领先，铁路速度、密度、效率等主要技术指标达到世界领先水平。铁路装备智能化水平全面提升，智能动车组、C3＋ATO（CTCS3 级列控系统＋ATO）列控系统、智能牵引供电、智能调度系统、智能安全保障、智能设备设施检测监测系统、大型养路机械等技术装备的研制和配备实现新突破。到 2020 年，动车组保有量达到 3 800 标准组左右，其中"复兴号"动车组 900 标准组以上。铁路工程建造技术继续保持世界领先，复杂环境和特殊地质条件下铁路工程设计建造和 BIM 应用技术水平显著提高。绿色环保节能技术普遍推广。铁路信息化水平大幅提升，高铁网和互联网深度融合，数字铁路、智能铁路建设取得系统性成果。

思考：铁路快速发展，给设备管理带来了哪些困难？

第一节　设备管理概述

铁路运输设备是铁路运输生产的物质基础，是完成运输生产任务的重要条件，其技术状态和质量状态的好坏直接影响和制约铁路运输的生产效率和生产安全。铁路运输设备的状况，不仅反映了我国铁路运输设备的现代化水平，而且还是研究铁路中长期发展、挖潜扩能以及编制计划的重要依据。

一、设备管理的概念

设备是固定资产的主要组成部分，它是企业中可供长期使用，并在使用中基本保持原有实物状态，能继续使用或反复使用的劳动资料和其他物质资料的总称。

设备管理是对设备运动全过程的计划、组织和控制。设备出厂以后就开始它的运动过程，即从选购设备投入生产领域开始，之后在生产领域中使用、磨损、维修、改造，直到技术上、经济上不再适应生产和技术的需要而退出生产领域为止。设备的运动过程表现为物质运动形态和价值运动形态两种形态。这是同一过程的两个方面，本质上是同时进行的。物质运动形态是指设备调研、规划、设计、制造、选购、安装、使用、维修、改造、更新、报废等；价值运动形态是指设备的初始投资、维修费用支出、折旧、更新改造资金的筹措、使用和支出等。因此，设备管理的根本目标是使设备的周期费用最少而综合效能最高。

设备管理是随着生产发展而产生、发展的一门科学，大致分为三个阶段：一是事后维修阶段，这是设备管理的初级阶段，也称为传统管理阶段，这一阶段实行事后维修；二是设备预防维修管理阶段，这个阶段建立了计划预防维修制度，如日常检查、定期检查、周期修理等；三是设备综合管理阶段，也称为设备全面管理阶段或现代管理阶段，这个阶段建立以设备周期为对象的生产维修系统，实行全员管理的设备管理，目的是提高设备的综合效率。

二、设备管理的任务和意义

设备管理的基本任务是正确贯彻执行党和国家的方针政策，根据国家及各部委、中国国家铁路集团有限公司颁布的法规、制度，通过技术、经济和管理措施，对生产设备进行综合管理；做到全面规划、合理配置、择优选型、正确使用、精心维护、科学检修、适时改造和更新，使设备经常处于良好技术状态，以实现设备寿命周期费用最经济、综合效能高和适应生产发展需要的目的。设备管理的具体任务如下。

① 搞好企业设备的综合规划,对企业在用和需用设备进行调查研究,综合平衡,制订科学合理的设备购置、分配、调整、修理、改造、更新等综合性计划。

② 根据技术先进、经济合理原则,为企业提供最优的技术装备。

③ 制定和推行先进的设备管理和维修制度,以较低的费用保证设备处于最佳技术状态,提高设备完好率和设备利用率。

④ 认真学习和研究,掌握设备物质运动的技术规律,如磨损规律、故障规律等。运用先进的监控、检测、维修手段和方法,灵活有效地采取各种维修方式和措施,搞好设备维修。保证设备的精度、性能达到标准,满足生产工艺要求。

⑤ 根据产品质量稳定提高、改造老产品、发展新产品、安全生产、节约能耗、改善环境保护等要求,有步骤地进行设备的改造和更新。在设备大检修时,也应把设备检修与设备改造结合起来,积极推广新技术、新材料和新工艺,努力提高设备现代化水平。

⑥ 按照经济规律和设备管理规律的客观要求,组织设备管理工作。采取行政手段与经济手段相结合的办法,降低能源消耗费用和维修费用的支出,尽量降低设备的周期费用。

⑦ 搞好设备管理和维修方面的科学研究、经验总结和技术交流。组织技术力量对设备管理和维修中的课题进行科研攻关。积极推广国内外新技术、新材料、新工艺和行之有效的经验。

⑧ 组织群众参加管理。要搞好设备管理,须发动全体员工参与,形成从领导到群众、从设备管理部门到各有关组织机构齐抓共管的局面。

设备管理是保证企业进行生产和再生产的物质基础,也是现代化生产的基础。搞好设备管理,对一个企业来说,不仅是保证简单再生产必不可少的一个条件,而且是对提高企业生产技术水平和产品质量、降低消耗、保护环境、保证安全生产、提高经济效益、推动国民经济持续、稳定、协调发展有极为重要的意义。

三、铁路运输设备的分类

铁路运输设备是指直接完成铁路运输任务所需的设备,如机车、车辆、工务设备、电务设备等。

1. 机车

机车分为蒸汽机车、内燃机车和电力机车三种类型。每一种类型中又分为许多型号。目前,我国干线铁路上运营的蒸汽机车已经停止生产,这标志着我国铁路机车进入以内燃机车和电力机车牵引的新时代。

2. 车辆

铁路车辆按照用途分为铁路客车、铁路货车两大类。

铁路客车包括:运送旅客用的车辆,如硬座车、软座车、硬卧车、软卧车;为旅客服务的车辆,如餐车、行李车;特种用途的车辆,如邮政车、公务车、卫生车、医务车、实验车、维修车、文教车等。

铁路货车则类型较多,随所装货物种类的不同而具有不同的车体,又可分为通用货车和专用货车。通用货车如敞车、棚车、平车等;专用货车只适用于装一种或少数几种性质相近的货物,如罐车、冷藏车、矿石车、水泥车、活鱼车、特种车、长大货物车等。

3. 工务设备

工务设备主要指线路、桥隧等设备。铁路线路分为正线、站线、段管线、岔线及特殊用途线。桥隧是指桥梁、隧道和涵洞等。

4. 电务设备

电务设备主要指通信设备和信号设备两大类。

通信设备包括明线线路、载波线路、实线电路、长途通信、地区通信、专用通信设备等。

信号设备主要分为以下几种：各种信号机及信号表示器；集中联锁和非集中联锁设备；自动闭塞、半自动闭塞和人工闭塞设备；机车信号及自动停车装置；驼峰信号设备；道口信号设备。其中，信号是对行车和调车有关人员发出的指示；连锁设备是在车站范围内用以保证行车和调车安全的设备；闭塞设备是用以保证区间行车安全的设备。

四、铁路运输设备的特点

1. 种类多、数量大、整体性强

铁路运输是由许多工种、多种劳动手段联动协作、共同完成运输生产的过程。各类设备的性能、功用既有很大区别，又关联紧密，组成了一个有机整体。离开了整体，每类设备几乎都不能充分发挥其作用。各设备在强度、质量、功率等方面要保持协调，某一类设备或某一环节的能力不足，常常影响其他设备能力的发挥。

2. 延伸面广、配置分散、连续运转

运输生产活动要在延伸的线网上完成，铁路各项设备也要沿线分布，一经分布，地面固定设备几乎不能调剂。铁路运输生产又有不间断的特点，各项技术设备连续运转时间长、使用频率高、间歇时间少，日常维修工作只能在运用过程中进行。以线路、车辆和信号设备为例，维修作业通常只能利用列车的间隙或车站上的停留时间进行，而不能干扰列车运行的计划和运输工作的正常秩序。

3. 冲击剧烈、自然力影响大、设备有形损耗严重

在运输生产活动中，列车载运重量大，运行速度高，列车与钢轨、道岔等线路上部建筑间作用力大，冲击剧烈，机械磨损量大。铁路运输设备中的列车、线路、桥隧常年暴露在大自然中，由于风、霜、雨、雪的侵袭而发生损耗。机械磨损和自然力作用的损耗称为设备的有形损耗，铁路设备的有形损耗比一般其他工业设备有形损耗大。

第二节 设备的选择、使用和维修

一、设备的选择

设备的选择应满足生产实际的需要，需要结合企业长远生产经营发展方向全面考虑。一般来说，技术上先进、经济上合理、安全节能、满足生产需要是选择设备时应共同遵守的原则。具体来说，应全面考虑设备的以下几个因素。

1. 生产效率

设备的生产效率，是指单位时间内能够生产的产品数量，这是衡量机械设备效率的重要

指标。比如，机车表现为功率、速度等技术参数；车辆表现为载重量、轴重等技术参数；而桥隧建筑物表现为承重、使用寿命等技术参数。

2. 可靠性

设备的可靠性表示一个系统、一台设备在规定的时间内、在规定的使用条件下、无故障地发挥规定机能的程度。所谓规定条件是指工艺条件、能源条件、介质条件及转速等。规定时间是指设备的寿命周期、运行间隔期、修理间隔期等。规定的机能是指额定能力，如机车的额定功率、轨道的轨重等。

3. 易修性

易修性影响设备维护和修理的工作量和费用大小。易修性好的设备，一般是指设备结构简单，零部件组合合理，维修的零部件可迅速拆卸，易于检查，易于操作，实现了通用化和标准化，零件互换性强等。一般来说，设备越是复杂、精密，维护和修理的难度也越大，要求具有相适应的维护和修理的专门知识和技术，对设备的润滑油品、备品配件等器材的要求也高。因此，在选择设备时，要考虑设备生产厂家提供有关资料、技术、器材的可能性和持续时间。

4. 节能性

节能性是指设备对能源利用的性能。节能性好的设备，表现为热效率高、能源利用率高、能源消耗量少。

5. 安全性

设备的安全性是指设备在使用中要确保安全。铁路运输设备一旦发生故障，直接威胁旅客、车组人员以及货物的安全，可能给企业和国家带来巨大的经济损失。因此，在选择铁路运输设备时，必须注意设备是否有安全防护装置，以免发生人身和设备事故。

6. 环保性

设备的环保性，是指设备的噪声和设备排放有害物质对环境的污染程度。选择设备时，要选择能把"三废"和噪声控制在规定的标准范围内的设备。

7. 灵活性

设备的灵活性包括两方面的内容：一是在工作对象固定的条件下，设备能够适应不同的工作环境和条件；二是通用性强，能适应不同的工作对象。

二、设备的使用

正确合理地使用设备，可以减轻设备磨损，使设备保持良好的工作性能和精度，延长设备使用寿命，为生产的顺利进行创造有利条件。具体来说，应遵守以下设备使用规则。

① 按设备性能、结构合理地使用设备。合理使用就是在使用设备时不违反设备的使用规定，尽量避免超负荷、超范围、超性能地使用设备。例如货车装载重量必须符合货车标记载重及有关规定，严禁超载，防止因切轴而威胁行车安全。

② 按操作规程正确操作设备。设备操作规程是正确、合理使用设备的重要依据。操作者必须严格遵守操作规程，正确地操作设备；各种技术设备应配置固定人员操作，实行"包机制"，凭操作证上岗；建立岗位责任制，精心保养，细心检修，使设备经常处于良好状态。

③ 养成爱护设备的习惯和风气，提高操作技术和保养水平。要经常对设备使用人员开

展爱护设备的思想教育，提高他们爱护设备的责任感，能自觉地管好、用好、修好设备；要加强技术训练，使操作人员熟悉设备的结构、性能，掌握维护、保养设备的技术知识以及各种检查方法，真正做到会使用、会保养、会检查、会排除故障。

④ 为设备创造良好的工作环境和工作条件。

⑤ 建立健全设备使用方面的规章制度，严格执行设备使用方面的规章制度。

三、设备的维修

设备的维修包括设备的维护保养、检查和修理。

（一）设备的维护保养

机械设备在长时间的运行过程中，由于零部件之间相对运动的摩擦，会使零部件发生自然的磨损、锈蚀、老化变质等，所有这些都会使机械设备的技术状况逐渐劣化，性能下降，经济性、安全性、可靠性降低，并成为设备隐患，导致发生运转故障。因此，必须根据设备技术状况变化的规律，在零部件的磨损和损伤达到引发故障的极限之前对其进行必要的维护保养。

设备的维护保养分为日常保养和定期分级保养。

① 日常保养又称例行保养或运行维护保养，它是对设备进行日常的清洁、检查、紧固、润滑、调整、防腐和更换一些易损件，目的在于提高设备的完好率和利用率。

② 定期分级保养的级别是按执行保养作业的时间间隔周期与作业的广度和深度划分的。低级保养的间隔周期短、作业广度小、深度浅，高级保养的时间间隔长、作业广度大、深度深。

由于不同行业的生产工艺、生产过程不同，对定期分级保养制度在执行上有较大差异。

（二）设备的检查

设备检查是对设备的运行情况、工作精度、磨损情况进行检查和校验。设备点检制度是一种基本的设备管理制度。

设备点检是指为了准确掌握设备所规定的机能，按预先规定的标准，通过人的五官和运用检测手段，对设备规定的部位进行有无异常的检查，使设备的异常和劣化能够早期发现、早期预防、早期处理。其指导思想是推行全员和全面设备管理，以"预知维修制"取代"预防维修制"。设备点检中的"点"是指设备的关键部位。通过点检，准确掌握设备技术状况，维持和改善设备工作性能，预防事故发生，减少停机时间，延长设备寿命，降低维修费用，保证正常生产。

设备点检按时间间隔分为日常检查、定期检查和专项检查。日常检查由设备操作人员执行，同日常保养结合起来，目的是及时发现不正常的技术状况，进行必要的维护保养工作。定期检查是按照计划，在操作者参加下，定期由专职维修工进行检查，目的是通过检查全面、准确地掌握零件磨损的实际情况，以便确定是否有进行修理的必要。专项检查一般由设备管理部门针对某些设备特定的项目进行定期或不定期测定，了解设备技术状况及性能，由设备管理人员记录，为设备大修收集数据。

设备点检按技术功能不同可分为机能检查和精度检查。机能检查是指对设备的各项机能进行检查与测定，如是否漏油、漏水、漏气，防尘密闭性如何，零件耐高温、高速、高压的性能如何等。精度检查是指对设备的实际加工精度进行检查和测定，以便确定设备精度的优劣程度，为设备验收、修理和更新提供依据。

（三）设备的修理

设备修理是指更换与修理已磨损的零件、部件及附属设施，恢复已经损坏的设备的工作性能、精度和工作效率，对设备磨损进行的一种技术补偿活动。

1. 设备磨损规律

设备在使用过程中会逐渐发生磨损，一般分为两种形式：有形磨损、无形磨损。

1）有形磨损

有形磨损又称物质磨损，分为两种形式：

① 设备在使用过程中，在外力的作用下实体产生的磨损、变形和损坏，称为第一种有形磨损，这种磨损的程度与使用强度、使用时间有关；

② 设备在闲置过程中受自然力的作用而产生的实体磨损，如金属件生锈、腐蚀、橡胶件老化等，称为第二种有形磨损，这种磨损与闲置的时间长短和所处环境有关。

上述两种有形磨损都造成设备的性能、精度等的降低，使得设备的运行费用和维修费用增加，效率低下，反映了设备使用价值的降低。

设备有形磨损过程，大致分三个阶段，如图7-1所示。

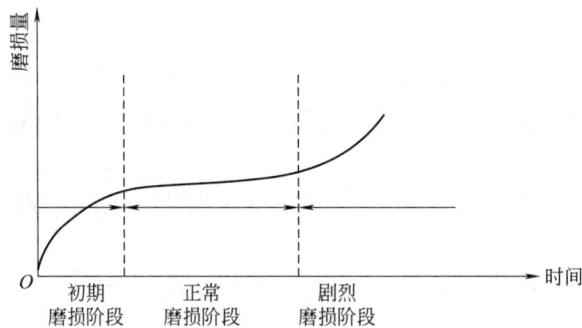

图7-1　设备有形磨损曲线

① 初期磨损阶段。在此阶段，机器零件表面的高低不平处，由于零件的运转，互相摩擦作用，很快被磨损，这一磨损速度快，但时间短。

② 正常磨损阶段。零件磨损趋于缓慢，基本上是匀速增加。

③ 剧烈磨损阶段。零件磨损由量变到质变，超过一定限度，正常磨损关系被破坏，接触情况恶化，磨损加快，设备的工作性能也迅速降低，如不停止使用进行维修，设备可能被损坏。

2）无形磨损

无形磨损又称精神磨损、经济磨损。设备无形磨损不是由生产过程中使用或自然力的作用造成的，而是由于社会经济环境变化造成的设备价值贬值，是技术进步的结果。无形磨损又有两种形式。

① 设备的技术结构和性能并没有变化，但由于技术进步，设备制造工艺不断改进，社会劳动生产率水平随之提高，同类设备的再生产价值降低，因而设备的市场价格也降低了，致使原设备相对贬值。这种磨损称为第一种无形磨损。这种无形磨损的后果只是现有设备原

始价值部分贬值，设备本身的技术特性和功能（即使用价值）并未发生变化，故不会影响现有设备的使用。因此，不产生提前更换现有设备的问题。

② 第二种无形磨损是由于科学技术的进步，不断创新出结构更先进、性能更完善、效率更高、耗费原材料和能源更少的新型设备，使原有设备相对陈旧落后，其经济效益相对降低而发生贬值。第二种无形磨损的后果不仅是使原有设备价值降低，而且由于技术上更先进的新设备的发明和应用会使原有设备的使用价值局部或全部丧失，这就产生了是否用新设备代替现有陈旧落后设备的问题。

有形和无形两种磨损都引起设备原始价值的贬值，这一点两者是相同的。不同的是，遭受有形磨损的设备，特别是有形磨损严重的设备，在修理之前，常常不能工作；而遭受无形磨损的设备，并不表现为设备实体的变化和损坏，即使无形磨损很严重，其固定资产物质形态却可能没有磨损，仍然可以使用，只不过继续使用它在经济上是否合算，需要分析研究。

2. 设备故障规律

设备故障一般分为突发故障和劣化故障。突发故障是突然发生的故障，其特点是发生时间是随机的；劣化故障是由于设备性能逐渐劣化所造成的故障，其特点是发生故障有一定的规律，故障发生速度是缓慢的，程度多是局部功能损坏。劣化故障率曲线如图7-2所示。

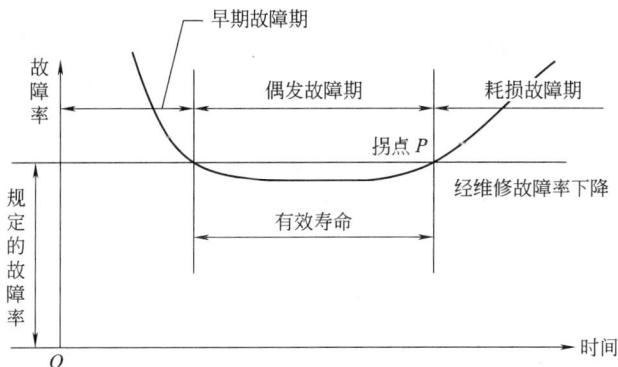

图 7-2　劣化故障率曲线

① 早期故障期。这一阶段的故障主要是由于设计上的缺陷、制造质量欠佳和操作不良引起的，开始故障率较高，随后逐渐减少。

② 偶发故障期。在这一阶段，设备已进入正常运转阶段，故障很少，一般都是由于维护不好和操作失误引起的偶发故障。

③ 耗损故障期（劣化故障期）。在这一阶段，构成设备的零件已磨损、老化，因而故障率急剧上升。

针对不同故障，应采取不同措施。比如在早期故障期，找出设备可靠性低的原因，进行调整，保持稳定性。在偶发故障期，应注意加强员工的技术教育，提高操作人员与维修人员的技术水平。在耗损故障期，应加强对设备的检查、监测和计划修理工作。

3. 设备修理的种类

1）计划修理

计划修理是计划预修制的主要内容之一。计划修理的主要工作有：小修、中修和大修。

① 小修。小修通常只需修复、更换部分磨损较快和使用期限等于或小于修理间隔期的零件，调整设备的局部结构，以保证设备能正常运转到计划修理时间。小修的特点是：修理次数多，工作量小，每次修理时间短，修理费用计入生产费用。小修一般在生产现场由车间专职维修工人执行。

② 中修。中修是对设备进行部分解体、修理或更换部分主要零件与基准件，或修理使用期限等于或小于修理间隔期的零件；同时要检查整个机械系统，紧固所有机件，消除扩大的间隙，校正设备的基准，以保证机器设备能恢复和达到应有的标准和技术要求。中修的特点是：修理次数较多，工作量不很大，每次修理时间较短，修理费用计入生产费用。中修的大部分项目由车间的专职维修工在生产车间现场进行，个别要求高的项目可由机修车间承担，修理后要组织检查验收，并办理送修和承修单位交接手续。

③ 大修。大修是指通过更换恢复其主要零部件，恢复设备原有精度、性能和生产效率的全面修理。大修的特点是：修理次数少，工作量大，每次修理时间较长，修理费用由大修基金支付。设备大修后，质量管理部门和设备管理部门应组织使用和承修单位有关人员共同检查验收，合格后送修单位与承修单位办理交接手续。

2）故障修理

故障修理指的是设备出现故障后进行的修理，属于事后维修。按故障发生、发展的进程，故障分为突发性故障和渐发性故障。

① 突发性故障。设备出现故障前无明显征兆，难以靠早期试验或测试来预测。这类故障发生时间很短暂，一般带有破坏性，如转子的断裂、人员误操作引起设备的损毁等属于这一类故障。

② 渐发性故障。设备在使用过程中某些零部件因疲劳、腐蚀、磨损等使性能逐渐下降，最终超出所允许值而发生的故障。这类故障占有相当大的比重，具有一定的规律性，能通过早期状态监测和故障预备来预防。

设备使用部门向设备维修部门提出维修要求时，需要填报故障修理委托书。

四、我国现行铁路车辆检修制度

目前，我国铁路车辆的检修制度是以计划预防为主、状态修为辅的检修制度，即在计划预防修的前提下，逐步扩大实施状态修、换件修和主要零部件的专业化集中修。计划预防性检修制度分为定期检修和日常维修两大类。

（一）定期检修

定期检修是车辆每运用一定时间（或里程）对车辆的全部和部分零件进行一定程度的检修。在车辆发生故障之前就对车辆进行修理，消除车辆零部件的缺陷和隐患，预防故障的发生。由于这类检修是定期的，所以全年的任务量可以计算出来，能提前准备车辆检修需要的材料、零件、检修设备及人力。

1. 定期检修的修程

1）货车定期检修的修程

我国货车现采用的定期检修的修程分为厂修、段修、辅修和滑动轴承轴检（简称轴检）四级修程。

厂修、段修以月为准，辅修、轴检以月、日为准，辅修可错后 10 d，轴检可提前、错后

5 d。厂修、段修、辅修、轴检在一个月内同时到期时应先做高级修程。须按现车检修周期标记扣修定检车，扣修的临修车距辅修到期在 10 d 以内时，可提前做辅修。

2）普通客车定期检修的修程

我国客车的定期检修修程分为厂修、段修和辅修三级修程。各修程周期都有相应的规定。客车扣修定检车应符合下列规定：

① 为了做到平衡检修计划和调整技术质量状态，各级修程可根据客车质量情况，允许提前或延期施修；

② 24 型客车是我国进口准轨空调客车，其定期检修的修程，分为Ⅰ级厂修、Ⅱ级厂修、段修；

③ 为了做到平衡检修计划和调整技术状态，24 型空调客车各级修程可根据客车质量情况，允许按规定期限提前或延期施修；

④ 国际联运客车的检修周期自编挂日起算。对时速不超过 120 km 的中朝、中蒙联运客车及不出国的联运邮政车、餐车、硬卧车按国内客车定检期施修。

3）快速客车定期检修的修程

时速为 160 km 的 25K 型及其他时速为 160 km 的客车按走行公里检修，修程分为四级：A1、A2、A3、A4。

① A1——安全检修：周期为运行 20 万 km（±2 万 km），或运行不足 20 万 km，但距上次 A1 级以上修程时间超过 1 年者。

② A2——40 万 km 段修：周期为运行 40 万 km（±10 万 km），或运行不足 40 万 km，但距上次 A2 级以上各修程时间超过 2 年者。

③ A3——80 万 km 段修：周期为运行 80 万 km（±10 万 km），或运行不足 80 万 km，但已做过一次 A2 修，距上次 A2 级修程超过 2 年者。

④ A4——大修：运行超过 240 万 km（±40 万 km），但距新造或上次 A4 级修程超过 10 年者。

A1 级修程即安全检修，按照客车运用安全要求，通过对安全关键部件实施换件修，其他部位实施状态修，对故障部位进行处理，恢复其基本性能和要求，保障客车运行安全。A1 级修程在列车整备线上实施，在状态修中换下的配件检修时执行换件修标准。

A2 级修程即 40 万 km 段修，通过对零部件实施分单元、分部位的换件修和状态修，使车辆上部、下部基本恢复其技术状态，在保证客车安全的同时，提高客车使用效率。A2 级修程采用均衡维修方式，利用库停时间分次在整备线、临修线上或段修库内进行检修，对换下配件按 A3 级检修要求进行集中检修，以压缩修时，保证检修质量；在状态修中更换的配件检修时执行换件修标准。

A3 级修程即 80 万 km 段修，通过对客车重点部位实施大范围的换件检修，确保客车运行安全；对车辆上部实施高标准的状态维修，以全面恢复客车上部设施的功能。A3 级修程在车辆段（厂）内进行架车检修，对换下的部件进行异地检测和专业化集中修，以压缩修时，提高台位利用率；在状态修中更换的配件检修时执行换件修。

4）CRH 动车组修程

动车组施行计划性的预防检修。检修分为五个等级，一级和二级检修为运用检修，三级、四级、五级检修为定期检修。运用检修在动车组运用所内进行，定期检修在动车段内进行。运用检修可在任一运用所内进行，执行统一的检修标准，运用所承担检修后动车组的运用安全和质量责任。动车组检修周期如表 7-1 所示。

表 7-1　动车组检修周期

检修周期 动车组型号	一级	二级	三级	四级	五级
CRH1	4 000 km 或 48 h	15 d	120 万 km	240 万 km	480 万 km
CRH2	4 000 km 或 48 h	3 万 km 或 30 d	45 万 km 或 1 年	90 万 km 或 3 年	180 万 km 或 6 年
CRH3	4 000 km 或 48 h	2 万 km（暂定）	120 万 km	240 万 km	480 万 km
CRH5	4 000 km 或 48 h	6 万 km	120 万 km	240 万 km	480 万 km

2. 定期检修的主要任务

1）厂修

厂修一般在车辆工厂施行。按规定应对车辆的各部装置进行全面的分解检查、彻底修理并进行必要的技术改造工作。对底架、车体钢结构各梁、柱、板的腐蚀及变形按厂修限度进行修理，将各主要配件恢复原有性能，保持其应有的强度，以保证车辆在长期运用中技术状态良好。经过厂修，车辆各部装置得到全面恢复，使之与新造车基本接近。修竣后涂打厂修标记。

2）段修

段修在车辆段施行，段修的主要任务是分解检查车辆的转向架、车钩缓冲装置及制动装置等部件，检查并修理车辆（包括车体及其附属装置）的故障，保证各装置作用良好，防止行车事故发生，以提高车辆的使用效率，修竣后涂打段修标记。

3）辅修

辅修主要是对制动装置和轴箱油润部分施行检修，并对其他部分做辅助性修理，使螺栓紧固、配件齐全、作用良好。货车辅修在修车库或专用修车线（站修线）施行，客车辅修应利用库停时间不摘车修理，但无风管路及不入库的列车可摘车施修。修竣后涂打辅修标记。

4）轴检

货车滑动轴承轴检的主要目的是保持轴箱油润状态良好，防止车辆燃轴。对于轴箱油润状态不良以及在列车队施修有困难的车辆都应摘车，并送往指定的专用修车线施修，其余车辆可不摘车修，摘车轴检按辅修要求对轴箱油润及其他部分施修。不摘车轴检按辅修要求对轴箱油润部分检修，对轴瓦、轴瓦垫板做外观检查，取出 1~2 个中枕检查，有疑问时起轴验瓦，施修部分须保证辅修到期不发生故障。修竣后应涂打轴检标记。

（二）日常维修

日常维修又称运用维修（日常保养），其基本任务是保证在运用中的车辆具有良好的技术状态，及时发现和处理车辆中发生的一切故障，保证行车安全。

1. 货车的日常维修

货车的日常维修在铁路沿线的列车检修所（简称列检所）进行，列检所一般设在货车编组站、区段站、尽头站、国境站和厂矿交接站等处。对到达、始发和中转的货物列车进行技术检查，发现故障时能在列车队中修复的，及时修复。为加强车辆周转，应在列车队积极开展快速检修工作。

在列车队修理故障影响解体作业或正点发车时，可摘车送入专用修车线或修车库内施修。施修时必须做到全面检查，施修部分应保证到段修或辅修期，其他部分须符合编组站列检所的检修质量标准。修竣后应按规定涂打摘车修标记。

2. 客车的日常维修

客车的日常维修基地主要是旅客列车检修所和客车技术整备所，要充分运用客车在库内停留的时间，认真检查，彻底修理，消除故障，维护质量，以保证列车往返运行区间不因车辆故障发生晚点和事故。

在旅客列车途经的旅客列车检修所（简称客列检）对客车进行重点检查修理，消除危及行车安全的故障，保证旅客列车的运行安全。在旅客列车上还实行固定人员、固定车组的包乘负责制度，随时随地地检修车辆，消除故障。

为了完成运输任务，铁路必须拥有相应数量的、性能良好的车辆。因此，一方面铁路工业部门要不断地新造足够数量的车辆；另一方面车辆部门还要做好车辆在日常运用中的维修保养工作，使已有车辆经常处于质量良好的技术状态，才能确保安全、高速、平稳地运送旅客和货物，并延长车辆的使用寿命。

五、铁路车辆主要检修场所

车辆定期检修场所主要为车辆段和车辆修理工厂。车辆日常维修保养场所主要为列检所和客车技术整备所。

1. 车辆段

我国铁路车辆段，大多设置在大量货车集散的编组站或旅客列车到发数量较多的车站。根据配属车辆种类和修车种类的不同，车辆段分为客车车辆段、货车车辆段、客货混合车辆段、机械保温车车辆段等。

车辆段的主要任务是分解检查车辆的转向架、车钩缓冲装置及制动装置等部件，检查并修理车辆（包括车体及其附属装置）的故障，保证各装置作用良好，防止行车事故发生，以提高车辆的使用效率，修竣后涂打段修标记。车辆段对车辆要精心检修和保养，提高车辆质量，不断采用新技术、新工艺、新材料、新设备，不断提高修车水平和质量，保证车辆处于良好的技术状态。

车辆段的生产、管理组织严密。管理机构有段长室、人劳室、技术室、调度室、财务室及材料室等；生产车间有修车车间、修配车间和设备车间；还有直接与行车有关的库检车间、站修车间、列检车间和运用车间。

2. 车辆修理工厂

车辆修理工厂的主要任务是对车辆的各部装置进行全面的分解检查、彻底修理，并进行必要的技术改造工作。对底架、车体钢结构各梁、柱、板的腐蚀及变形按厂修限度进行修理，将各主要配件恢复原有性能，保持其应有的强度，以保证车辆在长期运用中技术状态良好。经过厂修，车辆各部装置得到全面恢复，使之与新造车基本接近。修竣后涂打厂修标记。

3. 列检所、站修所

货车日常维修工作由列检所和站修所等单位承担。列检所对经本站中转或到达本站的列车中所有车辆进行技术检查和修理，同时还负责扣修定检到期的车辆。

站修所的任务是进行货车的摘车修理、轴检和辅修工作。为了车辆的良好运用和加速车辆周转，在日常维修中应尽量采取不摘车修理方式。

1）站修所基本任务

站修所基本任务如下：

① 施行货车辅修、轴检和临修；

② 修复破损程度较轻的事故车；

③ 整备配属专列货车及守车。

2）货物列车检修所主要任务

货物列车检修所是货车车辆运用维修的基地，它的主要任务是：

① 负责所在车站列车的检查和维修，发现并处理车辆故障；

② 扣留定检到期和过期车以及需要摘车修理的技术状态不良车；

③ 维护运用货车的质量符合规定的技术标准，保证列车安全正点运行。

3）主要列检所和区段列检所技术作业时间

主要列检所对到达解体及编组始发或有调中转列车按规定作业范围进行检查和维修，保证列车各部分技术状态能安全运行到下一个负责检查该部位的列检所。主要列检所对列车的到达和始发技术检修作业时间合计原则上为 1 h。无调中转列车检修时间为 35 min；有调转列车检修时间为 40 min。

区段列检所对到达解体及编组始发列车和加挂列车及中转列车按规定进行技术检查和维修，保证列车各部分技术状态能安全运行到下一个负责检查该部位的列检所。区段列检所对列车的到达和始发技术作业时间合计原则上为 1 h。无调中转列车检修时间为 25 min，有调中转列车检修时间为 30 min。列检所技术作业时间不包括摘、挂机车时间。

4）列检所对故障车辆或定检到期车辆的处理

凡因技术状态不良或定检到期须从列车中摘下或送往附近车辆检修基地进行施修的车辆，应填写下列色票：

① 送往专用修理线（站修所）的故障车辆或定检到期车辆，填写车统-16；

② 送往车辆段的故障车辆或定检到期车辆，填写车统-17；

③ 送往车辆工厂的故障车辆或定检到期车辆，填写车统-18；

④ 需要倒装的车辆，填写车统-19。

4. 旅客列车检修所、客车技术整备所

客车和货车不同，它有固定的配属单位、固定的运行区间和固定的编组。所以客车的日常维修工作主要是利用旅客列车终到后、始发前在客车技术整备所进行，又称为库列检。在运行途中利用站停时间由旅客列车检修所进行列车的技术检查。此外，在旅客列车上还派有车辆乘务员，负责检查运行中车辆技术状态，防止因车辆技术状态不良而发生摘车或晚点，对某些检车乘务员无力处理的故障，要及早联系前方旅客列车检修所协助处理。

1）旅客列车检修所

旅客列车检修所负责列车技术检查和不摘车修理，并协助车辆乘务员应急处理车辆故障，保证由该车站发出的列车技术状态良好。

2）客车技术整备所

客车技术整备所负责本属客车的定期维修和防寒、防暑整修；厂、段修客车的接送、技术状态的检查和备品的交接工作；对本属客车检修后应达到客车出库质量标准，保证运行往返不发生责任事故；负责本属客车的摘车临修；负责车辆、机具的维修和蓄电池的补充电；对施行库列检作业的旅客列车进行列车制动机全部试验，对外属列车要认真处理乘务员交修（车统-181）的故障。

3）车辆乘务员

车辆乘务员在列车运行途中继续保持列车技术状态良好，保证旅客列车运行到终点站，途中不因车辆技术状态不良而发生晚点、甩车等行车事故。保持车内固定设备及照明、电扇、通风、采暖、给水等装置作用良好。

第三节　设备更新与改造

设备更新与改造，是指对在技术上或经济上不宜继续使用的设备，用新的设备更换或用先进的技术对原有设备进行局部改造。或者说，设备更新与改造是以结构先进、技术完善、效率高、耗能少的新设备，来代替物质上无法继续使用，或经济上不宜继续使用的陈旧设备。

一、设备更新

（一）设备的寿命

由于磨损的存在，设备的使用价值和经济价值逐渐消逝，因而设备具有一定的寿命。工程运用中设备的寿命常见的有三种：自然寿命、技术寿命和经济寿命。

1. 自然寿命

自然寿命指从设备开始投入使用，因物质磨损使设备老化、损坏，直至报废为止所经历的时间。自然寿命主要取决于设备本身的质量、使用、维修、保管的状况。其报废界限是根据最后一次大修费用是否合算的经济界限来确定。

2. 技术寿命

技术寿命指设备从开始使用，直至因技术进步而出现了更先进、更经济的新型设备，从而使现有设备在物质寿命尚未结束前就被淘汰所经历的时间。设备技术寿命的长短取决于科学技术发展的速度。技术寿命是设备的有效寿命，企业也越来越重视设备的技术寿命。

3. 经济寿命

经济寿命指设备从投入使用到因继续使用不经济而提前更新所经历的时间。它是由维护费用的提高和使用价值的降低决定的。

在进行设备改造、更新决策时，不能只考虑设备的自然寿命，同时还要考虑设备的经济寿命和技术寿命。

（二）设备更新周期的确定

为使设备更新经济、合理，应根据设备的三种寿命来确定其最佳更新周期。从经济角度出发，设备的合理使用年限为设备的经济寿命。经济寿命的计算方法很多，下面介绍两种计算方法。

1. 低劣化数值法

低劣化数值法是一种用设备年平均总费用的高低来确定设备经济寿命的方法。设备的最

佳使用年限（即经济寿命）为

$$T_0 = \sqrt{\frac{2K_0}{G}}$$

式中：T_0——设备的经济寿命；

　　K_0——设备的原始价值（购置费）；

　　G——设备的年劣化值。

随着设备使用年限的增长，按年平均设备费用不断减少，但设备的维护修理费用及燃料、动力消耗增加，称为设备的劣化。通常这是正常磨损到急剧磨损的临界过程。

【例7-1】　某设备的购置费用为8 000万元，年劣化值为250万元，试求该设备的经济寿命。

解：

$$T_0 = \sqrt{\frac{2K_0}{G}} = \sqrt{\frac{2 \times 8\,000 \times 10^4}{250 \times 10^4}} = 8 \ （年）$$

即该设备的经济寿命为8年（忽略利息因素）。

2. 面值法

面值法是以同种类型设备的统计资料为依据，不考虑利息和大修及经营上的经济效益，通常分析计算其年度使用费用以确定设备经济寿命的一种方法。此方法适用于军用武器装备，如大炮、坦克等，因为它们很难计算经济效益，所以用面值法比较合适。计算公式为

$$P_n = \frac{M - L_n + \sum Y_t}{n}$$

式中：P_n——第n年的年度使用值；

　　M——设备原值；

　　L_n——第n年的实际残值；

　　Y_t——第t年的维持费（$t = 1, \ 2, \ 3, \ \cdots, \ n$）；

　　n——设备使用年限。

二、设备改造

设备改造是指把科学技术新成果应用于企业的现有设备，通过对设备进行局部革新、改造，以改善原有设备技术性能和使用指标，提高生产效率和设备的现代化水平。设备改造一般应用于更新设备的条件受到限制时或更新效果不佳时。

1. 设备改造的原则

企业进行设备改造时，必须充分考虑改造的必要性、技术上的可能性和经济上的合理性。具体应注意以下几点：

① 设备改造必须适应生产技术发展的需要，针对设备对产品质量、数量、成本、生产安全、能源消耗和环境保护等方面的影响程度，在能够取得实际效益的前提下，有计划、有重点、有步骤地进行；

② 必须充分考虑技术上的可能性，即设备值得改造和利用，改造要经过大量试验，确

实有改善功率、提高效率的可能；

③ 必须充分考虑经济上的合理性。改造方案要由专业技术人员进行技术经济分析，并进行可行性研究和论证。设备改造工作一般应与大修理结合进行；

④ 必须坚持自力更生方针，充分发动群众，总结经验。

2. 设备改造的内容

设备改造的内容很广泛，主要包括：

① 提高设备自动化程度，实现数控化、联动化；

② 提高设备功率、速度和扩大设备的工艺性能；

③ 提高设备零部件的可靠性、维修性；

④ 将通用设备改装成高效、专用设备；

⑤ 实现加工对象尺寸公差的自动控制；

⑥ 改进润滑、冷却系统；

⑦ 改进安全、保护装置及环境污染系统；

⑧ 降低设备原材料及能源消耗；

⑨ 使零部件通用化、系列化、标准化；

⑩ 改装设备检测监控装置。

三、铁路运输设备更新改造

（一）铁路运输设备更新改造的原则

根据铁路运输生产的特点，更新改造计划实行"统一计划，分级管理"的原则，由中国国家铁路集团有限公司、路局集团公司两级管理。更新改造计划必须认真贯彻党和国家的方针、政策，注重技术经济效益。在论证项目方案时，不仅要从技术上进行研究，而且要从工程造价、建设周期、新增能力及运营成本等多方面进行综合比较，选择经济合理方案，最大限度地发挥投资效益。

更新改造必须制订中长期计划。中长期计划是确定铁路技术改造目标的纲领，是编制年度计划的依据。年度计划应以中长期计划作指导，并保证中长期目标的实现。要贯彻"技术先进适用，讲求效益，量力而行"的原则，在保障提高运输生产安全可靠性和作业效率的基础上，做好综合平衡。

（二）铁路运输设备更新改造的范围

铁路运输设备更新改造范围如下：

① 对原有设备进行的综合性技术改造和采取的更大技术措施；

② 为提高电气化、机械化、自动化水平和采用新技术、新工艺、新设备而进行的技术改造；

③ 设备和建筑物等固定资产的购置或新建；

④ 为节能、战备等需要添置的设备和相应的土建工程；

⑤ 住宅、文教、卫生及其他生活设施的改造、建设。

（三）铁路运输设备更新改造的项目分级管理

铁路运输设备更新改造资金来源，主要是按铁路应计折旧固定资产价值和国家规定的固定资产分类折旧办法计提的折旧资金。资金的提取和使用，实行"部分集中，分级管理"

的原则。

1. 中国国家铁路集团有限公司管理项目

中国国家铁路集团有限公司主要管理以下项目：

① 主要干线、编组站以扩大运输能力为目的的综合性技术改造以及牵引动力改革引起的机务段技术改造；

② 跨局的客车扩大编组及开行重载列车有关改造项目；

③ 配合地方政府对省会、直辖市所在地客站进行总体改扩建；

④ 路网性零担中转货场及加冰所；

⑤ 营业铁路新建、扩建客、货车辆段及机械保温车车辆段；

⑥ 涉及全路性的新技术、新设备及通信和电子计算机网络工程；

⑦ 重点战备工程；

⑧ 重点缺水和水质不良地区的水源改造；

⑨ 铁路与公路平交改立交，与地方政府签订协议，并按照协议进行设计和施工；

⑩ 中国国家铁路集团有限公司直属单位的更新改造项目及其他中国国家铁路集团有限公司指定的项目；

⑪ 配合使用外资贷款的路网性项目。

2. 铁路局集团公司管理项目

各铁路局集团公司主要负责管理以下项目：

① 线路、站场、行车设备改造；

② 客、货运设备改造；

③ 机务、车辆设备改造；

④ 工务、电务设备改造；

⑤ 行车安全设备改造；

⑥ 重点技术措施；

⑦ 住宅、文教、卫生及其他生活设施改造建设；

⑧ 环保、劳保、节能措施；

⑨ 战备项目；

⑩ 设备更新购置；

⑪ 其他更新改造项目；

⑫ 配合使用外资的局管项目。

（四）铁路运输设备更新改造的计划管理

铁路运输设备更新改造的计划管理主要分以下五个阶段。

1. 可行性研究报告阶段

1）计划项目的立项

首先要逐级提报和审批可行性研究报告。总投资在 5 000 万元及其以上的项目由中国国家铁路集团有限公司报国家发展改革委员会审批；5 000 万元以下、2 000 万元及其以上的项目由中国国家铁路集团有限公司审批，报国家发展改革委员会核备；路局集团公司管非生产性项目，2 000 万元以下、1 000 万元及其以上的项目报中国国家铁路集团有限公司审批；1 000 万元以下的项目由路局集团公司审批，其中 500 万元及其以上的项目应报中国国家铁路集团有限公司各有关业务司局核备。可行性研究报告由路局集团公司计划部门组织有关单位编制，经路局集团公司第一管理者签批上报。不符合上述规定的，中国国家铁路集团有限公司不予受理。可行性研究报告的审查、批复工作由各级计划部门负责组织各级有关业务部门办理。必要时应组织有关单位或委托技术咨询部门事先进行调查、评估。

2）可行性研究报告的内容

可行性研究报告的主要内容如下：

① 建设理由，包括既有设备状况及能力使用情况，存在的主要问题，建设的必要性；

② 建设方案及规模；

③ 设计范围、标准及主要技术条件；

④ 有关协作配合事项；

⑤ 主要工程数量、设备和投资估算；

⑥ 设计文件交付日期，建设工期及实施进度；

⑦ 新增生产能力及经济效益分析、资金来源、投资回收年限和社会效益初步测算等。

为加强前期工作，在进行可行性研究及设计等项工作时，前期工作费用可由各级计划部门核定，列入更新改造年度计划。

2. 设计及审批阶段

对于规模较大、技术较复杂的项目，按两阶段进行设计，其他项目按一阶段进行设计。设计文件由各级计划部门按分级管理权限负责组织有关业务部门审批。其中5 000万元以上的项目由中国国家铁路集团有限公司设计鉴定中心组织审批。各级计划部门必须加强力量，组织好设计文件的审批工作。设计规模和标准应严格按照已批准的可行性研究报告执行，如有突破，则需重新编制可行性研究报告，报原批准单位审批。

3. 编制和下达计划阶段

批准的可行性研究报告和设计文件是编制年度计划的依据，没有批准设计文件的工程项目不得开工。计划项目的总投资须以批准的设计概（预）算为准。

4. 项目实施阶段

各级计划部门对正在建设的项目以及下级计划部门上报的年度计划要加强检查和监督，及时发现并纠正违纪和不符合有关规定的行为。经常了解在建项目的施工进度情况，对重点工程要深入现场调查。每季度末和半年要对年度计划执行情况做出分析，必要时提出调整计划的建议。

5. 项目竣工后的验收和后评价阶段

项目竣工后，计划部门要及时组织验收并进行固定资产的登记入账。对较大的技术改造工程，在项目竣工投产后，中国国家铁路集团有限公司、路局集团公司计划部门要组织进行后评价。

案例分析

铁路运输安全工作三要素

人员素质、规章制度和设备是组成铁路运输安全工作的三个因素，这些因素相互联系、相互制约，铁路运输企业安全工作就是这些内在因素的综合。一般来说，人员素质是关键，规章制度是保证，设备是条件，三者缺一不可。但往往影响安全工作的主要方面在不同单位或不同时期各有侧重，有的单位技术设备落后，提高设备质量、改善设施可能是重点；有的单位设备先进，提高人员素质、加强安全管理是重点。每一个单位都要善于分析本单位实际状况，面对现实，长短结合，标本兼治，以全面强化铁路运输安全工作。

从一定意义上讲，必要的安全设施和安全新技术、新设备在防止事故发生或减少事故损失上起的作用是第一位的。因此，铁路运输企业的人员、制度和设备在安全生产中起到至关重要的作用。

1. 人员对安全的影响

① 作业人员对规章制度的掌握或理解有误，影响作业安全。

② 作业人员不严格执行规章制度，简化作业过程，影响作业安全。

③ 作业人员应变能力差，对突发事件处理不当，影响作业安全。

2. 规章制度对安全的影响

规章制度有遗漏、不严密、与现场实际不符等均会影响运输安全。规章制度不完善的原因主要是：

① 深入现场实际不够，未能随设备的变化及时修改相应的作业程序及制度；

② 工务、电务部门不能及时提供相关技术资料，影响车务部门对《车站行车工作细则》的修订、补充和完善，以及有针对性地制定安全防范措施；

③ 没有针对设备的临时变化及时制定作业办法和安全措施，使作业过程缺乏安全保障。

3. 铁路设备对安全的影响

① 对行车设备的改造施工及故障处理，多数情况下需停止信号锁的使用，需要在无联锁的情况下接发列车，此时操纵台无显示、信号停用、道岔失去联锁，从准备进路、交递凭证、引导接车到区间列车的掌握均由人工来完成，对接发列车安全影响较大。

② 设备临时故障是在作业人员无准备的情况下，信号及联锁设备发生变化，一般在水害、雷击、暴风雨雪等自然环境下及设备老化时易发生临时故障，对运输安全影响也较大。

全路安全工作会议曾指出，依靠科技进步、采用先进技术设备、加大安全系数已成为安全生产的紧迫需要：要加速安装经研制成功并在实践中证明是可靠和有效的先进设备，并使之完善、配套，发挥更大作用；要对安全运输有要求但尚未解决的问题加快科研攻关，使铁路行车安全设备现代化。

目前，在生产中广泛使用的确保行车安全的新设备主要有机车车辆安全技术设备（列车控制系统、机车三大件、红外线轴温探测系统、客车轴温报警系统、轮轴无损探伤）、工务安全技术设备（钢轨探伤车、轨道检测车）、火害报警技术设备（落石报警、滑坡报警、泥石流预报和报警）。

思考：

（1）铁路设备对安全的影响有哪些？

（2）试例举铁路运输生产中用到的安全设备。

复习思考题

1. 简述设备管理的任务和意义。

2. 铁路运输设备分几类？有什么特点？

3. 设备的选择应考虑哪些因素？

4. 什么是设备有形磨损和无形磨损？有哪些区别？

5. 简述铁路车辆定期检修的主要任务。

6. 简述铁路车辆日常维修的内容。

7. 简述铁路运输设备改造的原则和范围？

第八章

铁路运输企业物资管理

（1）明确物资管理的概念和任务，了解铁路物资管理的特点。

（2）理解物资消耗定额的概念和作用，了解物资消耗定额的制定方法和降低途径。

（3）明确物资采购管理的基本问题和原则，了解物资采购的流程和成本控制。

（4）掌握库存管理与库存控制方法。

（5）熟悉仓库管理的内容和要求，掌握仓库管理的业务流程及内容。

案例导入

沃尔玛独特的采购管理模式

目前，沃尔玛在全球27个国家开设了超过10 000家商场，下设69个品牌，全球员工总数220多万人，每周光临沃尔玛的顾客2亿人次。随着沃尔玛规模的扩大，沃尔玛的经营理念和营销策略得到进一步完善，沃尔玛能取得如此巨大的成功，与其科学的采购管理密不可分。

1. "一站式"采购模式

沃尔玛是世界上最大的商品零售企业，它销售的熟食、新鲜蔬果、肉类海鲜冷冻品、服装服饰、图书文具等商品的采购是企业发展的基础，也是带来更大利润的根源。对于这些商品的采购，沃尔玛提供了"一站式"采购这种新型的采购模式。所谓"一站式"采购是指为客户提供一个全方位、多渠道的采购平台，它集合了众多供应商，客户进入这个平台后无须为采购而费心，因为他们为客户提供一系列后续服务，满足代购、配送及节约管理等要求，解决客户所需。如果客户采购很多种类商品的话，对方还可提供一个采购整合方案，为客户节约成本，合理搭配资源。因此，沃尔玛把将顾客最需要的商品采购回来，给顾客提供一个一次性购足商品的平台作为采购重点，为顾客提供"一站式购物"服务，使顾客的购物更加方便快捷。

而且，沃尔玛每周都有对顾客期望和反馈的调查，通过信息收集、市场调查等方式，根据顾客的期望，及时更新商品的组合，组织采购，改进商品陈列摆放，从而营造一个舒适的购物环境。

2. 集中和及时采购

早在 1962 年，沃尔玛就在报纸上刊登的开业促销广告上说"将每天对所有商品提供最低价"，其中，全国性品牌商品最多可打 50% 的折扣，即比一般商店的售价低 50%。而且，广告还列举了沃尔玛的商品标价，并与制造商建议的零售价进行了比较；广告还向顾客保证，所有商品的质量都是一流的，由制造商提供担保。那么，为什么沃尔玛能为顾客提供如此大的折扣呢？

一是靠大量采购，使中间商把价格压到最低；

二是多数商品直接从制造商处进货，节省了中间费用，从源头上降低了成本，进而实现了其"天天平价"的承诺。而且，沃尔玛通过直接与供应商签订协议，与本土供应商确立长期采购关系，并积极帮助供应商改善管理，使整个供应链从上游开始优化，形成供应链管理的良性循环，保证了自身对产品质量的需求。另外，这种合作关系可以让供应商更加高效地管理存货，简化生产程序，降低商业成本，并使沃尔玛能够自行调整各店的商品构成，做到价格低廉、种类丰富，从而让顾客受益。

另外，为实现"天天平价"这一承诺，沃尔玛严格按照办公费用只占营业额 2% 的要求，节约开支，降低成本，并本着"薄利多销"的原则。

正因为沃尔玛这种先进的采购管理思想，它才会从一个美国中部的偏远地区的小商店发展成为今天这个世界上最大的商品零售企业，在整个零售业中脱颖而出。

3. 采购的信息化管理

沃尔玛拥有先进的信息化管理水平，它利用信息化技术完成其对供应链各个环节的数据信息的整理、分析，并为最终的决策服务，实现了采购的及时性，缩短了交货期，降低了库存，并以最低的成本实现对商品的采购，而且其迅速的管理反应机制也使沃尔玛的"缺货"现象得到缓解。正是这种信息化的管理使沃尔玛达到了"零库存""零缺货"的要求。

沃尔玛在整个零售业中的优秀的采购管理模式，可谓独树一帜，也正因为如此，它的营业收入才会逐年递增，同时，其在市场上也有着较高的占有率，成为世界上最大的商品零售企业。

思考：

(1) 沃尔玛的"天天平价"是如何实现的？

(2) 沃尔玛的经营理念对你有何启发？

第一节　铁路物资管理概述

铁路运输企业是物资消耗的大户，加强物资管理，充分有效地利用各种原材料，降低能耗，对提高企业经济效益和促进企业深化改革有重要意义，也是铁路运输企业管理的一项长期任务。

一、物资与物资管理

1. 物资与物资管理的概念

物资是指满足人们需要的物资资料的总称。从狭义上，物资仅包括生产资料。铁路物资管理中的"物资"，是指企业生产、经营与服务所需且能够流通的生产资料，即由工农业提供的用于社会再生产的主要原材料、辅助材料、燃料和机电产品等。

物资管理是对企业生产过程中所需各种物资的订购、储备、使用等所进行的计划、组织和控制。物资管理是企业生产经营管理的重要组成部分，是保证企业正常生产的重要条件。搞好物资管理，有利于合理使用和节约资源，提高产品质量，降低产品储备，加速资金周转，增加企业盈利。

2. 物资管理的任务

物资管理要做到供应通畅、周转迅速、消耗低、费用省，以保证企业生产经营有序进行。具体任务是：

① 做好物资申请、分配和供应计划，根据生产经营所需物资的品种、规格、数量及质量要求，提出物资申请、分配和供应计划；

② 按计划订购、采购、储备和供应生产所需物资，及时、齐备地订购、采购和储备、供应生产经营所需各种物资；

③ 做好仓库管理工作，通过有效的组织形式和科学的管理方法，控制物资合理库存量，减少和消除物资积压，加速物资和资金的周转；

④ 降低物资消耗，通过物资消耗定额的制定及物资消耗定额执行的监督与管理，保证物资的合理发放与有效使用；

⑤ 降低物流成本，节省物资在采购、运输、储存以及其他物资管理环节的支出。

以上几项任务是相互联系、相互制约、相互补充的。总之，物资管理应该从生产出发，为生产服务，为经营服务，起到保证和促进生产经营、提高经济效益的作用。

二、铁路物资管理的特点

铁路物资管理的特点，是由铁路部门生产的特点决定的。研究铁路物资管理的特点，要从运输生产的特点出发。铁路物资管理的特点主要表现在以下几个方面。

1. 数量大、品种多、专业性强

铁路运输由车、机、工、电、辆等若干生产性质不同的生产部门共同协调完成，每个部门需要的物资品种各不相同，而且数量相当巨大，所需的物资大都是铁路专用件，这决定了铁路物资的数量大、品种多、专业性强的特点。据不完全统计，铁路部门消耗的物资约有20万种。

2. 供应面广、分散

铁路具有线长、点多、分布面广的特点，既有分散性，又有统一性，生产组织复杂。因此铁路物资供应也必须统一组织，需要建立一套以部门为主的独立的物资管理机构和供应网，形成一种特殊的管理体制和方法。

3. 供应不均衡

我国铁路运输生产作业范围很大，运输任务不均衡，由于基建、大修和日常维修受自然条件影响，导致物资供应任务的不均衡。

4. 管理技术提升快

激烈的运输市场竞争促使铁路货运向现代物流经营模式转变，铁路物资在运输过程中客观上必然要求不断改革和创新，以适应现代物流的发展要求。

三、物资消耗定额

物资消耗定额是反映企业生产技术和管理水平的主要标志，是物资管理的基础。

（一）物资消耗定额的概念和作用

物资消耗定额是指在一定生产技术和组织条件下，为制造单位产品或完成单位工作量所规定的必须消耗的物资数量标准。制造一件产品或完成单位工作量需要消耗多少物资，取决于一系列因素。同一种产品或同一样工作，由于不同时间、不同地点、不同的生产技术和组织条件，也会有不同的消耗水平。

物资消耗定额在工业企业管理中，具有以下重要作用。

① 物资消耗定额是编制物资供应计划的基础。确定物资需用量是编制物资供应计划的起点，根据物资需用量和储备量确定物资采购量，而物资需用量和储备量的确定要以企业生产量和物资消耗定额为依据。因此，物资消耗定额对物资供应计划的编制起着十分重要的作用。

② 物资消耗定额是科学组织物料发放、对物料消耗实行有效控制的依据。企业物资管理部门可根据合理的物资消耗定额，掌握生产部门的实际需要，按生产任务、生产进度，及时、均衡地组织物资供应，以保证生产正常、合理、不间断地进行。

③ 物资消耗定额是促进和监督企业内部合理使用和节约物资的有力工具。物资消耗定额是企业控制物资消耗量，监督和促进合理使用物资、节约物资的有力工具。合理的物资消耗定额可以控制物资消耗量，科学地判断物资的节约或浪费。把先进的物资消耗定额与必要的考核奖励办法结合起来，就能监督和促进员工合理使用物资，想方设法节约物资，降低产品成本。

④ 物资消耗定额是企业加强经营管理的动力。物资消耗定额是促进企业提高技术水平和管理水平、提高劳动者操作水平的重要手段。物资消耗定额是先进的、合理的，代表了先进的技术水平和管理水平。企业必须提高技术水平和管理水平，才能完成物资定额规定的标准。而且，随着技术水平、管理水平、操作水平的提高，定额也要不断地进行修订。这样，企业生产经营管理水平就会不断提高。

（二）物资消耗定额的制定方法

物资消耗定额的制定是一项极其复杂的工作，目前还没有一套完整的理论和统一的查定方法。而铁路部门涉及的部门广，各单位的业务性质和分工不同，其具体查定方法也不尽一致。下面仅介绍一般常用的方法。

1. 技术计算法

这是根据产品设计、生产工艺等技术资料进行分析计算而确定物资消耗定额的一种方法。一般是根据设计图纸和工艺文件计算其净值，然后分析各道加工工序，确定合理的工艺消耗，两者即为产品的材料消耗定额。该方法比较科学、数据比较准确。但计算分析复杂，工作量大，适用于产品定型、产量较大、技术资料齐全的产品。

2. 统计分析法

根据一定时期物资消耗的统计资料，考虑生产技术条件的变化等因素进行分析研究和计算，确定物资消耗定额。一般计算公式为：

$$物资消耗定额 = \frac{统计期内物资消耗量 - 统计期内不合理消耗量}{统计期内产品产量} \times$$

$$(1 \pm 统计期物资消耗增加量)$$

采用统计分析法制定物资消耗定额，方法比较简单，只要有比较齐全的统计资料，即可采用这种方法。但统计分析法是以过去的统计资料为依据，其准确性很大程度上取决于统计资料的准确程度。因此，运用统计分析法，必须对统计资料进行分析，要剔除不合理的物资消耗。

3. 经验估计法

根据技术人员和生产工人的实际经验，并考虑有关技术文件和产品实物，考虑企业生产技术条件变化等因素确定消耗定额。这种方法简单易行，但技术依据不足，没有经过精确计算，准确性较差。该方法适用于缺乏技术资料、统计资料的产品。

4. 实地测定法

以现场或实验室实际测定的物资消耗量为基础，结合实际生产条件进行分析修正，制定消耗定额。该方法切实可行，定额真实可靠，并能发现问题，消除物资消耗不合理的因素。但组织测定工作量大，需要较多的人力和较长的时间，并受一定生产技术水平和测定人员水平的限制，做起来较困难。

（三）物资消耗定额的管理

物资消耗定额的管理，要求做好物资消耗定额的一系列具体工作，包括定额的制定、审批、执行、考核和修订，使定额在物资管理中发挥应有的作用。定额的管理工作有：

① 编制定额文件；

② 定额经过制定、审批、下达后，要采用各种技术组织措施贯彻执行；

③ 建立健全物资消耗的原始记录和做好统计工作，对物资消耗的分析、考核；

④ 及时修订或定期修订，使定额经常保持在先进合理的水平上。

（四）降低物资消耗定额的途径

降低物资消耗定额的途径如下：

① 首先要在产品设计中贯彻节约原则，改革产品设计，减少构成产品或零件净重的物资消耗；

② 采用先进工艺，尽可能减少工艺性消耗；

③ 在保证产品质量的前提下，采用新材料和代用品，以减少物资的消耗，降低产品成本；

④ 加强运输保管工作，建立健全管理制度，尽量减少物资在流通过程中的损耗，提高物资利用率；

⑤ 对生产过程中不可避免地产生的废旧物资及时回收利用，也是节约物资消耗的有效途径。

第二节　物资采购管理

一、采购与采购管理

（一）采购与采购管理的含义

采购是指商品流通过程中，政府、企事业单位及个人为获取商品，对获取商品的渠道、方式、质量、价格、数量、时间等进行预测、抉择，把货币资金转化为商品的交易过程。采购包括"采"和"购"两层意思，既是一个商流过程，也是个物流过程。

采购是采购方根据自身的需要提出采购计划，选择合适供应商，经过谈判以确定价格、质量、数量、交货时间和支付方式及相关条件，最终签订合同，按合同收取货物和服务并完成支付的过程。除了以购买的方式占有货物或服务外，还可以通过租赁、借贷、交换等途径取得货物的使用权，达到满足需求的目的。租赁的表现形式是一方用支付租金的方式取得他人货物的使用权；借贷是指一方凭借自己的信用和彼此间的友好关系获得他人货物的使用权；交换是指双方采用以物易物的方式取得货物的所有权和使用权。

根据不同的分类标准，采购可以划分为不同的种类。

① 根据采购商品的目的和用途分类，采购可分为工业采购、商业采购和消费采购。工业采购是生产企业为了生产所需而购买商品或劳务的过程，采购的主要是原材料、设备、零配件等；商业采购是流通企业为了进一步地转卖而购买商品或劳务的过程；消费采购是个人或家庭为满足自身的需求而购买商品或劳务的过程。

② 根据采购商品的形态分类，可分为有形采购和无形采购。有形采购是指采购的是有实物形态的产品，如原料、设备产成品或计算机、汽车、办公用品等。无形采购是相对于有形采购而言的，是指采购不具有实物形态的技术或服务，如采购咨询服务、采购技术服务、采购设备时附带的服务等。

采购管理即为保障企业物资供应而对企业采购活动进行计划、组织、指挥、协调和控制的管理活动。采购活动进行之前，需要进行采购数量、采购时间、采购方、采购计划重点的确认。

（二）采购数量的确定

物资采购数量的多少需要根据物资的种类、价值、需求量、市场情况等多个要素综合考量确定，一般分为两类：大量采购、适量采购。

1. 大量采购

大量采购，是企业为了节省采购费用、降低采购成本而一次性把一种商品大批量地采购进来。这种采购方式的优、缺点及适用情形如表 8-1 所示。

表 8-1 大量采购的优、缺点与适用情况

优点	可以降低一次性采购成本，获得进货优惠
缺点	需要占用大量资金和仓储设施
适用情况	(1) 采购的货物企业用量很大，且采购的物品在市场中的需求量巨大 (2) 在共同采购方式下，可以大量采购 (3) 对供货不定的物料，可以采用大量采购法

2. 适量采购

适量采购就是对市场销售均衡的商品，企业在保有适当的货品库存的条件下，确定适当的数量来采购货品。这一适当的采购数量即为经济采购批量。经济采购批量与采购费用、保管费用之间有着密切的关系，如图 8-1 所示。

这里所谓的经济采购批量（也称最佳进

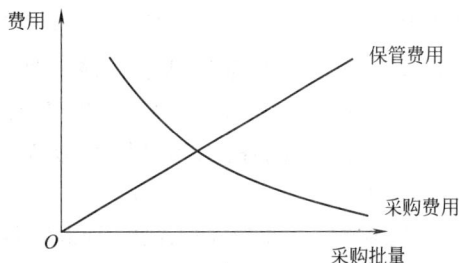

图 8-1 经济采购批量与采购费用、保管费用的关系

货批量），是指在一定时期内进货总量不变的条件下，采购过程中使采购费用与保管费用之和（即总费用）减少到最小限度的采购批量。其计算公式如下

$$Q=\sqrt{2KD/PI} \quad 或 \quad Q=\sqrt{2KD/TH}$$

式中：Q——每批采购数量；

　　　K——单位商品平均采购费用；

　　　D——全年采购总数；

　　　P——采购商品的单价；

　　　I——年保管费用率；

　　　T——商品的存储时间；

　　　H——单位商品的保管费用。

这两个公式的计算结果是一致的，但由于单位商品的保管费用的获得稍难一些，因此前一个公式要常用一些。

【例 8-1】 某企业预计全年需求某种商品 800 件，已知每件商品的采购费用是 0.5 元，单价为 20 元，年保管费用率为 2.5%，求最经济的采购批量。

解：根据公式可得

$$Q=\sqrt{(2\times0.5\times800)/(20\times2.5\%)}=40 （件）$$

通过上述计算可以得知，每次采购数量在 40 件以上或 40 件以下的年度总费用都高于 40 件采购批量的年度总费用。在计算出来商品的经济采购批量后，企业还要考虑实际需求、数量折扣及可变的订货成本和占用成本等方面的变化，来确定实际的采购数量。

经济采购批量的计算，有以下三个假设条件：第一，需求均衡，也就是销售量比较稳定，变化较小；第二，货源充沛，进货容易，并且能固定进货日期；第三，库存储量和资金条件不受限制。

（三）采购时间的确定

1. 定时采购

定时采购，就是每隔一个固定时间，采购一批商品，此时采购商品的数量不一定是经济批量，而是以这段时间已销售的商品数量为计算依据。定时采购的采购周期固定，采购批量不固定。每次采购前，必须通过盘点了解企业商品的实际库存量，再订出采购批量。其计算公式为：

采购批量＝平均日销售量×采购周期+安全存量−实际库存量

式中，安全存量是指为防止由消费需要发生变化和延期交货引起脱销而储备的额外库存量。

【例 8-2】 某企业日销售某商品 40 件，安全存量定额为 6 天需求量，订货日实际库存量为 400 件，进货周期为 30 天，求该企业的采购批量。

解：采购批量＝40×30+6×40−400＝1 040 （件）

在本例中，该商店的采购周期为 30 天，采购批量为 1 040 件，安全存量为 240 件。

2. 不定时采购

不定时采购（也称采购点法）是指当商品库存下降至采购点时就进行采购的一种方法。不定时采购采购批量固定，采购时间不固定。

采购点的采购批量可以参考经济采购批量的计算方法。这种采购的关键实际上是确定采

购点的库存量。通过图 8-2 大家可以清楚地了解采购点的含义。

从图 8-2 可知，企业从采购点采购好商品到商品可以在企业生产或销售，一般需要一定的间隔时间，这段间隔期称为备运时间，也称为提前进货期，包括商品在途运输时间、商品验收入库时间、销售前整理加工时间以及其他时间。当企业在前一次采购的商品到达可以销售的点时开始销售商品起，存货通过逐日销售下降，如果存量下降到采购点而不开始采购，则企业就会面临脱销的风险；如果存量尚未下降到采购点就提前采购，则企业要面临积压的风险。因此，当库存量下降到采购点时，是开始采购的最适当时间。

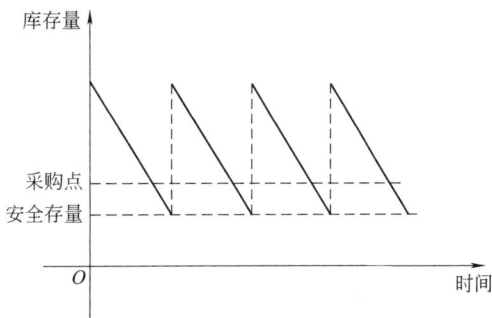

图 8-2　采购点法批量采购示意图

采购点的计算有两种方法：

① 在销售和进货期时间比较稳定的情况下，采购点的计算公式为：

$$采购点 = 平均销售量 \times 备运时间$$

② 在销售和进货期时间有变化的情况下，采购点的计算公式为：

$$采购点 = (平均销售量 \times 备运时间) + 安全存量$$

（四）采购方式的选择

1. 分散采购方式

分散采购是指按照需要由企业各个部门自行设立采购机构负责采购工作，以满足自身生产或经营之需。分散采购的优点是针对性强，权责分明，激励作用强。其缺点是如果管理失控，可能会造成供应中断或重复采购，加大采购成本，影响生产经营活动的正常进行。这种采购方式一般适合大型的生产或流通企业。

2. 集中采购方式

集中采购（又称为中央采购）是指同一企业内部或同一企业集团内部的采购管理呈集中化的趋势，即通过对同一类材料进行集中化采购来降低采购成本。集中采购的优点是：大量采购可享受折扣的优惠且易获得所需的物料；容易获得品质一致的物料；有利于采购技术的专业化；可节省订购成本。其缺点是：购销容易脱节；采购人员与销售人员合作困难，销售人员的积极性难以充分发挥，维持销售组织的活力也比较困难；责任容易模糊，不利于考核。所以集中采购适宜于规模不大、采购量较小的企业，或采购比较单一、专业化程度较高的产品。

3. 混合采购方式

混合采购方式就是把集中采购和分散采购组合起来，组合成一种新型的采购方式。凡属共同性的物料和商品，或采购的金额和数量比较大的商品、进口商品等，均集中由企业总部采购；小额、临时性的采购，则授权各部门或子公司自己采购。

（五）采购计划的重点

1. 商品采购目录的制定

企业确定了商品采购范围之后，还需要将各商品的品种规格详细地列出来，形成商品采购目录。商品采购目录包括全部商品目录和必备商品目录两种。全部商品目录是企业制定的应该经营的全部商品种类目录；必备商品目录是企业制定的经常必备的最低限度商品品种目录。商品采购目录制定以后，不能固定不变，应随着环境、季节、年度、商品新旧更替的变化定期进行调整以适应消费者的需要。

2. 商品采购预算的确定

采购预算一般以生产或销售预算为基础予以制定。同时考虑到库存，还要加上或减去希望库存增加或削减的因素，其计算公式应为：

采购预算=销售成本预算+期末库存计划额−期初库存额

【例8-3】 某企业一年的销售目标为2 500万元，平均利润率是10%，期末库存计划额为250万元，期初库存为200万元，求其全年的采购预算。

解： 全年的采购预算为：

$$2\ 500×(1-0.1)+250-200=2\ 300(万元)$$

该企业一年的采购预算为2 300万元。再将其根据企业的生产计划按月分配，就可以得到年度采购计划。

二、物资采购应遵循的原则

① 合规原则。合规原则即物资采购有计划，产品质量要合规，物资名称要规格，资金来源要合规，库存数量要合规。

② 分工原则。物资的采购计划审批、采购、采购合同审查、质量检验、货款支付等工作要分工明确，既有利于各项工作有序进行，同时可以有效防止采购人员的徇私舞弊行为，更好地维护企业利益。

③ 批量原则。批量原则是产品和服务采购的基本原则。对于产品和服务的销售或者采购，一次性批量越大，产品和服务价格就应该越优惠。因此在采购过程中，采购主体应把可以集中采购的放在一起，以实现增加采购批量、节约采购成本的目标。

④ 择优原则。采购主体通过对产品和服务供应的了解、分析和研究，掌握各种工程、货物和服务的供应信息，包括品种、品牌、性能、质量、价格、寿命周期、供应渠道等，在众多的产品和服务中找到最符合自身需要、成本又低的产品和服务，以实现其优良的采购目标。

⑤ 竞争原则。充分利用竞争机制是达成采购目标的必然选择。市场经济条件下，供应商为争取到采购者的订单而展开激烈的竞争。对采购者而言，可以利用供应商之间的销售竞争，取得价格、质量和服务的优势。

⑥ 专业原则。随着科学技术的迅速发展，各种货物、工程建设项目和服务的性能及价格影响因素越来越复杂，对采购者也提出了越来越高的要求。因此，对于技术较为复杂、金额较大的采购，应选择委托专业采购人员进行采购，实行内行采购和专家采购。

⑦ 范围原则。采购范围是指采购者采购货物和服务的选择范围。在采购活动中，采购选择范围的大小，是影响采购效果的一个重要因素。显然，如果采购者能在较大的市场空间中选购产品，必然比在狭窄的市场空间中选择有更多的优选机会。因此，许多采购尤其是企业和政府较大额的采购，扩大采购的选择范围，是优化采购目标必须要坚持的原则。

⑧ 时机原则。采购工作必须坚持时机原则，根据市场变化把握时机，以便采购到满足需要、符合要求的产品和服务。例如，某种产品即将淘汰，或者某种产品即将大幅降价，此

时如果大规模地采购，将会带来因技术落后及售后服务日渐困难造成的巨大损失。同样，新产品在刚上市销售时价格往往偏高，随着产品生产批量扩大，或者生产该产品的商家增多，产品价格会迅速下降，如果采购者在新产品刚投入销售时就大批量采购，将会在短时间内蒙受很大的差价损失。一般而言，产品的最佳采购时机是在产品进入技术成熟与生产批量扩大，销售价出现下降的时期。

⑨ 方式原则。要更好地实现采购目标，离不开采购方式的科学化。同样的采购批量和数额，可能会由于采购方式不同，采购程序不同，使效果出现极大的差别。因此，要想实现采购科学化目标，必须选择最恰当、最科学的采购方式。

三、物资采购流程

物资采购流程如图 8-3 所示。

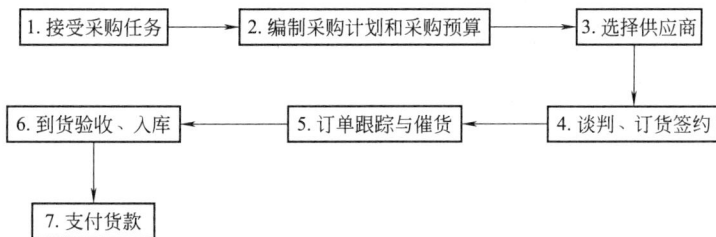

图 8-3　物资采购流程

1. 接受采购任务

任何采购都来源于企业某个部门的需求。采购部门根据所收到的各个部门的请购单，制订统一的需求计划，经部门负责人审批后确认采购任务。有需求的部门，必须填写请购单。

2. 编制采购计划和采购预算

确认采购任务后，下一个工作就是根据采购任务制订采购计划。采购计划要尽可能准确，否则容易发生需求和实际采购的物品不相匹配的情况，采购计划的准确与否也影响着采购预算的准确性。

3. 选择供应商

采购计划制订好后，要根据采购计划在供应商库中选择合作良好的供应商，通知其报价；对一些特殊原料或以前未曾采购过的产品，要以网络公告或登公告等方式公开征求新的供应商。供应商的选择是采购活动中的重要环节，它涉及企业能否及时获得所需的产品或服务。选择供应商的标准如下。

① 经营管理水平。经营管理水平高的供应商才有能力提供优质的产品。

② 持续供应和扩大供应的能力。持续供应和扩大供应的能力如何，是指逐年扩大指定量的商品的能力如何。

③ 市场地位。市场地位高的供应商通常是指那些拥有名牌产品的大型生产供应商，特别是其在不同地区的市场地位差异，对企业的进货更有意义。

④ 低价格产品开发能力。低价格产品开发能力关系到未来发展过程中的生产、加工问题，也是需要考虑的因素。

企业最好建立固定的进货渠道和固定的购销业务关系，这样做有利于互相信赖和支持。

由于彼此了解情况，供货易于符合进货要求；企业则可以减少采购人员，节约费用。在保持固定进货渠道的同时，企业还要注意开辟新的进货渠道，以保持商品品种的多样化。

4. 谈判、订货签约

在决定可能的供应商后，要及时与供应商就采购价格、采购条件、供货条件、货物质量、交货方式以及违约事宜等做详细洽谈。各方面条件谈妥后，双方应办理订货签约手续。

5. 订单跟踪与催货

订单签约完成后，一般来讲，要确定相应的跟踪接触日期。跟踪是对订单所做的例行追踪，以使其履行货物发运的承诺。如果追踪过程中发现了问题，比如质量问题或发运方面的问题，企业应尽早了解清楚，以便采取相应的行动。催货是对供应商施加压力，以使其履行最初所做出的承诺，或是加快已经延误的订单所涉及货物的发运。

6. 到货验收、入库

到货后，采购部门在仓储部门的配合下，根据产品或物料的检验体系，对采购物品或物料进行严格检验，如果产品合格则进库；如果不合格，需填写"验收单"，并应按照合同的规定进行退货或要求赔偿等处理。

7. 支付货款

供应商交货验收合格后，即开具发票，要求付清货款。保管部门将收货单第一联反馈给采购部门，第二联反馈给财务部门，第三联反馈给供应商以备查询，第四联存根。采购部门应向财务部门提供采购货物验收合格及入库证明，连同发票一起向财务部门申请票据来付款。

四、采购成本控制

（一）全面采购成本的构成

采购成本由物资的订购成本、存货储备成本和品质成本构成。

1. 物资的订购成本

物资的采购成本包括请购手续成本、采购成本、进货验货成本、进库成本和其他成本。

① 请购手续成本包括请购的人工费用、用品费用和主管的审查费用。

② 采购成本主要包括估价、询价、比价、议价、通信和用品等费用。

③ 进货验货成本包括验收的人工费用、交通费用和仪器仪表费用。

④ 进库成本主要指物资搬运成本。

⑤ 其他成本有会计入账、支付款项所花费的成本等。

2. 存货储备成本

存货储备成本包括资金成本、搬运成本、仓储成本、折旧及陈腐成本。

① 资金成本指由于存货的维持需要投入大量资金，投入的资金丧失了其他使用这笔资金的机会而带来的成本，如果每年其他使用这笔资金的资金报酬率为20%，那么每年存货资金成本为这笔资金的20%。

② 搬运成本指随着存货数量增加，搬运和装卸的机会也增加，由此引起的搬运工人和搬运设备增加的搬运费用。

③ 仓储成本包括仓库租金以及维护和管理仓库的费用。

④ 折旧及陈腐成本指因存货发生品质变异、破损、报废、价值下跌等而造成相应的费

用损失。

⑤ 其他成本包括存货的保险费用以及其他管理费用等。

3. 品质成本

品质成本包括设计品质成本、采购品质成本、边际品质成本、用户品质成本、社会品质成本、全寿命品质成本、作业品质成本。

① 设计品质成本是指企业为保证产品的设计品质适合客户要求和生产要求所投入的费用，以及设计缺陷所造成的损失。

② 采购品质成本是指为促使和鉴定采购物达到合同规定的品质要求所支付的费用，以及采购物未达到品质要求给采购方造成的损失。

③ 边际品质成本是指品质成本对产品品质特性最小单位变化的变动成本。

④ 用户品质成本是指用户为获得品质满意的产品所支付的费用，以及产品品质不能满足用户要求给用户带来的损失。

⑤ 社会品质成本是指国家品质监督机构、环境保护机构、用户权益保护组织等在鉴定和促使改进产品品质、保护环境等方面所投入的费用，以及产品品质不良造成危害给社会带来的经济损失。

⑥ 全寿命品质成本是指产品从市场调研、研制、生产、使用到报废、销毁的全过程中，对实现全寿命品质控制所投入的费用，以及产品品质不良造成的损失。

⑦ 作业品质成本是指企业为促使品质管理人员提供作业效果所支付的费用，以及作业差错造成的损失。

（二）影响采购成本的因素

1. 采购产品或服务的形态

采购产品或服务的形态决定是一次性采购还是持续性采购。持续性采购的成本分析要求远高于一次性采购，若一次性采购的金额较庞大，也会对采购成本造成很大的影响。

2. 年需求量与年采购总额

年需求量与年采购总额直接影响与供应商议价的优势，从而影响采购价格。年需求量与年采购总额数量较大，供应商可能在价格方面做出较大的让步。反之，供应商将很难做出让步。

3. 产品的生命周期

采购成本与产品的生命周期有直接的关系。产品由导入期、成长期到成熟期的过程中，采购量会逐渐放大；当衰退期出现时采购量会逐渐缩小；采购量缩小时，供应商可能会提高采购价格，使采购成本增加。

4. 与供应商的关系

采购方可将供应商分为一般供应商、认可供应商和密切合作供应商三个层次。采购方与供应商的关系普通，则不容易得到优惠的采购价格；采购方与供应商维持密切的关系，彼此互信合作，则容易得到较优惠的折扣价格，所以应注意对一般供应商、认可供应商及密切合作供应商三者进行区别。

（三）控制采购成本的方法

1. 公开采购法

实施公开采购法的具体要求如表 8-2 所示。

表 8-2　实施公开采购法的具体要求

要　　求	说　　明
决策透明化	将隐蔽的权力公开化、集中的权利分散化
信息公开化	物资采购来源内部公开
监控程序化	由不同的部门分别承担"三审一检"职能，"三审一检"即审核采购计划、审核价格、审核票据和检查质量
管理制度化	建立完善采购提议、审核、决策的自控程序
奖惩严明化	对收取个人利益的采购人员给予严惩，对公平无私的采购人员予以奖励

2. 战略合作法

通过加强合作和开发，与供应商建立良好的合作关系，从而获取低成本、高质量的产品和服务。

3. 价格谈判法

采购方与供应商就价格问题进行讨论、协商，达成一致。价格谈判时可采用以下技巧：

① 通过保证折让、数量折扣、绩效奖励、不收回扣和成员分享等方法获取优惠的价格；

② 良好的付款条件可以让采购方获得优惠的价格，例如采用现金交易、货到付款的方式付款等。

4. 早期供应商参与法

让供应商参与新产品开发过程，提供工艺设计、缩短循环周期和降低成本等方面的改善建议，有效控制产品成本和质量。

5. 实行买断采购法

采购方以买断的形式与供应商签订长期的采购合同，从而获取最优惠的供货价格。实行买断采购之前，采购方应评估供应商的信誉、生产效率、产品品质、财务状况以及经营管理等方面的能力，决定是否可以实行买断采购的合同形式。

6. 加强成本核算法

准确地估算供应商的产品和服务成本，保证采购价格处于控制的范围之内。

7. 提高产品附加值法

物资成本占产品总成本的比例越高，附加值越小。因此，提高产品附加值，可以降低采购成本。可以通过增加产品技术附加值和增加产品品牌附加值的途径来提高产品的附加值。

（四）降低采购成本的方法

采购成本是企业成本管理中的主体，要降低企业成本，降低采购成本不容忽视。因此采购主管应掌握相关能够降低采购成本的方法和技巧。

1. 集中采购与联合采购

集中采购和联合采购是通过形成大批量采购，从而获取供应商的价格折扣，实现低成本采购的一种手段。集中采购前文已有论述，这里不再赘述。

联合采购是指小型企业联合起来，形成大批量采购，从而获取价格折扣，实现低成本采购的一种手段。联合采购可由采购方组织，也可由供应商或第三方组织。其优点是：集小订单成大订单，可获取采购规模优势；通过直接与制造商交易，可摆脱代理商的转手成本，保障产品的质量。其缺点是：联合采购的作业手续复杂，容易因数量分配和到货时间而引起争端；相关企业可能会利用联合采购，进行"联合垄断"，操纵供应数量和市场价格。

2. 降低库存量与选择最佳采购时间

① 降低库存量。当库存量下降到预定的最低库存数量（采购点）时，按预先确定的订货量发出货物订单。

② 选择最佳采购时间。选择最佳采购时间须考虑以下三个因素：

一是购备时间，即从请购物料到物料进厂验收完毕所需要的时间，包括处理订购单时间、供应商备货时间、运输交货时间、检验收货时间；

二是物料价格出现上涨或下降时，考虑库存量和物料的使用情况，确定是否采购以及采购的数量；

三是在存货控制的情况下，按照存量控制的方法决定采购时间；在定量订购制度下，某项物料达到订购点时，即为适当采购时间。

3. 全球采购计划

全球采购计划是指在全球范围内寻找产品质量最好、价格最合理的供应商，进行合作。全球采购包括直接采购、中介商采购和建立国际采购处三种方式。

4. 电子化采购作业

电子化采购又称网上采购，包括网上查询采购和网上招标采购两种方式。网上查询采购借助网络技术，查询供应商，进行商品考察、洽谈和合同签订。网上招标采购通过电子商务平台，发布采购公告，对投标的供应商进行评估和选择，确定最终的供应商，签订并实施采购合同。两种方式的区别如表8-3所示。

表8-3 网上查询采购和网上招标采购的比较

方　式	特　点	适用范围
网上查询采购	简单方便、成本低、采购快、时间短，效率高，采购量小	适于企业对通常用品的采购
网上招标采购	程序正规复杂、成本高、采购慢、时间长、采购量大，或持续供应时间长，产品和供应商要求高	适于企业和政府的大批量用品采购

第三节　库存管理与控制

库存管理是物资管理的核心内容，库存量的高低直接影响物流成本的高低和企业经济效益的好坏。库存量过高，会占用大量的流动资金，影响企业的资金周转；库存量过低，会影响企业生产经营活动的正常进行。因此，运用科学的方法管理企业库存，可降低物流成本，提高经济效益。

一、库存与库存管理

1. 库存的概念

库存，广义上讲可以称为"具有经济价值的任何商品的停滞和储藏"；狭义上讲可以称为"用于进行生产或满足顾客需求的材料或资源的储备"。尽管现在的企业现代化程度很高，周围环境稳定，库存仍然是必要的。

2. 库存的分类

库存的种类有很多，按照库存的作用可以分为以下几种。

① 周转库存。是指由批量周期性形成的库存。周转库存的大小与订货频率成反比，因此订货成本和库存成本之间的权衡选择是决策时主要考虑的因素。

② 安全库存。又叫缓冲库存，是指生产者为了应付需求、生产周期或供应周期的不测变化，防止缺货造成损失而设置的一定数量的库存。安全库存的数量除受需求和供应的不确定因素影响外，还与企业期望达到的顾客服务水平有关，这些是安全库存决策时主要考虑的因素。许多企业都会考虑保持一定数量的安全库存，以防在需求或提前期方面的不确定性。安全库存的决策困难在于确定什么时候需要保持多少安全库存。若安全库存太多，则库存过剩；若安全库存不足，则意味着缺货，会影响生产正常进行。

③ 调节库存。是指为了调节需求或供应的不平衡性、生产速度和供应速度的不均衡性、各个生产阶段的产出不均衡而设置的一定数量的库存。

④ 投机库存。指为了避免因物资价格上涨造成损失或为了从物资价格上涨中获利而建立的库存。

⑤ 在途库存。是指正处于运输的，以及停放在两个工作地之间或相邻组织之间的库存。在途库存的大小取决于运输时间和该时间内的平均需求。降低在途库存，可采取缩短生产-配送周期的基本策略。

⑥ 积压库存。是指因物资品质变坏不再有效用的库存或施工中不再需要的物资库存。

3. 库存的管理

在保证均衡生产和满足客户需求的前提下尽可能降低库存，是企业管理的重要内容。库存过多，会增加企业成本，而过少又会影响企业生产。因此，确定合理库存数量是库存管理要解决的核心问题。

库存管理是为了满足生产经营正常进行而建立合理库存量的数量标准。库存管理的关键是库存控制，库存控制的中心是确定合理库存量。切实加强库存管理，控制库存量，是加快资金周转、减轻仓储压力、提高经济效益的重要手段。

二、物资储备定额

物资储备定额，是指在一定的管理条件下，企业为保证生产顺利进行所必需的、经济合理的物资储备数量标准。物资储备是生产经营活动不可或缺的重要条件，是企业流动资金占用的重要部分。为保证生产的正常进行，并取得良好的经济效果，必须确定合理的物资储备量。

物资储备定额是企业物资管理工作的重要基础资料，它的作用如下：

① 它是企业编制物资采购计划，确定采购量、订购批量和进货时间的重要依据；

② 它是企业掌握和调节库存量变化，使储备经常保持在合理水平的重要工具；

③ 它是确定物资仓储条件、进行仓库规划的主要依据；

④ 它是财务部门核定流动资金的重要依据。

因此，正确查定物资储备定额，是企业提高经营管理水平的重要一环。企业的物资储备包括经常储备和保险储备，在生产和物资供应受季节影响的企业中还有季节储备。

(一) 经常储备定额

经常储备是指企业用于经常性周转的物资储备，企业典型的经常储备示意图如图 8-4 所示。它是在企业前、后两批物资进场并投入使用的这一间隔期内为满足生产日常需要而准备的物资储备。这种储备是动态的，在每批物资进厂时又到最大值，在下批物资进厂前降到最小值，到下批物资进厂时又上升到最大值，这种周而复始的变化，形成经常储备。

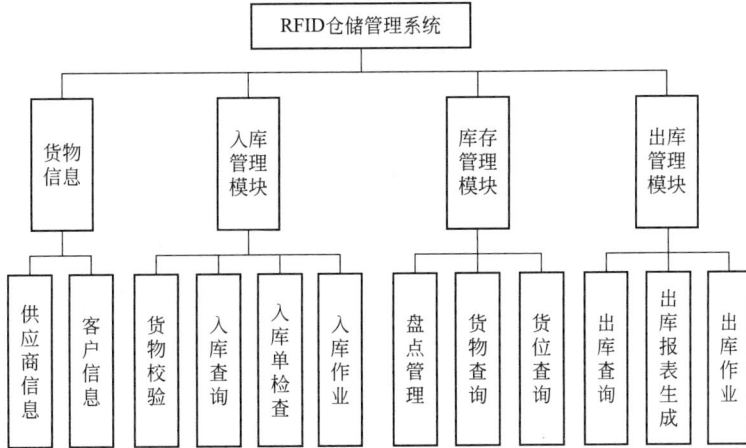

图 8-4 企业典型的经常储备示意图

经常储备定额的确定方法主要有供应间隔期法和经济订购批量法两种。

1. 供应间隔期法

供应间隔期法是一种先确定物资的供货间隔周期，然后再确定物资经常储备量的方法。其计算公式如下：

$$经常储备定额=平均日需用量×物资合理储备天数$$

从公式来看，计算比较简单。但物资合理储备天数与平均日需用量的确定较为复杂。平均日需用量是根据某一物资全年需用量除以 360 天得出的。物资合理储备天数是供应间隔天数、验收入库天数和使用前准备天数的总和。

① 供应间隔天数是前、后两批物资运转的间隔天数。由于每次购入的数量必须满足下批物资运达前的消耗需要，所以在物资的平均日需用量一定的情况下，供应间隔天数是决定经常储备定额的主要因素。

② 验收入库天数指物资抵达后的搬运、整理、检验和入库等所需要的时间。

③ 使用前准备天数指需要经过一定的加工或技术处理所需的时间，如原木加工成板材、加工板材后的干燥处理等，但它不是每一物资都必须具有的因素。

2. 经济订购批量法

经济订购批量法是指采购费用和保管费用两者之和（即总费用）最小的批量。这是本着节约费用支出来确定的物资经常储备。

(二) 保险储备定额

保险储备是一种保险性质的储备，当经常储备达到最低点时，下一批物资如果不能进厂，供应就会中断，会造成停产的损失。保险储备定额是指为了预防物资在供应过程中因运输误期、拖延，质量、规格、品种不和标准，以及计划超产等不正常情况，能保证生产连续进行所必需储备的物资数量。

保险储备定额由平均日需用量与保险储备天数两个因素决定。其计算公式是：

$$保险储备定额=平均日需用量×保险储备天数$$

其中，保险储备天数一般根据历史统计资料以加权平均的方法计算出到货的误期天数，再结合气候、运输的可能误期来制定。其计算公式是：

$$保险储备天数 = 平均误期天数 = \frac{\sum(每次误期时入库数量 \times 每次误期天数)}{\sum 每次误期时的入库数量}$$

（三）季节储备定额

季节储备是由于某些物资的供应受到季节性影响而进行的储备。季节储备定额是由季节性储备天数确定的，其计算公式如下：

$$季节储备定额=季节性储备天数×平均日需用量$$

经常储备定额是经常变动的，所以物资储备定额有它的上限和下限。上限为经常储备定额与保险储备定额之和，即最高储备定额，下限就是保险储备定额，即最低储备定额。物资储备定额一般由经常储备定额与保险储备定额所组成，所以：

$$物资储备定额=平均日需用量×$$
$$（供应间隔天数+验收入库天数+使用前准备天数+保险天数）$$

三、库存管理的控制方法

1. ABC 分类管理方法

ABC 分类管理方法就是将库存物资按重要程度分为特别重要的库存（A 类库存）、一般重要的库存（B 类库存）和不重要的库存（C 类库存）三个等级，实施重点物资重点管理一般物资一般管理的原则。具体做法是：按各类物资的价值大小、占用资金的多少及占储备物资总价值的比重和各类物资的品种多少及占品种总数的比例，将物资分为 A、B、C 三类。一般是把价值占 80%左右，品种占 10%左右的物资划为 A 类；把价值占 15%~20%，品种占 30%左右的物资划为 B 类；把价值占 5%~10%，品种占 60%左右的物资划为 C 类。A 类物资占用资金多但品种少，可进行重点管理。对 A 类物资，应严格控制库存量，严格入库、发放手续，监督使用消耗。而 C 类物资占用资金少，但品种繁杂，不必花过多精力去进行管理。B 类物资介于二者之间，实行一般控制。对 B 类物资，可以增加进货批量，减少进货次数，关注库存量，保证供应。

2. CVA 管理法

CVA（critical value analysis）管理法就是关键因素分析法。它的基本思想是把存货按照关键性分成 3~5 类，即：

① 最高优先级——这是经营的关键物资，不允许缺货；

② 较高优先级——这是指经营活动中的基础性物质，允许偶尔缺货；

③ 中等优先级——这类多属于比较重要的物资，允许合理范围内的缺货；

④ 较低优先级——经营中需用这些物资，但可替代性高，允许缺货。

3. 零库存管理法

供应链管理中的采购和准时采购也叫 JIT 采购，最终都是想要实现企业物料供应的"零库存"管理，以保证物资供应和产品分配的顺畅，实现企业利益最大化。

"零库存"管理是物资存储优化理论，即仓储理论在管理实践中的运用，它并不是指企业所有的原材料、半成品、产品的库存为零，而是指在确保企业生产经营活动顺利进行的条件下，采用各种科学的管理手段，对库存进行合理的计算和有效的控制，尽可能降低库存量。"零库存"并不等于不要储备和没有储备，也就是说某些经营实体不单独设立库存和储存物资，并不等于取消其他形式的储存活动。

实现企业零库存的方法主要有看板生产管理、按订单生产方式、准时采购、协作分包方式、委托保管方式、生产环节同步方式、水龙头方式、无库存储备和供应链配送方式等。

第四节 仓 库 管 理

仓库是存放、保管物资的场所。仓库管理是为利用仓库存放、储存未及时使用的物品以备将来交付使用的行为。仓库管理是物资管理的重要组成部分，做好仓库管理工作，对保证物资管理完好、有效供应企业生产所需物资、提高企业经济效益都有重要的实际意义。

仓库管理的目标是按照仓库管理活动的客观要求和仓库管理的需要，把与仓库管理活动有直接关系的部门、环节、人和物尽可能合理地组织搭配起来，使工作协调、有效地进行，加速物资在仓库中的周转，合理地使用人力、物力，以取得最大的经济效益，即实现仓库管理活动的"快进、快出、多存储、保管好、费用省"。

仓库管理作业过程是以保管活动为中心，从仓库接收物资入库开始，到按需要把物资全部完好地发放出去的全部过程，仓库管理作业内容包括物资入库管理、物资在库管理、物资发放管理及废旧物资的管理等。

一、物资入库管理

物资入库一般是指仓库根据物资入库凭证接受物资入库储存而进行的卸货、搬运、清点数量、检查质量、办理入库手续等一系列操作的总称。

（一）入库前的准备

入库前的准备包括熟悉入库货物；掌握仓库库场情况；制订仓储计划；妥善安排货位；合理组织人力；做好货位准备；准备苫垫材料、作业用具；准备验收；设定装卸搬运工艺；准备文件单证。

（二）物资验收

物资验收是指按照物资验收业务流程，核对业务凭证，对实物进行数量和质量检验等经济技术活动的总称。其原则为准确、及时、经济。验收内容包括外观验收、资料验证、数量验收、质量验收。

1. 外观验收

验收物资外观、规格型号符合情况。如材料的包装、表面状态、外在形态等是否存在问题或缺陷，几何尺寸是否相符，检验物资有否被污染、潮湿霉变生虫等。

2. 资料验证

验证质量证件和技术证件是否与实物相符；是否与合同、供货通知书和使用标准相符；并验证其有效性，包括是否在有效期内、是否由权威检测部门出具合格证书等。

验证的质量证明文件资料有产品出厂合格证、材质证明、试验报告单等。验证的技术证件资料有结构说明书、使用说明书、性能技术参数等。

3. 数量验收

验收数量是否相符。一般有计件、计重、按理论换算、求体积等几种形式的验收方法。

① 计件验收。原则上应全部清点，对于包装一致的小件物资（如袋装水泥），若包装完整，可按 5%～15% 的比例抽验；若有差异，则应扩大抽检比例。

② 计重验收。一般按净重计算，如散装水泥验收。若为包装的计重物资，可按 5%～15% 的比例抽验；若有差异，则应扩大抽检比例。

③ 按理论换算验收。这种验收方式适用于计重的验收物资，应记录尺寸、件数和换算依据，如钢材一般合同约定按照理论换算计重。

④ 求体积验收。这种验收方式适用于计量验收的物资，如木材验收。

4. 质量验收

质量验收指的是判断内在质量能否达到国家标准或相应标准。

质量验收需填报《检验/试验通知单》，附质量证明书、合格证等技术证件原件，通知工程试验部门取样检验，并做好质量证明书传递、签收、登记，有必要时需复印并保存。

（三）入库

① 登记物资收料记录。物资收料记录是详细反映物资实物入库的账目，应该分品名、分规格、分批次登账。

② 物资标识。物资入库码垛时，需按照规范进行标识，标识要清楚、完整。库内小型物资用标签标识，大宗物资、主要物资用标牌标识。标识分物资标识、检验状态标识。物资标识的主要内容有：物资名称、规格型号、生产厂家、生产日期、保质期、出厂编号等。状态标识主要有：未经检验/试验（待检）、经检验/试验后待判定（已检待定）、经检验/试验后合格（已检合格）、经检验/试验后不合格（已检不合格）。

③ 资料保存。物资验收入库后，须建立物资档案。对物资的质量证明证书、使用说明书等文件按一物一档的原则，分别保存，并编号。物资管理人员应仔细阅读产品说明书，了解物资使用、保管中应当注意的事项。

总而言之，物资入库必须把好"三关"，即数量关、质量关、单据填制关；坚持验收、复查制度，确保入库物资的准确，为物资的保管提供有利条件。

二、物资在库管理

物资在库管理主要是指对物资进行合理的保存和经济的管理，将货物存放在合适的仓库位置。物资在库管理主要包括分区分类、选择货位、物资堆码与苫垫、盘点及仓库安全管理。

1. 分区分类

物资分区，就是根据仓库的建筑、设备等条件，将库房、货棚、垛场划分为若干保管商品的区域，以适应商品储存的需要；物资分类，就是按物资大类、性质和它的连带性把物资划分成若干类，分类集中存放，以利收发货与保管货业务的进行。其方法有以下 3 种：①按照物资种类和性质来分区分类；②按照物资的发往地区来分区分类；③按照物资的危险性质来分区分类。

2. 选择货位

货位选择就是在分区分类保管的基础上，具体落实每批入库物资的储存点。合理选择货位，必须遵循"安全、优质、方便、多储、低耗"的原则，即确保物资安全，方便吞吐发运，力求节约仓库容量。

3. 物资堆码与苫垫

物资堆码是入库物资堆存的操作及其方式、方法的总称，主要方法有散堆法、货架堆码法和垛堆法。堆码时注意的事项如下：

① 注意库房最大负荷量；

② 注意"五距"，即墙距、柱距、灯距、垛距和顶距符合安全管理要求；

③ 注意物资性能和保管要求。

苫盖方法主要有苫布（篷布、塑料布等）苫盖法、席片苫盖法、隔离苫盖法。垫底方法主要有露天火场垫底和底层库房垫底。

4. 盘点

物资盘点是对库存物资进行账（物资保管账）、卡（货卡）、货（库存商品）三方面的数量核对工作，包括日常盘点、临时盘点和定期盘点。盘点的流程为盘点准备、料仓清理、盘点实施、盘点结果分析处理。

根据物资重要程度和盘点周期的不同，物资盘点的要求也不同：

① 主要物资盘点率应达到100%；

② 一般物资实行循环盘点，每次不少于总项数的33%，每季度库存物资必须都实现盘点一次，及时上报库存积压物资信息，半年和年终物资盘点率达100%，并填写存货盘点明细表和存货盘点记录，并向相关部门报送物资大清查报表；

③ 要特别注意有保质期限的物资，快到保质期限时要及时与物资部门进行信息沟通，可以通过物资部门在各生产部门之间调剂、或退或换，及时处理。

5. 仓库安全管理

仓库安全工作是仓库管理工作的重要组成部分。仓库安全不仅涉及财产安全、人身安全，同时也是仓库履行仓储合同义务的组成部分，是降低和防止经营风险的手段。仓库的安全工作应该位于一切管理工作的首位，必须警钟长鸣，做好一切防范工作，包括做好治安保卫工作、消防安全工作、防台风和雨湿工作、安全作业工作等。

三、物资发放管理

物资发放即物资供料出库，是物质管理工作为生产经营服务的直接环节，也是加强物资管理的重要环节。物资发放工作的好坏，直接影响企业生产。因此，必须做到数量准确、设备成套、质量完好、迅速及时。

1. 铁路基层单位物资供料方式

铁路基层生产单位料库对车间、班组的供应方式，一般有以下几种。

① 分库制。在生产场所设置分库，就近供料，分库受中心库领导，对外不发生经济关系。该方法适合于生产繁忙、又远离中心料库的单位。采用分库制可以减少往返领料时间，避免停工待料影响生产。如机务折返段、车辆列检所等可实行该方式。

② 分存制。对于未设置分库的车间班组，可将一些经常消耗、品种又不多、储备经常

保持定量的物资，实行分存制。即在生产地点设置料架或料柜，由班长或工管员管理。分存制与分库制的区别在于不设专职管库人员，设有专门仓储场地。

实行分存制的材料供应，要定品种、定数量、定金额。分存料仍属料库，分存时不转账，使用时不填凭证，每日或定期根据用料数量集中填制"用料单"，向料库请领补充，分存定量保持不变。如机务段、车辆段的检修车间等可实行该方式。

③ 盘存制。对一些沿线点多分散的班组工区，平时需要保存一定数量的用料，但又不适合分库制的，可采用盘存制，实行定额、定量管理。月末或季初单位的材料部门按照支出计划送料上门，填写"用料单"，一次列销。月末（或季末）盘点余料，报财务部门冲减成本。

2. 物资发放注意事项

① 贯彻先进先出原则。物资进库时间有先有后。物资发放时，对先进的物资，或有保管期限的物资，应予以先发，以避免物资在仓库中长期停留，造成自然损耗或久存变质。

② 贯彻先零后整、先旧后新或交旧领新的原则。先发零材后发整材；先收旧料，后发新料，或同时交旧领新，充分发挥物资的使用效能。

③ 发料必须有根据。出库单据、凭证和手续必须符合规定要求，并及时记账和进行必要的复核、查对等工作。

④ 严格执行限额发料制度。即按照计划任务和物资消耗定额，计算物资需用量，并以此作为限定发放物资数额的依据。

⑤ 实行补料审核制度。凡是工废、料废及超额等要求补料时，必须按规定的手续经过审核和批准后，才能允许补料。

⑥ 实行退库和核销制度。领料单位在生产过程中，由于计划变更或采取节约措施等原因，有时会发生物资的剩余，这时应及时办理退料手续。物资部门还应按月对领料部门所消耗的物资实行核销制度，以利于加强考核。

⑦ 实行送料制度。物资管理人员根据生产需要送货上门。这不但可节省生产人员的领料时间，还可使物资管理人员直接掌握现场物资消耗和使用情况，以便及时调整余缺。

四、废旧物资的管理

对于库存时间过长又极少使用或不再使用的废旧物资，或已经丧失使用价值的物资，或加工过程中产生的边角残料，经管理部门审批后及时做出清理，以保证物尽其用，减少资金占用，节省储存费用。废旧物资的管理工作主要有如下几方面：

① 转作他用，用于其他产品生产或修理；

② 修正再用，对规格等稍加修改后再作利用；

③ 拆零利用，将可用的零部件拆下回收利用；

④ 降价出售，将不能使用的物资售出以回收部分资金；

⑤ 报废销毁，经多方认证，无法进行上述处理的废旧物资，只能进行报废或销毁，以免占用仓库空间。

案例分析

惠普公司采购方式的变革

惠普公司是全球领先的计算、成像解决方案与服务的供应商。其先前物品采购采用的是分散采购方式，即完全独立的子公司自行运转，各部门分头采购。

由此买来的办公设备、文具用品以及各项服务的价格都是惊人的昂贵，到 1999 年底，惠普用在这些项目上的总金额高达 20 亿美元。后来，惠普公司对采购进行了电子化集中采购方式的改革，对众多的供应商进行筛选，与可靠有效的少数大型供应商建立合作关系，进行网上交易。84 000 多名惠普员工全都从指定的供应商那里取得诸如铅笔、台历和电脑等办公用品，实现采购的决策与实施过程无纸化。采用电子化集中采购，总资产达 470 亿美元的惠普公司能够与 100 家供应商进行快捷的交易与联系，并且使公司每年的采购支出减少了6 000 万~1 亿美元。

思考：
惠普公司的采购案例说明了什么问题？

复习思考题

1. 简述物资管理的任务。
2. 简述物资消耗定额的概念和作用。
3. 简述降低物资消耗定额的途径。
4. 如何进行物资采购方式的选择？
5. 物资采购应遵循哪些原则？
6. 降低采购成本的方法有哪些？
7. 库存管理的控制方法有哪些？
8. 简述仓库管理的作业内容。

第九章

铁路运输企业营销管理

学习目标

（1）熟悉市场的概念、要素和功能，了解市场宏观、微观环境，认识市场营销和市场营销观念的演变过程，明确市场营销在企业生存和发展过程中的重要作用。

（2）掌握市场调查和预测，了解市场细分、目标市场、市场定位的含义和步骤。

（3）掌握产品策略、价格策略、渠道策略的内容和方法，树立现代市场营销意识，初步具备市场营销管理的能力。

案例导入

铁路货运转变营销观念　改变货运市场格局

2018年5月7日凌晨1时05分，由9个铁路机械保温车冷藏着的7 960件进口火龙果，从中越国际通道昆（明）玉（溪）河（口）铁路河口北站一路向北疾驰，120小时内这些火龙果将出现在长沙、郑州、北京等地的水果市场，这是云南铁路首次开行东南亚与国内的冷链运输列车。

任何市场行为都必须遵循相应的市场规律，许多企业的发展变化也都和它是否遵从市场规律相辅相成。因循守旧，无法适应市场，不啻如逆水行舟，不进则退。对于铁路货运来说，从无人可以竞争的"铁老大"，到放低姿态融入货运市场，铁路货运的改变为它占领货运市场份额，打下了坚实的基础。

曾经的"铁老大"根本不愁货运，以它自身的特点，非常适合大宗货物的中长途运输，所以一直以来都很稳定地进行着煤炭、钢筋、水泥等货物的中长途运输。鼎盛时期，铁路车皮都成了紧俏货，不是老货主都订不到车皮，也奠定了铁路在货运市场的"江湖老大"地位。不过，随着国家能源结构的调整，对于煤炭、钢筋、水泥等大宗货物需求量的减少，铁路遭遇了货源寒潮，货运量一度跌至同行业中最低。铁路货运的发展成了百姓大众热议的话题。

铁路不得不改变原有的铁老大策略，在政策方面开始改革，对货主取消货运计划申报、请求车、承认车等繁杂的手续；对各类货物运输需求敞开受理，随到随办；对各类收费全面规范，实行"一口报价、一张货票核收"；全面开展"一条龙全程物流服务，将"站到站"向"门对门"延伸。不仅如此，他们还积极化身店小二，走访企业货主，而且根据客户需求开行了"汽车专列""集装箱专列""绿色蔬菜专列"等，让曾经跌至冰点的铁路货运逐步复苏，逐渐赢得了失去的货运市场，市场份额逐渐扩大。铁路还推出了许多国际货运专列，为中国货物占领国际市场提供了很好的平台。铁路还在95306货运网站上免费为货主刊登货物供求信息，为货主卖货牵线搭桥，方便他们更好地把货物推销出去。

其实，铁路货运有着自身的优点。随着铁路基础建设的不断推进，铁路货运办现网点从原有的4 000多个网点不断增加，遍布全国的铁路货运网点有机会让你的货物畅销全国，占领更多的市场。铁路不断推进的货运改革正在改变着货运市场的格局，也在不断为百姓大众释放着改革发展红利，降低民众物流成本，让百姓生活变得更美好。

思考：

（1）我国铁路货运市场经历了怎样的发展历程？

（2）铁路货运从跌至冰点到逐步复苏，采取了哪些市场营销策略？

第一节　运输市场与市场营销概述

一、市场

（一）市场含义

市场是社会分工和商品经济发展的产物。市场的概念在不同历史时期和不同经济场合具有不同的含义。

传统观点认为，市场是指买卖双方进行商品交换的场所。

经济学家从揭示经济实质的角度提出市场的概念，他们认为市场是一个商品经济范畴，是商品内在矛盾的表现，是供求关系，是商品交换关系的总和，是通过交易反映出来的人与人之间的关系。

管理学家侧重于从商品供求和交换关系的角度认识市场，他们认为市场是一切具有特定欲望和需求，并且愿意和能够以交换来满足此欲望和需求的消费者的集合。

换而言之，市场就是在一定条件下，对某种商品或产品具有现实的和潜在的购买欲望和购买力的消费主体的集合。市场规模的大小由具有特定需求、拥有他人所需要的资源、并且愿意以这些资源去交换其所需的人数而定。由此确定了市场形成所必需的基本条件，即可供交换的商品，提供商品的卖方与具有购买欲望和购买能力的买方，符合买卖双方利益要求的商品价格。

（二）市场构成要素

图9-1中，买、卖双方有四种连接方式：卖方将商品（服务）送达市场，并与市场沟通，买方把金钱和信息送到行业。内环表示钱物交换，外环表示信息交换。

市场由具有购买欲望、具有支付能力的人群组成，人口、购买力、购买欲望这三个基本要素相互制约，缺一不可。市场可以简单表达为：

$$市场 = f(人口，购买力，购买欲望)$$

人口是指一个国家或地区人口的总量、增长速度、自然构成、民族构成、教育程度、地区分布等因素，都会对消费需求的变化产生直接或间接的影响。

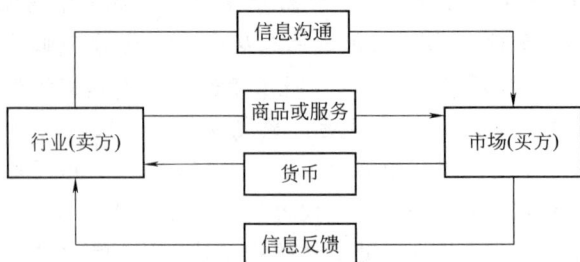

图 9-1　简单的营销系统

购买力是指一定时期内社会各方面用于购买商品或服务的货币支付能力，包括消费者市场购买力和组织市场购买力。而一定时期内社会各方面用于购买商品或服务的货币支付能力，主要取决于一个国家或地区国民经济发展水平以及由此决定的人均国民收入水平。国民经济发展越快，人均收入水平越高，社会购买力就越大，市场规模也会随之扩大。购买力的实现与市场供求状况紧密相关，当商品供求关系处于协调状态时，就会促进购买力的实现；反之，当商品供应不能满足市场需求时，就会使一部分社会购买力的实现遇到严重障碍。

购买欲望是指消费者购买商品的愿望、要求和动机，是消费者把潜在购买力变成现实购买力的重要条件。

（三）市场类型

市场是一个完整而复杂的体系，从不同的角度观察市场整体和局部特性，可以将市场分成不同的类型。

1. **按消费客体的性质划分**

按照消费客体的性质不同，可以将市场分成有形产品市场和无形产品市场。

① 有形产品市场。为消费者或组织提供有形物质产品，也即一般的商品市场。按照商品的经济用途，商品市场还可以进一步分为生产资料市场和生活资料市场。

② 无形产品市场。也称服务市场，它通过提供具有方便性、知识性、娱乐性、保健性和辅助性等的服务活动和服务过程来满足消费者或组织的某种需求。

2. **按供给方划分**

按照产品或服务供给方情况可将市场分成完全竞争市场、完全垄断市场、垄断竞争市场、寡头垄断市场。

① 完全竞争市场。又称纯粹竞争市场或自由竞争市场，是指一个行业中有非常多的生产或销售企业，它们都以同样的方式向市场提供同类的、标准化的产品，如粮食、棉花等农产品，卖者和买者对于商品或劳务的价格均不能控制。在这种竞争环境中，由于买卖双方对价格都无影响力，所以企业的任何提价或降价行为都会招致对本企业产品需求的骤减或利润的不必要流失。因此，产品价格只能随供求关系而定。

② 完全垄断市场。指在市场上只存在一个供给者和众多需求者的市场结构。完全垄断市场的假设条件有三点：第一，市场上只有唯一一个厂商生产和销售商品；第二，该厂商生产的商品没有任何接近的替代品；第三，其他厂商进入该行业都极为困难或不可能。所以，垄断厂商可以控制和操纵市场价格。完全垄断市场和完全竞争市场一样，都只是一种理论假定，是对实际中某些产品的一种抽象，现实中绝大多数产品都具有不同程度的替代性。

③ 垄断竞争市场。是指一种既有垄断又有竞争，既不是完全竞争又不是完全垄断的市场，是处于完全竞争和完全垄断之间的一种市场。垄断竞争是一种介于完全竞争和完全垄断之间的市场组织形式，在这种市场中，既存在激烈的竞争，又具有垄断的因素。垄断竞争市场具有竞争程度较大、垄断程度较小、比较接近完全竞争的特点，在大城市的零售业、手工业、印刷业中普遍存在。

④ 寡头垄断市场。是介于垄断竞争与完全垄断之间的一种比较现实的混合市场，指的是少数几个企业控制整个市场的生产和销售的市场结构。寡头垄断市场结构有一点与垄断竞争相类似，即它既包含垄断因素，也包含竞争因素。但相对而言，它更接近于垄断的市场结构，因为少数几个企业在市场中占有很大的份额，使这些企业具有相当强的垄断势力。

3. 按消费主体划分

按照消费主体不同，可以将市场分成消费者市场和组织市场。

① 消费者市场是指为满足自身需要而购买的一切个人和家庭构成的市场。

② 组织市场是指一切为了自身生产、转售或转租或者用于组织消费而采购的一切组织构成的市场，主要包括生产者市场、中间商市场和政府市场。生产者市场也叫产业市场，其购买目的是再生产。中间商市场则是指为了转售而采购的组织形成的市场，中间商市场主要包括批发商、零售商、代理商和经销商。政府市场是指因为政府采购而形成的市场。

4. 按市场出现的先后划分

按照市场出现的先后，可将市场分为现实市场、潜在市场和未来市场。

① 现实市场。是指对企业经营的某种商品有需要、有支付能力、又有购买欲望的现实顾客。

② 潜在市场。通常是指客观存在的，由于诸多因素的影响而未显露或未成熟的市场。同时也是表明对某个在市场出售的商品有某种程度兴趣的顾客群体。

③ 未来市场是指市场未来发展前景。

二、运输市场

（一）运输市场特征

运输市场同其他市场一样，也是以商品交换为主要内容的经济连接形式，是运输生产者与消费者相互连接的桥梁和纽带。因此，它具有一般市场的特征和属性，但也具有一些与其他市场不同的特征，具体如下：

① 运输产品的生产、交换、消费的同步性；

② 运输市场的非固定性；

③ 运输需求的多样性与运输供给的分散性；

④ 运输供求的不均衡性。

提示：运输市场中，商品经营者同时也是商品生产者，其生产过程与消费过程同步。

（二）运输市场类型

① 按服务对象和性质划分，运输市场由运输基本市场和运输相关市场组成。

② 按运输范围和区域划分，运输市场由地方性运输市场、国内运输市场和国际运输市场组成。

③ 按运输市场供求状况划分，运输市场可以分成运输买方市场和运输卖方市场。

（三）运输市场营销

1. 运输市场营销的作用

运输市场营销，指的是在运输市场上通过运输产品交换，满足运输需求者现实或潜在需要的综合性营销活动过程。它始于运输生产之前，贯穿于运输生产活动的全过程。在提供运输产品之前，要研究货主、旅客的需求，分析运输市场机会，研究目标市场，从而决定运输产品类型、运输生产组织形式以及运输范围和数量；在组织生产经营过程中，要使运输产品策略、运价策略、客流货源组织策略和服务策略有机结合起来，通过良好的公共关系去实现运输生产过程；运输生产结束后，还要做好运输结束后的服务和信息反馈工作。这样周而复始，形成良性循环，不断满足社会的运输需求，提高运输企业的经济效益，更好地发挥市场营销作用。

2. 运输企业市场营销观念

1）以合理满足运输需求、增进社会福利为中心

市场营销观念要求经营者重视旅客和货主的需求，把了解他们需要、欲望和行为作为营销活动的起点，发展能满足社会需要的运输产品，并力求组织合理运输，谋求运输效率的提高和运输服务的改善。

2）以等价交换、自愿让渡、互利互惠为原则

市场营销的中心是达成交易，在市场经济条件下，交换仍旧必须遵循商品经济的基本客观规律——价值规律，才能既使消费者满意，又使生产经营者愿意努力满足消费者的需要。

3）以整体市场营销为手段

市场是实现潜在交换的竞争场所，欲达成交易，不仅要提供物美价廉的优质商品，而且需要一定的营销技巧。

（四）运输市场营销环境

1. 运输市场营销环境含义

运输市场营销环境是存在于企业营销系统外部的不可控或难以控制的因素和力量，这些因素和力量是直接影响企业营销活动及其目标实现的外部条件。营销环境内容比较广泛，可以根据不同标准进行划分。菲利普·科特勒采用了将市场营销环境划分为微观环境和宏观环境的方法，如图9-2所示。

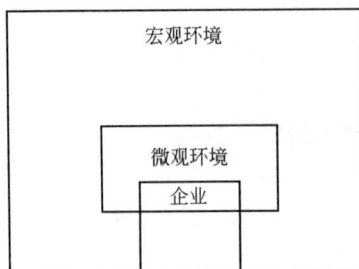

图9-2 营销环境对企业的作用

微观环境与宏观环境不是并列关系，而是主从关系，微观环境受制于宏观环境，微观环境中所有的因素都要受到宏观环境中各种力量的影响。

① 微观环境。是指直接影响企业在目标市场上开展营销活动的因素，由企业内部环境、顾客、竞争者、中间商、供应商、社会公众等因素组成。

② 宏观环境。是指对企业营销过程产生影响作用的社会性力量和因素，主要包括人口环境、政法环境、经济环境、自然环境、科技环境、社会文化环境等。企业市场营销环境如图 9-3 所示。

2. 运输市场营销环境特征

① 客观性（不可控性）。环境作为企业外在的不以营销意志为转移的因素，对企业营销活动的影响具有强制性和不可控性。

② 差异性。不同的国家和地区之间，宏观环境存在差异，微观环境也千差万别。

③ 多变性。市场营销环境是一个动态系统，构成营销环境的诸多因素中的每一环境因素都会随着社会经济发展而不断变化。

④ 相关性。营销环境诸多因素之间相互影响、相互制约，某一因素的变化会带动其他因素的相互变化，形成新的营销环境。

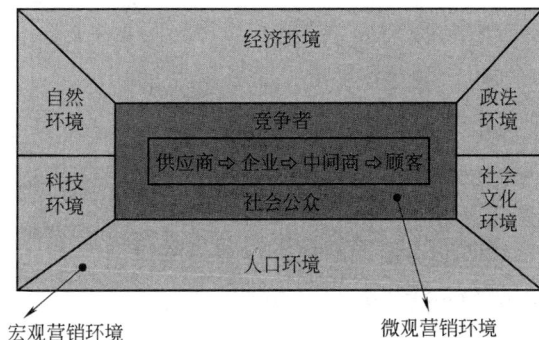

图 9-3　企业市场营销环境

3. 企业营销活动与市场营销环境

1）市场营销环境影响企业营销活动

市场营销环境通过其内容的不断扩大及其自身条件各因素的不断变化，对企业营销活动发生影响。市场营销环境的变化主要表现在两方面，首先，市场营销环境的内容随着市场经济的发展而不断变化；其次，市场营销环境因素经常处于不断变化之中。

2）企业营销活动依赖市场营销环境

市场营销环境是企业营销活动的制约因素，企业营销活动依赖于市场营销环境才能得以正常进行，具体表现如下：

① 营销管理者虽可以控制企业的大部分营销活动，但必须注意营销决策对环境的影响，不得超越环境限制；

② 营销管理者虽能分析、认识营销环境提供的机会，但是无法控制各因素的变化，更无法有效地控制竞争对手；

③ 由于营销决策与营销环境之间的关系复杂多变，营销管理者无法直接把握企业营销决策实施的最终结果。

三、市场营销

(一) 市场营销含义

1. AMA 定义

美国市场营销协会（American Marketing Association，AMA）下的定义是：市场营销是在创造、沟通、传播和交换产品中，为顾客、客户、合作伙伴以及整个社会带来价值的一系列活动、过程和体系。该定义于 2013 年 7 月通过美国市场营销协会董事会一致审核。

AMA 在 1960 年对市场营销的定义：市场营销是引导货物和劳务从生产者向消费者或用户所进行的一切商务活动。

AMA 在 1985 年对市场营销的定义：市场营销是对思想、货物和服务进行构思、定价、促销和分销的计划和实施的过程，从而产生能满足个人和组织目标的交换。

2. 科特勒定义

菲利普·科特勒下的定义强调了营销的价值导向：市场营销是个人和集体通过创造产品和价值，并同别人自由交换产品和价值，来获得其所需所欲之物的一种社会和管理过程。

值得说明的是，市场营销的概念和定义并非如数学公式有标准形式，通常是基于观点人自己的理解和体会，即使是营销管理学大家，通常也会不断更新自己对于市场营销的定义，所以看待任何定义都需要持审慎选择的态度。以下还有一些常见表述和理解：

① 市场营销是一个过程，在这个过程中一个组织对市场进行生产性和盈利性活动；

② 市场营销是创造和满足顾客的艺术；

③ 市场营销是在适当的时间、适当的地方以适当的价格、适当的信息沟通和促销手段，向适当的消费者提供市场的产品和服务。

(二) 市场营销功能

1. 交换功能

交换功能包括购买和销售两方面。除了两者都要实现产品所有权的转移外，购买的功能还包括购买什么、向谁购买、购买多少、何时购买等决策；销售的功能还包括寻找市场、销售促进、售后服务等决策。定价也是交换功能的重要内容。

2. 物流功能

物流功能又称实体分配功能，包括货物的运输与储存等。物流功能的发挥是实现交换功能的必要条件。

3. 便利功能

便利功能是指便利交换、便利物流的功能，包括资金融通、风险承担、信息沟通、产品标准化和分级。它是实现交换功能和物流功能的重要保障。

4. 示向功能

示向功能是指通过对市场的调查、研究、分析，描绘出消费需求对产品的预期，以及市场上的供求态势、竞争状况等，从而对企业因时、因地制宜地推出适销对路的产品发挥示向作用。相对于市场营销的前几种功能来说，示向作用对企业往往具有战略意义。

(三) 市场营销观念

市场营销观念可归纳为六种，即生产观念、产品观念、推销观念、市场营销观念、客户观念和社会市场营销观念。

1. 生产观念

生产观念是指导销售者行为最古老的观念之一。这种观念产生于 20 世纪 20 年代前。其企业经营哲学不是从消费者需求出发，而是从企业生产出发。其主要表现是"我生产什么，就卖什么"。生产观念认为，消费者喜欢那些可以随处买得到而且价格低廉的产品，企业应致力于提高生产效率和分销效率，扩大生产，降低成本以扩展市场。生产观念是一种重生产、轻市场营销的商业哲学。

生产观念是在卖方市场条件下产生的。在资本主义工业化初期以及第二次世界大战末期和"二战"后一段时期内，由于物资短缺，市场产品供不应求，生产观念在企业经营管理中颇为流行。我国在计划经济体制时期，由于市场产品短缺，企业不愁其产品没有销路，工商企业在其经营管理中也奉行生产观念，具体表现为：工业企业集中力量发展生产，轻视市场营销，实行以产定销；商业企业集中力量抓货源，工业企业生产什么就收购什么，工业企业生产多少就收购多少，也不重视市场营销。

生产观念是一种"我们生产什么，消费者就消费什么"的观念。因此，除了物资短缺、产品供不应求的情况之外，有些企业在产品成本高的条件下市场营销管理也受产品观念支配。

2. 产品观念

这也是一种较早的企业经营观念。产品观念认为，消费者最喜欢高质量、多功能和具有某种特色的产品，企业应致力于生产高值产品，并不断加以改进。产品观念产生于市场产品供不应求的"卖方市场"形势下。最容易滋生产品观念的场合，莫过于当企业发明一项新产品时。此时，企业最容易患"市场营销近视症"，即不适当地把注意力放在产品上，而不是放在市场需要上，在市场营销管理中缺乏远见，只看到自己的产品质量好，看不到市场需求在变化，最终致使企业经营陷入困境。

3. 推销观念

推销观念产生于 20 世纪 20 年代末至 50 年代前期，表现为"我卖什么，顾客就买什么"。它认为，消费者通常表现出一种购买惰性或抗衡心理，如果听其自然的话，消费者一般不会足量购买某一企业的产品。因此，企业必须积极推销和大力促销，以刺激消费者大量购买本企业的产品。推销观念在现代市场经济条件下被用于推销那些非渴求物品，即购买者一般不会想到要去购买的产品或服务。许多企业在产品过剩时，也常常奉行推销观念。

4. 市场营销观念

市场营销观念是作为对上述诸观念的挑战而出现的一种新型的企业经营哲学。这种观念是以满足顾客需求为出发点的，即"顾客需要什么，就生产什么"。尽管这种思想由来已久，但其核心原则直到 20 世纪 50 年代中期才基本定型，当时社会生产力迅速发展，市场趋势表现为供过于求的买方市场，许多企业开始认识到"必须转变经营观念，才能求得生存和发展"。

市场营销观念认为，实现企业各项目标的关键，在于正确确定目标市场的需要和欲望，并且要比竞争者更有效地传送目标市场所期望的物品或服务，进而比竞争者更有效地满足目标市场的需要和欲望。

市场营销观念的出现，使企业经营观念发生了根本性变化，也使市场营销学产生了一次革命。市场营销观念与推销观念相比具有以下差别（见图 9-2）：

① 推销观念注重卖方需要，市场营销观念则注重买方需要；

② 推销观念以卖主需要为出发点,考虑如何把产品变成现金,而市场营销观念则考虑如何通过制造、传送产品以及与最终消费产品有关的所有事物,来满足顾客的需要。从本质上说,市场营销观念是一种以顾客需要和欲望为导向的哲学,是消费者主权论在企业市场营销管理中的体现。如图9-4所示。

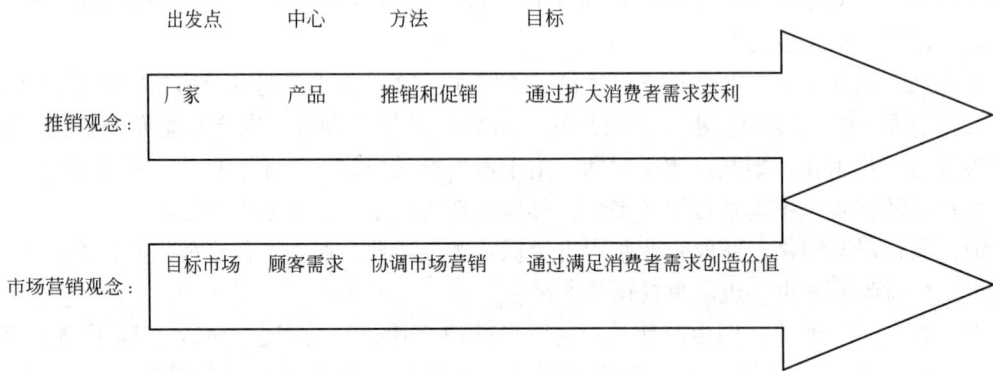

图9-4 推销观念与市场营销观念的差别

5. 客户观念

随着现代营销战略由产品导向转变为客户导向,客户需求及其满意度逐渐成为营销战略成功与否的关键所在。各个行业都试图通过卓有成效的方式,及时准确地了解和满足客户需求,进而实现企业目标。实践证明,不同子市场的客户存在不同的需求,甚至同属一个子市场的客户需求也会经常变化。为了适应不断变化的市场需求,企业的营销战略必须及时调整。在此营销背景下,越来越多的企业开始由奉行市场营销观念转变为客户观念或顾客观念。

需要注意的是,客户观念并不是适用于所有企业。一对一营销需要以工厂定制化、运营计算机化、沟通网络化为前提条件,因此,贯彻客户观念要求企业在信息收集、数据库建设、计算机软件和硬件购置等方面进行大量投资,而这并不是每一个企业都能够做到的。客户观念最适用于那些善于收集单个客户信息的企业,这些企业所营销的产品能够借助客户数据库的运用实现交叉销售,或产品需要周期性地重购或升级,或产品价值很高。客户观念往往会给这类企业带来异乎寻常的效益。

6. 社会市场营销观念

社会市场营销观念是对市场营销观念的修改和补充。它产生于20世纪70年代西方发达国家出现能源短缺、通货膨胀、失业增加、环境污染严重、消费者保护运动盛行的新形势下。因为市场营销观念回避了消费者需要、消费者利益和长期社会福利之间隐含着冲突的现实。社会市场营销观念认为,企业的任务是确定各个目标市场的需要、欲望和利益,并以保护或提高消费者和社会福利的方式,比竞争者更有效、更有利地向目标市场提供能够满足其需要、欲望和利益的物品或服务。社会市场营销观念要求市场营销者在制定市场营销政策时,要统筹兼顾三方面的利益,即企业利润、消费者需要的满足和社会利益。

第二节 市场调查

一、市场调查的含义与作用

（一）市场调查的含义

市场调查就是运用科学的方法，有目的、有计划地收集、整理和分析研究有关市场营销方面的信息，获得合乎客观事务发展规律的见解，提出解决问题的建议，供营销管理人员了解营销环境，发现机会与问题，并将其作为市场预测和营销决策的依据。

（二）市场调查的作用

① 通过分析提供市场信息，可以避免企业在制订营销策略时发生错误，或帮助营销决策者了解当前营销策略以及营销活动的得失，以作适当建议。

② 提供正确的市场信息，帮助企业了解市场可能的变化趋势以及消费者潜在购买动机和需求，有助于营销者识别最有利的市场机会，为企业提供发展新契机。

③ 有助于企业了解当前相关行业的发展状况和技术经验，为改进企业的经营活动提供信息。

④ 为企业市场地位和产品宣传等提供信息和支持。

⑤ 对市场变化趋势进行预测，从而可以提前对企业的应变做出计划和安排，充分地利用市场的变化，从中谋求企业的利益。

二、市场调查的类型

1. 根据购买商品的不同分类

根据购买商品的不同，市场调查可分为消费者市场调查和产业市场调查。

① 消费者市场的购买目的是满足个人或家庭的生活需要。消费者市场是最终产品的消费市场，是社会再生产消费环节的实现。消费者市场营销调查的目的主要是了解消费者需求数量、结构及其变化。而消费者的需求数量和结构的变化受多方面因素（如人口、经济、社会文化、购买心理和购买行为等）的影响。对消费者市场进行调查，除了直接了解需求数量及其结构外，还必须对诸多的影响因素进行调查。

② 产业市场也称为生产资料市场，其购买目的是生产出新的产品或进行商品转卖。产业市场是初级产品的消费市场，涉及生产领域和流通领域。产业市场营销调查主要是对市场商品供应量、产品的经济寿命周期、商品流通渠道等方面的内容进行调查。

2. 按时间层次分类

根据时间层次不同，市场调查可分为定期市场调查和不定期市场调查。

① 定期市场调查是对市场现象每隔一段时间就进行一次调查。其目的在于获得关于事物全部发展变化过程及其结果的信息资料。

② 不定期市场调查则是为了解决某种市场问题而专门组织的一次性调查。其目的在于收集事物在某一特定时点上的水平、状态等资料。

3. 按调查的内容分类

根据调查的内容不同，市场调查可分为定性市场调查与定量市场调查。

① 定性市场调查是根据性质和内容对市场进行调查，如对市场环境、政治经济环境以及来自消费者各个方面的反应等进行定性分析，为企业的营销决策提供可靠依据。

② 定量市场调查主要是指收集和了解有关市场变化的各种数据，并对其进行量化或模型分析，预测潜在的需求量和商品销售的变化趋势。

4. 按调查的目的分类

按市场调查的目的不同，市场调查可分为探测性调查、描述性调查、因果性调查和预测性调查。

① 探测性调查是为了界定调查问题的性质以及更好地理解问题的环境而进行的小规模的调查活动。在调查初期，调查者通常对问题缺乏足够的了解，或尚未形成一个具体的假设，对某个调查问题的切入点难以确定，这时需要进行探测性市场调查。

② 描述性调查的调查内容着重于市场状况特征，将所需调查的现象具体化。它要解决的是"谁""什么""什么时间""什么地点""怎样"的问题。如消费者的收入层、年龄层、购买特性的调查等。

描述性调查研究是结论性研究的一种，这种研究的结果，就是描述某些事物的总体特征或功能。

③ 因果性调查的目的是识别变量之间的因果关系。如在某一时期影响自行车销量的因素有哪些，其中何者为主要影响因素，何者为次要影响因素。

④ 预测性调查是指对未来可能出现的市场行情的变动趋势进行的调查，属于市场预测的范畴。它是在描述性调查和因果性调查的基础上，对市场的潜在需求进行的估算、预测和推断。因此，预测性调查实质上是市场调研结果在预测中的应用。

三、市场调查内容

1. 市场环境调查

市场环境调查主要包括经济环境、政治环境、社会文化环境、科技环境和自然地理环境等。具体的调查内容可以是市场的购买力水平、经济结构、国家的方针政策和法律法规、风俗习惯、科技发展动态、气候等各种影响市场营销的因素。

2. 市场需求调查

市场需求调查主要包括消费者需求量调查、消费者收入调查、消费结构调查、消费者行为调查，包括消费者为什么购买、购买什么、购买数量、购买频率、购买时间、购买方式、购买习惯、购买偏好和购买后的评价等。

3. 市场供给调查

市场供给调查主要包括产品生产能力调查、产品实体调查等，具体包括某一产品市场可以提供的产品数量、质量、功能、型号、品牌等，生产供应企业的情况等。

4. 市场营销因素调查

市场营销因素调查主要包括产品、价格、渠道和促销的调查。产品调查主要包括了解市场上新产品开发的情况、设计的情况、消费者使用的情况、消费者的评价、产品生命周期阶段、产品的组合情况等。价格调查主要包括了解消费者对价格的接受情况、对价格策略的反应等。渠道调查主要包括了解渠道的结构、中间商的情况、消费者对中间商的满意情况等。促销调查主要包括各种促销活动的效果，如广告实施的效果、人员推销的效果、营业推广的效果和对外宣传的市场反应等。

5. 市场竞争情况调查

市场竞争情况调查主要是对竞争企业进行调查和分析，了解同类企业产品、价格等方面的情况，以及他们采取了什么竞争手段和策略，做到知己知彼，通过调查帮助企业确定企业的竞争策略。

四、市场调查步骤

市场调查过程通常包括五个步骤：确定问题与调查目标、拟订调查计划、收集信息、分析信息、提交报告。如图 9-5 所示。

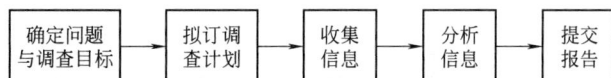

确定问题与调查目标 → 拟订调查计划 → 收集信息 → 分析信息 → 提交报告

图 9-5　市场调查步骤

1. 确定问题与调查目标

为保证营销调研的成功和有效性，首先要明确需要调查的问题，既不能过于宽泛，也不能过于狭隘，要有明确的界定，要充分考虑调研成果的时效性。其次，在确定问题的基础上，提出特定调查目标。

2. 拟订调查计划

设计有效地收集所需要信息的计划，包括资料来源、调查方法、调查工具、抽样计划等，如表 9-1 所示。

表 9-1　调查计划内容

调查事项	拟调查内容
资料来源	第一手资料，第二手资料
调查方法	观察法、访问法、实验法
调查工具	调查表、仪器
抽样计划	抽样单位、抽样范围、抽样程序

3. 收集信息

在拟订调查计划后，可由本企业调查人员承担收集信息的工作，也可委托调查公司收集。

4. 分析信息

从已获得的有关信息中提炼出适合调查目标的调查结果。在分析过程中，可将数据资料列成表格，分析其一维和二维的频率分布，对主要变量计算其平均数和衡量其离中趋势。

5. 提交报告

调查人员向营销主管提出与进行决策有关的主要调查结果。调查报告应力求简明、准确、完整、客观，为科学决策提供依据。如能使管理决策减少不确定因素，则此项研究就是富有成效的。

五、市场调查方法

市场调查方法很多，归纳起来主要有询问法、观察法、实验法三种。

1. 询问法

询问法又称直接调查法，它是以询问的方式了解情况、收集材料及获得所需的各种情况和资料。按调查者与被调查者的接触方式和调查表的传递方式不同，询问法可以分为人员调查、电话调查、邮寄调查、网上调查。各种询问法的优缺点比较如表9-2所示。

表 9-2　各种询问法的优缺点比较

评价标准	邮寄调查	电话调查	人员调查	网上调查
灵活性	差	好	很好	较好
获得的数据质量	好	较好	很好	好
调查者的影响	很好	较好	差	很好
对象的控制	较好	很好	较好	较好
收集速度	慢	快	快	较快
回答速度	较慢	快	快	较快
成本	小	较小	大	较大

2. 观察法

观察法是指调查者在收集资料时，不直接向被调查者询问问题，而是利用调查人员直接观察或采用各种仪器间接观察被调查者的行为或现场事实的一种收集资料的调查方法。

3. 实验法

实验法是指先在较小范围进行实验，取得数据资料后再决定是否大规模推广的一种市场调查方法。

六、市场调查主要技术

1. 抽样调查技术

抽样调查是一种非全面调查，它是从全部调查对象中抽选一部分进行调查，并据以对全部调查对象做出估计和推断的一种调查方法。根据抽选样本的方法，抽样调查可以分为概率抽样和非概率抽样两类。概率抽样是按照概率论和数理统计的原理从调查研究的总体中，根据随机原则来抽选样本，并从数量上对总体的某些特征做出估计推断，对推断中可能出现的误差从概率意义上加以控制，习惯上将概率抽样调查称为抽样调查。

2. 调查问卷设计技术

问卷调查是目前广泛采用的调查方式，由调查机构根据调查目的设计各类调查问卷，采取抽样的方式（随机抽样或整群抽样）确定调查样本，通过调查员对样本的访问完成事先设计的调查项目，然后由统计分析得出调查结果。

问卷设计严格遵循的是概率与统计原理，因而调查方式具有较强的科学性，同时也便于操作。这一方式对调查结果的影响，除了样本选择、调查员素质、统计手段等因素外，问卷设计水平是其中的一个前提性条件。

第三节　目标市场营销管理

一、市场细分

（一）市场细分含义

市场细分（market segmentation）是指营销者通过市场调研，依据消费者的需要和欲望、购买行为和购买习惯等方面的差异，把某一产品的市场整体划分为若干消费者群的市场分类过程。每一个消费者群就是一个细分市场，每一个细分市场都是由有类似需求倾向的消费者构成的群体。

（二）市场细分作用

细分市场不是根据产品品种、产品系列来进行的，而是从消费者（指最终消费者和工业生产者）的角度进行划分的，是根据市场细分的理论基础，即消费者的需求、动机、购买行为的多元性和差异性来划分的。通过市场细分对企业的生产、营销起着极其重要的作用。

1. 有利于选择目标市场和制定市场营销策略

市场细分后的子市场比较具体，比较容易了解消费者的需求，企业可以根据自己的经营思想、方针及生产技术和营销力量，确定自己的服务对象，即目标市场。针对较小的目标市场，便于制定特殊的营销策略。同时，在细分的市场上，信息容易被了解和反馈，一旦消费者的需求发生变化，企业可迅速改变营销策略，制定相应的对策，以适应市场需求的变化，提高企业的应变能力和竞争力。

2. 有利于发掘市场机会，开拓新市场

通过市场细分，企业可以对每一个细分市场的购买潜力、满足程度、竞争情况等进行分析对比，探索出有利于本企业的市场机会，使企业及时做出投产、移地销售决策或根据本企业的生产技术条件编制新产品开拓计划，进行必要的产品技术储备，掌握产品更新换代的主动权，开拓新市场，以更好适应市场的需要。

3. 有利于集中人力、物力投入目标市场

任何一个企业的资源、人力、物力、资金都是有限的。通过细分市场，选择适合自己的目标市场，企业可以集中人、财、物及资源，去争取局部市场上的优势，然后再占领自己的目标市场。

4. 有利于企业提高经济效益

通过市场细分，企业可以面对自己的目标市场，生产出适销对路的产品，既能满足市场需要，又可增加企业的收入。产品适销对路，可以加速商品流转，加大生产批量，降低企业的生产、销售成本，提高生产工人的劳动熟练程度，提高产品质量，全面提高企业的经济效益。

（三）有效市场细分的条件

1. 可衡量性

可衡量性是指用来细分市场的标准和变数及细分后的市场是可以识别和衡量的，即有明显的区别，有合理的范围。如果某些细分变数或购买者的需求和特点很难衡量，细分市场后无法界定，难以描述，那么市场细分就失去了意义。一般来说，一些带有客观性的变数，如年龄、性别、收入、地理位置、民族等，都易于确定，并且有关的信息和统计数据，也比较容易获得；而一些带有主观性的变数，如心理和性格方面的变数，就比较难以确定。

2. 可进入性

可进入性是指企业能够进入所选定的市场部分，能进行有效的促销和分销，实际上就是考虑营销活动的可行性。一是企业能够通过一定的广告媒体把产品的信息传递到该市场众多的消费者中去，二是产品能通过一定的销售渠道抵达该市场。

3. 可盈利性

可盈利性是指细分市场的规模要大到能够使企业足够获利的程度，使企业值得为它设计一套营销规划方案，以便顺利地实现其营销目标，并且有可拓展的潜力，以保证按计划能获得理想的经济效益和社会服务效益。

4. 差异性

差异性指细分市场在观念上能被区别，并对不同的营销组合因素和方案有不同的反应。

5. 相对稳定性

相对稳定性指细分后的市场有相应的稳定时间。细分后的市场能否在一定时间内保持相对稳定，直接关系到企业生产营销的稳定性。特别是大中型企业以及投资周期长、转产慢的企业，更容易造成经营困难，严重影响企业的经营效益。

此外，市场细分的基础是顾客需求的差异性，所以凡是使顾客需求产生差异的因素都可以作为市场细分的标准。由于各类市场的特点不同，因此市场细分的条件也有所不同。

(四) 市场细分标准

市场细分标准可以概括为地理因素、人口统计因素、心理因素和行为因素四个方面，每个方面又包括一系列的细分变量，如表9-3所示。

表9-3　市场细分标准

细分标准	细分变量
地理因素	地理位置、城镇大小、地形、地貌、气候、交通状况、人口密集度等
人口统计因素	年龄、性别、职业、收入、民族、宗教、教育、家庭人口、家庭生命周期等
心理因素	生活方式、性格、购买动机、态度等
行为因素	购买时间、购买数量、购买频率、购买习惯（品牌忠诚度）、对服务、价格、渠道、广告的敏感程度等

1. 按地理因素细分

按地理因素细分，就是按消费者所在的地理位置、地理环境等变数来细分市场。因为处在不同地理环境下的消费者，对于同一类产品往往会有不同的需要与偏好。例如，对自行车的选购，城市居民喜欢式样新颖的轻便车，而农村的居民更喜欢坚固耐用的加重车等。因此，对消费品市场进行地理细分是非常必要的。

2. 按人口统计因素细分

按人口统计因素细分，就是按年龄、性别、职业、收入、家庭人口、家庭生命周期、民族、宗教、教育等变数，将市场划分为不同的群体。由于人口变数比其他变数更容易测量，且适用范围比较广，因而人口变数一直是细分消费者市场的重要依据。

3. 按心理因素细分

按心理因素细分，就是将消费者按其生活方式、性格、购买动机、态度等变数细分成不同的群体。

4. 按行为因素细分

按行为因素细分，就是按照消费者购买或使用某种商品的时间、数量、频率、习惯等对品牌的忠诚度等变数来细分市场。

（五）市场细分程序

市场细分作为一个比较、分类、选择的过程，应该按照一定的程序来进行，通常有如下几步。

1. 正确选择市场范围

企业根据自身的经营条件和经营能力确定进入市场的范围，如进入什么行业、生产什么产品、提供什么服务。

2. 列出市场范围内所有潜在顾客的需求情况

根据细分标准，比较全面地列出潜在顾客的基本需求，作为以后深入研究的基本资料和依据。

3. 分析潜在顾客的不同需求，初步划分市场

企业将所列出的各种需求通过抽样调查进一步搜集有关市场信息与顾客背景资料，然后初步划分出·些差异最大的细分市场，至少从中选出三个细分市场。

4. 筛选

根据有效市场细分的条件，对所有细分市场进行分析研究，剔除不合要求、无用的细分市场。

5. 为细分市场定名

为便于操作，可结合各细分市场上顾客的特点，用形象化、直观化的方法为细分市场定位，如某旅游市场分为商人型、舒适型、好奇型、冒险型、享受型、经常外出型等。

6. 复核

进一步对细分后选择的市场进行调查研究，充分认识各细分市场的特点，对企业将开发的细分市场的规模、潜在需求及其特点做进一步的分析研究等。

7. 决定细分市场规模，选定目标市场

企业在各子市场中选择与本企业经营优势和特色相一致的子市场，作为目标市场。

经过以上七个步骤，企业便完成了市场细分的工作，就可以根据自身的实际情况确定目标市场，并采取相应的目标市场策略。

二、目标市场

（一）目标市场含义

按消费者的特征把整个潜在市场细分成若干部分，根据产品本身的特性，选定其中的某部分或某几部分的消费者作为综合运用各种市场策略所追求的销售目标，此目标即为目标市场。

通过市场细分，有利于明确目标市场，通过市场营销策略的应用，有利于满足目标市场的需要。目标市场就是通过市场细分后，企业准备以相应的产品和服务满足其需要的一个或几个子市场。

（二）目标市场选择形式

目标市场的选择策略，即关于企业为哪个或哪几个细分市场服务的决定。通常有五种模式，如图 9-6 所示。图中，P 代表产品，M 代表市场。

1. **市场集中化**

企业选择一个细分市场，集中力量为之服务。较小的企业一般采用这种方式填补市场的某一部分。集中营销可使企业深刻了解该细分市场的需求特点，采用针对的产品、价格、渠道和促销策略，获得强有力的市场地位和良好的声誉，但同时隐含较大的经营风险。

2. **产品专业化**

企业集中生产一种产品，并向所有顾客销售这种产品。例如，服装厂商向青年、中年和老年消费者销售高档服装，企业为不同的顾客。

3. **市场专业化**

企业专门服务于某一特定顾客群，尽力满足他们的各种需求。例如，企业专门为老年消费者提供各种档次的服装，专门为这个顾客群服务，在这个顾客群中能建立良好的声誉。但一旦这个顾客群的需求潜量和特点发生突然变化，企业要承担较大风险。

4. **选择专业化**

企业选择几个细分市场，每一个细分市场对企业的目标和资源利用都有一定的吸引力。但若各细分市场彼此之间很少或根本没有任何联系，则能分散企业经营风险，即使其中某个细分市场失去了对目标客户的吸引力，企业还能在其他细分市场盈利。

5. **市场全面化**

确定目标市场后，企业应用各种产品满足目标市场各种顾客群体的需求，即以所有的细分市场作为目标市场。一般只有实力强大的大企业才能采用这种策略。例如 IBM 公司在计算机市场、可口可乐公司在饮料市场开发众多的产品，满足各种消费需求。

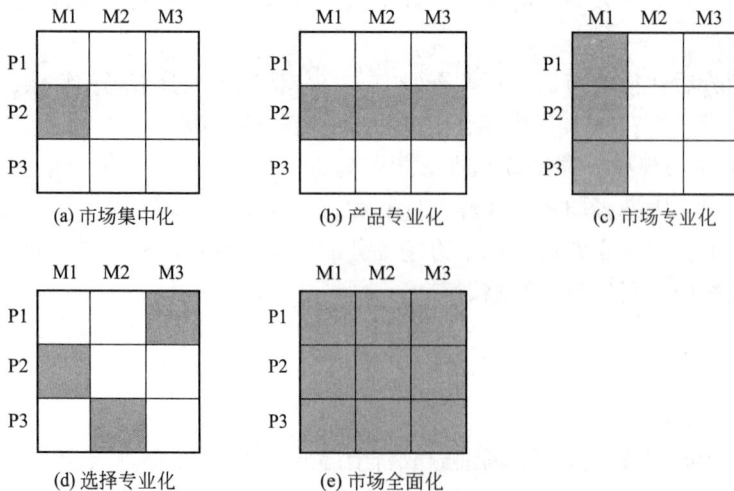

图 9-6　目标市场选择形式

（三）目标市场战略

1. 无差别性市场营销策略

无差别性市场营销策略，就是企业把整个市场作为自己的目标市场，只考虑市场需求的共性，而不考虑其差异，运用一种产品、一种价格、一种推销方法，吸引可能多的消费者。例如，美国可口可乐公司从 1886 年问世以来，一直采用无差别性市场策略，生产一种口味、一种配方、一种包装的产品，满足世界 156 个国家和地区的需要。

这种策略的优点是产品单一，容易保证质量，能大批量生产，降低生产和销售成本。但如果同类企业也采用这种策略，必然会形成激烈竞争。

2. 差别性市场营销策略

差别性市场营销策略就是把整个市场细分为若干子市场，针对不同的子市场，设计不同的产品，制定不同的营销策略，满足不同的消费需求。例如，美国有的服装企业，按生活方式把妇女分成三种类型：时髦型、男子气型、朴素型。时髦型妇女喜欢把自己打扮得华贵艳丽，引人注目；男子气型妇女喜欢打扮得超凡脱俗，卓尔不群；朴素型妇女购买服装讲求经济实惠，价格适中。公司根据不同类妇女的不同偏好，有针对性地设计出不同风格的服装，使产品对各类消费者更具有吸引力。

这种策略的优点是能满足不同消费者的不同要求，有利于扩大销售、占领市场、提高企业声誉。其缺点是由于产品差异化、促销方式差异化，增加了管理难度，提高了生产和销售费用。目前只有力量雄厚的大公司采用这种策略。

3. 集中性市场营销策略

集中性市场营销策略就是在细分后的市场上，选择两个或少数几个细分市场作为目标市场，实行专业化生产和销售。在少数市场上发挥优势，提高市场占有率。采用这种策略的企业对目标市场有较深的了解，这是大部分中小型企业应当采用的策略。

采用集中性市场营销策略，能集中优势力量，有利于产品适销对路，降低成本，提高企业和产品的知名度。但有较大的经营风险，因为它的目标市场范围小，品种单一。如果目标市场的消费者需求和爱好发生变化，企业就可能因应变不及时而陷入困境。同时，当强有力的竞争者打入目标市场时，企业就要受到严重影响。因此，许多中小企业为了分散风险，仍选择一定数量的细分市场作为自己的目标市场。

4. 目标市场战略的选择

三种目标市场营销策略各有利弊。选择目标市场进行营销时，必须考虑企业面临的各种因素和条件，如企业规模和原料的供应、产品类似性、市场类似性、产品寿命周期、竞争的目标市场等。

选择适合本企业的目标市场进行营销是一个复杂多变的工作。企业内部条件和外部环境在不断发展变化，经营者要不断通过市场调查和预测，掌握市场变化趋势与竞争对手的条件，扬长避短，发挥优势，把握时机，采取灵活的适应市场态势的策略，去争取较大的利益。

（四）目标市场选择的影响因素

1. 资源

资源雄厚的企业，如拥有大规模的生产能力、广泛的分销渠道、产品标准化程度很高、好的内在质量和品牌信誉等，可以考虑实行无差别性市场营销策略；如果企业拥有雄厚的设计能力和优秀的管理素质，则可以考虑施行差别性市场营销策略；而对实力较弱的中小企业来说，适于集中力量进行集中性市场营销策略。企业初次进入市场时，往往采用集中性市场营销策略，在积累了一定的成功经验后再采用差别性市场营销策略或无差别性市场营销策略，扩大市场份额。

2. 产品

产品的同质性表明了产品在性能、特点等方面的差异性的大小，是企业选择目标市场时不可不考虑的因素之一。一般对于同质性高的产品如食盐等，宜施行无差别性市场营销；对于同质性低或异质性产品，差别性市场营销或集中性市场营销是恰当选择。

此外，产品因所处的生命周期阶段不同而表现出的不同特点，亦不容忽视。产品处于导入期和成长初期，消费者刚刚接触新产品，对它的了解还停留在初级的层次，竞争尚不激烈，企业这时的营销重点是挖掘市场对产品的基本需求，往往采用无差别性市场营销策略。等产品进入成长后期和成熟期时，消费者已经熟悉产品的特性，需求向深层次发展，表现出多样性和不同的个性来，竞争空前激烈，企业应适时地转变策略为差别性市场营销策略或集中性市场营销。

3. 市场

供与求是市场中两大基本力量，它们的变化趋势往往是决定市场发展方向的根本原因。供不应求时，企业重在扩大供给，无暇考虑需求差异，所以采用无差别性市场营销策略；供过于求时，企业为刺激需求、扩大市场份额殚精竭虑，多采用差别性市场营销策略或集中性市场营销策略。

从市场需求的角度来看，如果消费者对某产品的需求偏好、购买行为相似，则称为同质市场，可采用无差别性市场营销策略；反之，为异质市场，差别性市场营销策略和集中性市场营销策略更合适。

4. 竞争者的策略

企业可与竞争对手选择不同的目标市场覆盖策略。例如，竞争者采用无差别性市场营销策略时，宜选用差别性市场营销策略或集中性市场营销策略。

企业的目标市场策略应慎重选择，一旦确定，应该有相对的稳定性，不能朝令夕改。但灵活性也不容忽视，一定要密切注意市场需求的变化和竞争动态。

三、市场定位

(一) 市场定位概念

市场定位也称作"营销定位"，是市场营销工作者用以在目标市场的心目中塑造产品、品牌或组织的形象或个性的营销技术。企业根据竞争者现有产品在市场中所处的位置，针对消费者或用户对该产品某种特征或属性的重视程度，强有力地塑造出其产品与众不同的、给人印象鲜明的个性或形象，并把这种形象生动地传递给顾客，从而使该产品在市场中确定适当的位置。简而言之，市场定位就是在目标客户心目中树立产品独特的形象。

(二) 市场定位步骤

市场定位的关键是企业要设法在自己的产品上找出比竞争者更具有竞争优势的特性。竞争优势一般有两种基本类型：一是价格竞争优势，就是在同样的条件下比竞争者定出更低的价格，这就要求企业采取一切努力来降低成本；二是偏好竞争优势，即能提供确定的特色来满足顾客的特定偏好，这就要求企业采取一切努力在产品特色上下功夫。因此，企业市场定位的全过程可以通过以下三大步骤来完成。

1. 识别潜在竞争优势

这一步骤的中心任务是要回答以下三个问题：一是竞争对手产品定位如何，二是目标市场上顾客欲望满足程度如何以及确实还需要什么，三是针对竞争者的市场定位和潜在顾客的真正需要的利益要求企业应该及能够做什么。

要回答这三个问题，企业市场营销人员必须通过一切调研手段，系统地设计、搜索、分析并报告有关上述问题的资料和研究结果。通过回答上述三个问题，企业就可以从中把握和确定自己的潜在竞争优势在哪里。

2. 定位核心竞争优势

竞争优势指的是企业能够胜过竞争对手的能力。这种能力既可以是现有的，也可以是潜在的。选择竞争优势，实际上就是对一个企业与竞争者各方面的实力进行比较。比较的指标应是一个完整的体系，只有这样才能准确地选择相对竞争优势。通常的方法是分析、比较企业与竞争者在经营管理、技术开发、采购、生产、市场营销、财务和产品等七个方面究竟哪些是强项，哪些是弱项。借此选出最适合企业的优势项目，以初步确定企业在目标市场上所处的位置。

3. 制定营销战略

这一步骤的主要任务是通过一系列的宣传促销活动，将企业的独特竞争优势准确传播给潜在顾客，并在顾客心目中留下深刻印象。

首先应使目标顾客了解、知道、熟悉、认同、喜欢和偏爱企业的市场定位，在顾客心目中建立与该定位相一致的企业形象。其次，企业通过各种努力强化目标顾客形象，通过稳定目标顾客的态度、加深目标顾客的感情来巩固其市场形象。最后，企业应注意目标顾客对企业市场定位理解出现的偏差或由于企业市场定位宣传上的失误而造成的目标顾客模糊、混乱和误会，及时纠正其与市场定位不一致的形象。

（三）市场定位方式

1. 避强定位

这种策略是企业避免与强有力的竞争对手发生直接竞争，而将自己的产品定位于另一市场区域内，使自己的产品在某些特征或属性方面与强势竞争对手有明显的区别。这种策略可使自己迅速在市场上站稳脚跟，并在消费者心中树立起一定形象。由于这种做法风险较小，成功率较高，常为多数企业所采用。

2. 迎头定位

这种策略是企业根据自身的实力，为占据较佳的市场位置，不惜与市场上占支配地位、实力最强或较强的竞争对手发生正面竞争，从而使自己的产品进入与竞争对手相同的市场位置。由于竞争对手强大，这一竞争过程往往相当引人注目，企业及其产品能较快地被消费者了解，达到树立市场形象的目的。这种策略可能引发激烈的市场竞争，具有较大的风险。因此，企业必须知己知彼，了解市场容量，正确判定凭自己的资源和能力是不是能比竞争者做得更好，或者能不能与竞争者平分秋色。

3. 重新定位

这种策略是企业对销路少、市场反应差的产品进行二次定位。一般来说，重新定位是企业摆脱经营困境、寻求新的活力的有效途径。此外，企业如果发现新的产品市场区域，也可以进行重新定位。

第四节　市场营销组合策略

一、产品策略

1. 产品概念

"产品概念"是企业想要注入顾客脑中的关于产品的一种主观意念，它是用消费者的语言来表达的产品构想。产品的概念有狭义和广义之分。狭义的产品是指被生产出的物品；而广义的产品泛指可以满足人们需求的载体。

社会需要是不断变化的，因此，产品的品种、规格、款式也会相应地改变。新产品的不断出现，产品质量的不断提高，产品数量的不断增加，是现代社会经济发展的显著特点。

2. 产品整体概念

产品整体概念指的是人们向市场提供的能满足消费者或用户某种需求的任何有形物品和无形服务。菲利普·科特勒等学者倾向于使用五个层次来表述产品整体概念（见图 9-7），认为五个层次的表述方式能够更深刻、更准确地表述产品整体概念的含义。产品整体概念要求营销人员在规划市场供应物时，要考虑到能提供顾客价值的五个层次。

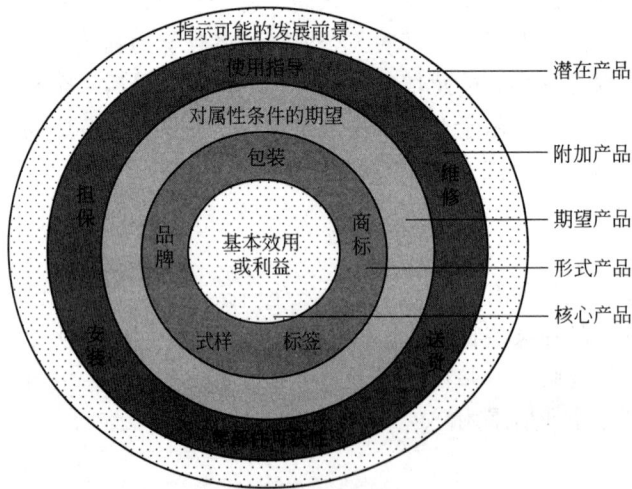

图 9-7　产品整体概念

① 核心产品。核心产品是指向顾客提供的产品的基本效用或利益。从根本上说，每一种产品实质上都是为解决问题而提供的服务。因此，营销人员向顾客销售任何产品，都必须具有反映顾客核心需求的基本效用或利益。

② 形式产品。形式产品是指核心产品借以实现的形式。有五个特征构成，即品牌、式样、标签、商标及包装。即使是纯粹的服务，也具有相类似的形式上的特点。

③ 期望产品。期望产品是指购买者在购买产品时期望得到的与产品密切相关的一整套属性和条件。

④ 附加产品。附加产品是指顾客购买形式产品和期望产品时附带获得的各种利益的总

和，包括产品使用指导、担保、安装、维修、送货、零部件可获性等。国内外很多企业的成功，在一定程度上应归功于他们更好地认识到服务在产品整体概念中所占的重要地位。

⑤ 潜在产品。潜在产品是指现有产品包括所有附加产品在内的，可能发展成为未来最终产品的潜在状态的产品。潜在产品指出了现有产品可能的演变趋势和发展前景。

二、产品生命周期

（一）产品生命周期概念

产品生命周期亦称"商品生命周期"，是指产品从投入市场到更新换代和退出市场所经历的全过程，是产品或商品在市场运动中的经济寿命，也即在市场流通过程中，由于消费者的需求变化以及影响市场的其他因素所造成的商品由盛转衰的周期。产品生命周期主要是由消费者的消费方式、消费水平、消费结构和消费心理的变化所决定的。一般分为开发期、导入（进入）期、成长期、成熟期、衰退（衰落）期五个阶段，如图 9-8 所示。

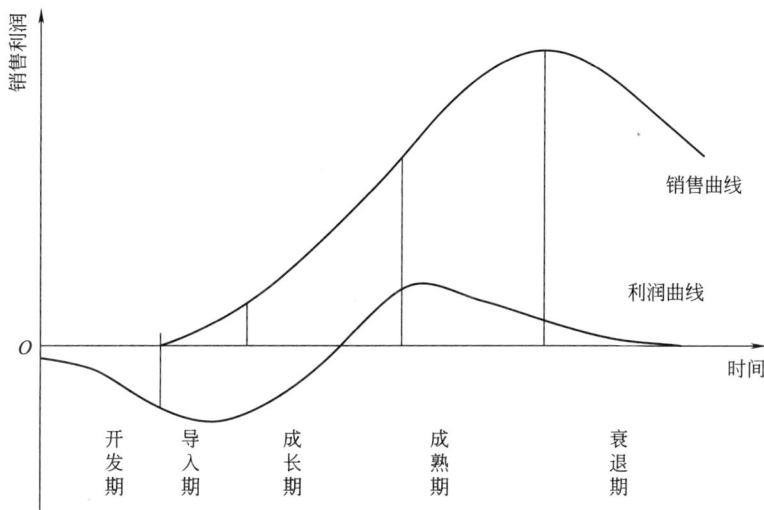

图 9-8　产品生命周期

（二）产品生命周期各阶段特点

产品生命周期（product life cycle）观念，简称 PLC，它把一个产品的销售历史比作人的生命周期，要经历出生、成长、成熟、老化、死亡等阶段。就产品而言，也就是要经历开发、导入、成长、成熟、衰退等阶段。

1. 开发期

从开发产品的设想到产品制造成功的时期。此期间该产品销售额为零，公司投资不断增加。

2. 导入期

新产品上市，销售增长缓慢。由于引进产品的费用太高，初期通常利润偏低或为负数，但此时没有或只有极少的竞争者。

3. 成长期

产品经过一段时间销售，已有相当知名度，销售快速增长，利润也显著增加。但由于市场及利润增长较快，容易吸引更多的竞争者。

4. 成熟期

此时市场成长趋势减缓或饱和，产品已被大多数潜在购买者所接受，利润在达到顶点后逐渐走下坡路。此时市场竞争激烈，公司为保持产品地位需投入大量的营销费用。

5. 衰退期

这期间产品销售量显著衰退，利润也大幅度滑落。优胜劣汰，市场竞争者也越来越多。

（三）产品生命周期各阶段营销策略

典型的产品生命周期的后四个阶段呈现出不同的市场特征，企业的营销策略也就以各阶段的特征为基点来制定和实施。

1. 导入期的营销策略

导入期的特征是产品销量少，促销费用高，制造成本高，销售利润很低，甚至为负值。根据这一阶段的特点，企业应努力做到：投入市场的产品要有针对性；进入市场的时机要合适；设法把销售力量直接投向最有可能的购买者，使市场尽快接受该产品，以缩短导入期，更快地进入成长期。

在产品的导入期，一般可以由产品、分销、价格、促销四个基本要素组合成各种不同的市场营销策略。仅将价格高低与促销费用高低结合起来考虑，就有下面四种策略：

① 快速撇脂策略。即以高价格、高促销费用推出新产品。实行快速撇脂策略可在每单位销售额中获取最大利润，尽快收回投资；高促销费用能够快速建立知名度，占领市场。实施这一策略须具备以下条件：产品有较大的需求潜力；目标顾客求新心理强，急于购买新产品；企业面临潜在竞争者的威胁，需要及早树立品牌形象。一般而言，在产品导入阶段，只要新产品比替代的产品有明显的优势，市场对其价格就不会那么计较。

② 缓慢撇脂策略。以高价格、低促销费用推出新产品，目的是以尽可能低的费用开支求得更多的利润。实施这一策略的条件是：市场规模较小；产品已有一定的知名度；目标顾客愿意支付高价；潜在竞争的威胁不大。

③ 快速渗透策略。以低价格、高促销费用推出新产品。目的在于先发制人，以最快的速度打入市场，取得尽可能大的市场占有率。然后再随着销量和产量的扩大，使单位成本降低，取得规模效益。实施这一策略的条件是：该产品市场容量相当大；潜在消费者对产品不了解，且对价格十分敏感；潜在竞争较为激烈；产品的单位制造成本可随生产规模和销售量的扩大迅速降低。

④ 缓慢渗透策略。以低价格、低促销费用推出新产品。低价可扩大销售，低促销费用可降低营销成本，增加利润。这种策略的适用条件是：市场容量很大；市场上该产品的知名度较高；市场对价格十分敏感；存在某些潜在的竞争者，但威胁不大。

2. 成长期市场营销策略

新产品经过市场引入期以后，消费者对该产品已经熟悉，消费习惯也已形成，销售量迅速增长，这时新产品就进入了成长期。进入成长期以后，老顾客重复购买，并且带来了新的顾客，销售量激增，企业利润迅速增长。随着销售量的增大，企业生产规模也逐步扩大，产品成本逐步降低，新的竞争者会投入竞争。随着竞争的加剧，新的产品特性开始出现，产品市场开始细分，分销渠道增加。企业为维持市场的继续成长，需要保持或稍微增加促销费用，但由于销量增加，平均促销费用有所下降。针对成长期的特点，企业为维持其市场增长率，延长获取最大利润的时间，可以采取下面几种策略。

① 改善产品品质。如增加新的功能，改变产品款式，开发新的型号，拓展新的用途等，这是重要策略之一。对产品进行改进，可以提高产品的竞争能力，满足顾客更广泛的需求，吸引更多的顾客。

② 寻找新的细分市场。通过市场细分，找到新的尚未满足的细分市场，根据其需要组织生产，迅速使产品进入这一新的市场。

③ 改变广告宣传的重点。把广告宣传的重心从介绍产品转到建立产品形象上来，树立产品名牌，维系老顾客，吸引新顾客。

④ 适时降价。在适当的时机，可以采取降价策略，以激发那些对价格比较敏感的消费者产生购买动机，采取购买行动。

3. 成熟期市场营销策略

进入成熟期以后，产品的销售量增长缓慢，逐步达到最高峰，然后缓慢下降；产品的销售利润也从成长期的最高点开始下降；市场竞争非常激烈，各种品牌、各种款式的同类产品不断出现。对成熟期的产品，宜采取主动出击的策略，使成熟期延长，或使产品生命周期出现再循环。为此，可以采取以下三种策略。

① 市场调整。这种策略不是调整产品本身，而是发现产品的新用途，寻求新的用户，或改变推销方式等，以使产品销售量得以扩大。

② 产品调整。这种策略是通过产品自身的调整来满足顾客的不同需要，吸引有不同需求的顾客。整体产品概念的任何一层次的调整都可视为产品再推出。

③ 市场营销组合调整。即通过对产品、定价、渠道、促销四个市场营销组合因素加以综合调整，刺激销售量的回升。常用的方法包括降价、提高促销水平、扩展分销渠道和提高服务质量等。

4. 衰退期市场营销策略

衰退期的主要特点是：产品销售量急剧下降；企业从这种产品中获得的利润很低，甚至为零；大量的竞争者退出市场；消费者的消费习惯已发生改变等。面对处于衰退期的产品，企业需要进行认真的研究分析，决定采取什么策略，在什么时间退出市场。通常有以下几种策略可供选择。

① 继续策略。继续沿用过去的策略，仍按照原来的细分市场，使用相同的分销渠道、定价及促销方式，直到这种产品完全退出市场为止。

② 集中策略。把企业能力和资源集中在最有利的细分市场和分销渠道上，从中获取利润。这样有利于缩短产品退出市场的时间，同时又能为企业创造更多的利润。

③ 收缩策略。抛弃无希望的顾客群体，大幅度降低促销水平，尽量减少促销费用，以增加利润。这样可能导致产品在市场上的衰退加速，但也能从忠实于这种产品的顾客那里得到利润。

④ 放弃策略。对于衰退比较迅速的产品，应该当机立断，放弃经营。可以采取完全放弃的形式，如把产品完全转移出去或立即停止生产；也可采取逐步放弃的方式，使其所占用的资源逐步转向其他的产品。

三、产品组合及其策略

（一）产品组合及相关概念

产品组合是指一个企业提供给市场的全部产品线和产品项目。

产品线是指相互关联或相似的一组产品，一个产品线内往往包括多个产品项目。产品项目是指产品线内所罗列的每一项产品。

（二）产品组合的宽度、深度和关联性

产品组合包括四个因素：产品组合的宽度、长度、深度和关联性。这四个因素的不同，构成了不同的产品组合。

1. 产品组合宽度

产品组合宽度指企业的产品线总数。产品线也称产品大类、产品系列，是指一组密切相关的产品项目。这里的密切相关可以是使用相同的生产技术、产品有类似的功能、同类的顾客群或同属于一个价格幅度。例如，对于一个家电生产企业来说，可以有电视机生产线、电冰箱生产线。产品组合的宽度说明了企业的经营范围大小、跨行业经营，甚至多元化经营程度。增加产品组合的宽度，可以充分发挥企业的特长，使企业的资源得到充分利用，提高经营效益。此外，多元化经营还可以降低风险。

2. 产品组合长度

产品组合长度指一个企业的产品项目总数。产品项目指列入企业产品线中具有不同规格、型号、式样或价格的最基本产品单位。通常，每一产品线中包括多个产品项目，企业各产品线的产品项目总数就是企业产品组合长度。

3. 产品组合深度

产品组合深度指产品线中每一产品有多少品种。如，M 牙膏产品线下的产品项目有三种，a 牙膏是其中一种，而 a 牙膏有三种规格和两种配方，则 a 牙膏的产品组合深度是 6。产品组合的长度和深度反映了企业满足各个不同细分子市场的程度。增加产品项目，增加产品的规格、型号、式样、花色，可以迎合不同细分市场消费者的不同需要和爱好，吸引更多顾客。

4. 产品组合关联性

产品组合关联性指一个企业的各产品线在最终用途、生产条件、分销渠道等方面的相关联程度。较高的产品的关联性能带来企业的规模效益和企业的范围效益，提高企业在某一地区、某一行业的声誉。

（三）产品组合策略

根据以上产品线分析，针对市场的变化，调整现有产品结构，从而寻求和保持产品结构最优化，这就是产品组合策略，其中包括如下策略。

① 产品线扩散策略。包括向下扩散策略、向上扩散策略、双向扩散策略和产品线填补策略。

② 产品线削减策略。

③ 产品线现代化策略。在迅速变化的高技术时代，产品现代化是必不可少的。

四、品牌策略

（一）品牌含义

品牌是人们对一个企业及其产品、售后服务、文化价值的一种评价和认知，是一种信

任。品牌是一种商品综合品质的体现和代表，当人们想到某一品牌时，总会和文化、价值联想到一起。当品牌文化被市场认可并接受后，品牌才产生其市场价值。

品牌是制造商或经销商加在商品上的标志。它由名称、名词、符号、象征、设计或它们的组合构成。品牌一般包括两个部分：品牌名称和品牌标志。

（二）品牌特征

1. 品牌是专有的

品牌是用以识别生产者或销售者的产品或服务的。品牌拥有者经过法律程序的认定，享有品牌的专有权，专有权要求其他企业或个人不能仿冒和伪造。这一点也是指品牌的排他性。

2. 品牌是企业的无形资源

由于品牌拥有者可以凭借品牌的优势不断获取利益，所以我们可以从中看到品牌的价值。这种价值我们并不能像物质资产那样用实物的形式表述，但它能使企业的无形资产迅速增大，并且可以作为商品在市场上进行交易。

3. 品牌转化具有一定的风险及不确定性

品牌创立后，在其成长过程中，由于市场的不断变化，需求的不断提高，企业的品牌资本可能壮大，也可能缩小，甚至有可能在竞争中退出市场。品牌的成长由此存在一定风险，对其评估也存在难度，对于品牌的风险，有时由于企业的产品质量出现意外，有时由于服务不过关，有时由于品牌资本盲目扩张，运作不佳，这些都会给企业品牌的维护带来难度，导致对企业品牌效益的评估也出现不确定性。

4. 品牌的表象性

品牌是企业的无形资产，不具有独立的实体，不占有空间，但它最原始的目的就是让人们通过一个比较容易记忆的形式来记住某一产品或企业，因此，品牌必须有物质载体，需要通过一系列的物质载体来表现自己，使品牌有形化。品牌的直接载体主要是文字、图案和符号，间接载体主要有产品质量、产品服务、知名度、美誉度、市场占有率。没有物质载体，品牌就无法表现出来，更不可能达到品牌的整体传播效果。优秀的品牌在载体方面表现较为突出，如"可口可乐"的文字，使人们联想到其饮料的饮后效果，其红色图案及相应包装都能产生独特的效果，再如"麦当劳"的黄色双拱形"M"会给人们独占的视觉效果。

5. 品牌的扩张性

品牌具有识别功能，代表一种产品、一个企业，企业可以利用这一点展示品牌对市场的开拓能力，还可以帮助企业利用品牌资本进行扩张。

（三）品牌作用

1. 品牌是产品或企业核心价值的体现

企业不仅要将商品销售给目标消费者或用户，而且要使消费者或用户通过使用对商品产生好感，从而重复购买，不断宣传，形成品牌忠诚，这就是企业核心价值在品牌上的体现。

2. 品牌是识别商品的分辨器

品牌的建立是由于竞争的需要，是用来识别某个销售者的产品或服务的。品牌设计应具有独特性，有鲜明的个性特征，品牌的图案、文字等与竞争对手的区别，代表该企业的特点。同时，互不相同的品牌各自代表着不同形式、不同质量、不同服务的产品，可为用户购买、使用提供借鉴。通过品牌，人们可以认知产品，并依据品牌选择购买。每种品牌代表了不同的产品特性、不同的文化背景、不同的设计理念、不同的心理目标，用户便可根据自身的需要进行选择。

3. 品牌是质量和信誉的保证

树品牌、创名牌是企业在市场竞争的条件下逐渐形成的共识，人们希望通过品牌对产品、企业加以区分，通过品牌形成品牌追随，通过品牌扩展市场。品牌的创立，名牌的形成，正好能帮助企业实现上述目的，使品牌成为企业的有力的竞争武器。品牌，特别是名牌的出现，使用户形成了一定程度的忠诚度、信任度、追随度，由此使企业在与对手竞争中拥有了后盾基础。品牌还可以利用其市场扩展的能力，带动企业进入新市场，带动新产品打入市场；品牌可以利用品牌资本运营的能力，通过一定的形式（如特许经营、合同管理等）进行企业的扩张。

4. 品牌是企业的"摇钱树"

品牌以质量取胜，品牌常附有文化、情感内涵，所以品牌给产品增加了附加值。同时，品牌有一定的信任度、追随度，企业可以为品牌制定相对较高的价格，获得较高的利润。

5. 品牌可以驱动生意

实践证明，产品价值与品牌价值关系密切。品牌价值越高，带给产品价值的影响越大。

6. 品牌可以区分对手

制造商利用品牌将自己的产品与竞争对手的产品进行区别，早期的企业对品牌的认识就是这么简单，所以许多品牌的名字直接采用企业创办者的姓氏或名字，以便客户识别。但一个品牌要在竞争对手林立的市场中脱颖而出，还需要通过产品提供给消费者特殊的利益，满足消费者的实际需求，才能获得成功。

五、包装策略

（一）包装含义

狭义的包装指的是为在流通过程中保护产品、方便储运、促进销售而按一定的技术方法所用的容器、材料和辅助物等的总体名称；也指为达到上述目的在采用容器、材料和辅助物的过程中施加一定技术方法等的操作活动。承装没有进入流通领域物品的用品不能称为包装，只能称为"包裹""箱子""盒子""容器"等。

从广义来说，一切进入流通领域的拥有商业价值的事物的外部形式都是包装。

（二）包装功能

① 实现商品价值和使用价值，并且是增加商品价值的一种手段。

② 保护商品，免受日晒、雨淋、灰尘污染等自然因素的侵袭，防止挥发、渗漏、溶化、污染、碰撞、挤压、散失以及盗窃等损失。

③ 给流通环节贮、运、调、销带来方便，如装卸、盘点、码垛、发货、收货、转运、销售计数等。

④ 美化商品、吸引顾客，有利于促销。

六、价格策略

（一）价格策略含义

价格策略是指企业通过对顾客需求的估量和成本分析，选择一种能吸引顾客、实现市场营销组合的策略。价格策略的确定，一定要以科学规律的研究为依据，以实践经验判断为手段，在维护生产者和消费者双方经济利益的前提下，以消费者可以接受的水平为基准，根据市场变化情况灵活掌握。

（二）定价方法

定价方法，是企业在特定的定价目标指导下，依据对成本、需求及竞争等状况的研究，运用价格决策理论，对产品价格进行计算的具体方法。定价方法主要包括成本导向、竞争导向和顾客导向三种类型。

1. 成本导向定价法

这是以产品单位成本为基本依据，再加上预期利润来确定价格的定价法，是中外企业最常用、最基本的定价方法。成本导向定价法又衍生出了总成本加成定价法、目标收益定价法、边际成本定价法、盈亏平衡定价法等几种具体的定价方法。

2. 竞争导向定价法

在竞争十分激烈的市场上，企业通过研究竞争对手的生产条件、服务状况、价格水平等因素，依据自身的竞争实力，参考成本和供求状况来确定商品价格。这种定价方法就是通常所说的竞争导向定价法。竞争导向定价主要包括：①随行就市定价法；②产品差别定价法；③密封投标定价法。

3. 顾客导向定价法

现代市场营销观念要求企业的一切生产经营必须以消费者需求为中心，并在产品、价格、分销和促销等方面予以充分体现。根据市场需求状况和消费者对产品的感觉差异来确定价格的方法叫作顾客导向定价法，又称为"市场导向定价法""需求导向定价法"。需求导向定价法主要包括理解价值定价法、需求差异定价法和逆向定价法。

七、产品渠道策略

（一）产品分销渠道含义

分销渠道是指某种货物和劳务从生产者向消费者移动时取得这种货物和劳务的所有权或帮助转移其所有权的所有企业和个人。它主要包括商人中间商、代理中间商以及处于渠道起点和终点的生产者与消费者。在商品经济条件下，产品必须通过交换，发生价值形式的运动，使产品从一个所有者转移到另一个所有者，直至消费者手中，这称为商流。同时，伴随着商流，还有产品实体的空间移动，称为物流。商流与物流相结合，使产品从生产者手中到达消费者手中，便是分销渠道或分配途径。

（二）产品分销渠道系统

20世纪80年代以来，分销渠道系统突破了由生产者、批发商、零售商和消费者组成的传统模式和类型，发展出了垂直渠道系统、水平渠道系统、多渠道营销系统等多种产品分销渠道系统。

1. 垂直渠道系统

这是由生产企业、批发商和零售商组成的统一系统。垂直分销渠道的特点是专业化管理、集中计划，销售系统中的各成员为共同的利益目标，都采用不同程度的一体化经营或联合经营。它主要有以下三种形式：公司式垂直系统、管理式垂直系统、契约式垂直系统。

2. 水平渠道系统

水平渠道系统指由两家以上的公司联合起来组成的渠道系统。它们可实行暂时或永久的合作。这种系统可发挥群体作用，共担风险，获取最佳效益。

3. 多渠道营销系统

多渠道营销系统指对同一市场或不同的细分市场采用多条渠道的营销系统。这种系统一般分为两种形式：一种是生产企业通过多种渠道销售同一商标的产品，这种形式易引起不同渠道间激烈的竞争；另一种是生产企业通过多渠道销售不同商标的产品。

八、企业促销策略

（一）促销含义

促销就是营销者向消费者传递有关本企业及产品的各种信息，说服或吸引消费者购买其产品，以达到扩大销售量的目的。

（二）促销作用

① 传递产品销售信息。在产品正式进入市场以前，企业必须及时向中间商和消费者传递有关的产品销售情报。通过信息的传递，使社会各方了解产品销售的情况，建立起企业的良好声誉，引起他们的注意和好感，从而为企业产品销售的成功创造前提条件。

② 创造需求，扩大销售。企业只有针对消费者的心理动机，通过采取灵活有效的促销活动，诱导或激发消费者某一方面的需求，才能扩大产品的销售力。并且，通过企业的促销活动来创造需求，发现新的销售市场，从而使市场需求朝着有利于企业销售的方向发展。

③ 突出产品特色，增强市场竞争力。企业通过促销活动，宣传本企业的产品与竞争对手产品的不同特点，以及给消费者带来的特殊利益，使消费者充分了解本企业产品的特色，引起他们的注意和欲望，进而扩大产品的销售，提高企业的市场竞争能力。

④ 反馈信息，提高经济效益。通过有效的促销活动，使更多的消费者或用户了解、熟悉和信任本企业的产品，并通过消费者对促销活动的反馈，及时调整促销决策，使企业生产经营的产品适销对路，扩大企业的市场份额，巩固企业的市场地位，从而提高企业营销的经济效益。

（三）各种促销方式的特点

促销实质上是一种沟通活动，即营销者（信息提供者或发送者）发出作为刺激消费的各种信息，把信息传递到一个或更多的目标对象（即信息接收者，如听众、观众、读者、消费者或用户等），以影响其态度和行为。常用的促销手段有广告、销售促进、公关宣传、和直接营销。

1. 广告的特点

① 公开展示性。广告是一种高度公开的信息沟通方式，许多人都能得到相同的信息，所以购买者知道他们购买这一产品的动机是众所周知的。

② 普及性。广告突出"广而告之"的特点，也就是普及化、大众化，销售者可以多次反复向目标受众传达这一信息，购买者可以接受和比较同类信息。

③ 艺术的表现力。广告可以借用各种形式、手段与技巧，将一个公司及其产品戏剧化地表现出来，增大其吸引力与说服力。

④ 非人格化。广告是非人格化的沟通方式，它不能使目标受众直接完成行为反应。因

为这种沟通是单向的，受众无义务去做出反应。

2. 销售促进的特点

① 迅速的吸引作用。销售促进可以迅速地引起消费者注意，吸引消费者购买。

② 强烈的刺激作用。通过采用让步、诱导和赠送的办法带给消费者某些利益。

③ 明显的邀请性。销售促进以一系列更具有短期诱导性的手段，显示出邀请顾客前来与之交易的倾向。

3. 公关宣传的特点

① 高度可信性。新闻故事和特写比起广告来，其可信性要高得多。

② 消除防卫。购买者对营销人员和广告或许会产生回避心理，而公关宣传是以一种隐避、含蓄、不直接触及商业利益的方式进行信息沟通，从而可以消除购买者的回避、防卫心理。

③ 新闻价值。公关宣传具有新闻价值，可以引起社会的良好反应，甚至产生社会轰动效果，从而有利于提高公司的知名度，促进消费者产生有利于企业的购买行为。

4. 直接营销的特点

① 特定性。信息发送到特定的人而非公众。

② 及时。信息发送到受众时极为迅速。

③ 交互性。信息交流是双向的，信息内容可根据受众反应而改变。

案例分析

日本女性专用车厢——日本铁路按性别细分客运市场

在市场经济高度发达的日本，一切都是以利润为目标。在日本，女性已成为消费市场上的"主力军"。理由很简单，男人从早到晚超负荷工作，很少有花钱的机会。与此形成鲜明对照的是，日本职业女性越来越多，那些家庭主妇无须再为孩子操心，她们既有钱又有消闲的能力。聪明的商家看准这一点，纷纷为妇女提供专门服务，如饭店女士楼层、女士卡拉OK房、女士饭馆、女士酒吧、女士专线旅游等，一时间在日本大街小巷冒了出来。别的商家尚且如此，经营长途列车的铁路公司更不会眼睁睁地坐视金钱随着女性乘客的减少而流失。

日本男人傍晚下班后总喜欢在酒屋、小饭馆喝点酒，既联络感情，又放松紧绷一天的神经。因此，夜行列车上经常可以看见一些带着几分酒气和醉意的男性乘客。原来乘坐"白鹤"号列车的女性乘客，最感到紧张不安的就是身边这些衣冠不整、酒气熏天的异性。为躲避这些男性乘客，部分女性乘客只好放弃乘坐铁路公司的列车。

为满足女性乘客乘车安全性的需求，现在每晚来往于本州青森和北海道函馆的"白鹤"号超高速卧铺列车，就设有男人禁足的女性专用车厢。

自从有了女性专用车厢，女性不再视搭乘夜行长途列车为畏途。一名妇女说："晚上这段时间内，几乎每节车厢上都可见到醉酒的男人。但在专供女性乘坐的车厢内，我们能够放松，闲聊些服装、孩子教育方面的事。"如今，10列往返于青森和函馆间的列车都挂有这样的女性专用车厢。

特设女性专用车厢，与其说是为女性乘客提供乘坐列车的安全环境所采取的权宜之计，倒不如说是一种为吸引更多妇女乘坐列车的市场行为，挽回了因性骚扰一度使铁路公司流失掉的不少女性客源的劣势。

运输企业在细分市场时，很少考虑旅客性别这一因素。在本案例中，日本铁路根据其客流现状，通过性别细分市场，为铁路公司吸引了大量潜在的女性顾客，从而达到赢利的目的。这种市场细分的方法为我国铁路旅客运输提供了参考和启示。

讨论：

（1）案例中的高速列车为什么要按照旅客的性别细分市场？

（2）这种细分市场的方法对我国铁路旅客运输有哪些启示？

复习思考题

1. 市场的含义及其构成要素是什么？
2. 市场营销观念有几种？各有什么特点？
3. 市场营销调查的作用是什么？
4. 市场营销调查有哪几种类型？
5. 市场营销调查的方法有哪些？
6. 市场细分的作用是什么？
7. 有效市场细分的条件是什么？
8. 企业目标市场选择形式有哪些？
9. 企业目标市场战略有哪些？
10. 品牌有什么作用？

第十章

铁路运输企业管理创新

学习目标

（1）明确管理创新的内涵、特点和类型。

（2）掌握管理创新的内容、方法和策略，明确企业管理创新过程的内容。

（3）了解铁路运输企业管理创新发展趋势。

案例导入

创新引领中国高铁由追赶者变为领跑者

2004年，我国通过引进技术、联合开发生产"和谐号"。到2017年，我国重磅推出具有完全自主知识产权的"复兴号"动车组。通过创新引领，中国高铁迅速由追赶者变为领跑者，创造出令世人瞩目的奇迹。

一、起步伊始，创新就是核心追求

2004年，我国确立"引进、消化、吸收、再创新"的高铁发展战略。"虽以引进起步，核心却在创新。"中车长客总工程师刘长青说，"从干高铁那天起，'形成自己的创新能力'就成为每个高铁研发制造者的自觉追求。"

在激烈的国际竞争中，关键技术其实是市场换不来、花钱买不到的。比如，被誉为列车"大脑"的网络控制系统，是高速动车组最重要的核心技术，可外方只提供编好的网络控制程序，却不透露程序到底怎么编出来的。

面对技术壁垒，中车长客副总工程师常振臣率队反复研究整车控制逻辑关系，夜以继日地编写程序，一遍遍通过试验加以验证，终于成功破解了这个神秘"黑匣子"，并后来者居上，一举登上该领域世界制高点，为中国高铁安上了比外方设计更加聪慧的"中国脑"。

转向架制造，也是高速动车组核心技术之一。中车长客试制时速250 km动车组初期，转向架横梁与侧梁连接处的环口焊接因接头过多，难以保证焊接质量。一线焊工李万君潜心研究，自创"环口焊接七步操作法"，一举解决了该项难题，令外国专家都惊叹不已。

"从专家到工人，人人争当创新主角。"高铁工作者们汇聚形成强大的创新驱动力，使我国只用短短几年时间就掌握了高速动车组的9大核心技术、10大配套技术。

二、正向设计，在创新中不断超越

与国外铁路环境不同，我国幅员辽阔，铁路线长，东西南北地质条件各异，气候反差大，根据国情进行正向设计是中国高铁实现创新超越的重要一步。

以高铁车门为例，CRH5型车投运初期，偶尔会发生个别车门关不上的现象。对此，外方设计人员"丈二和尚，摸不着头脑"。中车长客门系统专家石海明带队吃住在车上，"分门把守"，监控数月，方解谜团——原来，因我国部分城市早晚温差过大，车内空调遇较大温差时出风量大，导致车内气压比车外高出150 Pa左右，车门无法执行关门命令。基于此，我方创新设计，为高铁塞拉门赋予了更高技术含量。

我国东北，冬季温度接近-40 ℃，积雪最深可达数十厘米。在如此高寒条件下实现时速300 km商业运营，全球皆无先例。"如果雪被吸进设备仓，易造成电器短路；如果雪积到转向架上，就会影响制动性能……"刘长青告诉记者。为此，他们每晚都要钻到车下研究雪的流向、冰的危害。经过3年鏖战，先后掌握了冷凝水凝结、抗冰雪等6大关键技术，终于首开先河，研发出世界上唯一可在-40~40 ℃环境中运行的CRH380BG型高寒动车组。

履职于兰新高铁的CRH5G动车组也是根据国情路况正向设计的典范之一。该车能应对沿线流沙、狂风等种种极端环境，使中国高铁从容穿越被公认为"高铁禁区"的沙漠戈壁。

三、集成创新，缔造"中国标准"

2017年6月26日，中国高铁迎来又一座重要里程碑：随着时速350 km"复兴号"在京沪线双向首发，中国标准动车时代正式开启。

"在由中国铁总牵头组织研制的'复兴号'上，中国标准占到车辆254项重要标准的84%。而且，这些功能标准要高于欧洲标准和日本标准，极大地增强了我国高铁的国际话语权和核心竞争力。"中车长客标动研发团队设计经理邓海说。

中国标准动车组拥有完全自主知识产权，其总体技术水平跻身世界先进行列，部分技术甚至达到世界领先水平，意味着中国高铁已实现从"中国制造"到"中国创造"的跨越。

较之"和谐号"，"复兴号"车体更高大宽敞，但因大量优化设计，列车运行阻力反而下降7.5%~12.3%。高速运行时，人均百公里能耗可下降17%左右。同时，"复兴号"寿命更长、安全性更高，全车部署有2 500余项监测点。当列车出现异常时，可自动报警或预警，并自动采取限速或停车措施。此外，车头处还增设有碰撞吸能装置。

回顾历史，中华人民共和国成立初期，我国连自己的机车都没有；放眼神州，如今我国高铁运营里程已超过全球高铁总里程的三分之二。一列列高铁纵横奔驰，宛若龙腾盛世——因为坚持勤力创新，我国迅速成为世界上高速铁路发展最快、系统技术最全、集成能力最强、运营里程最长、商业运营速度最高、产品性价比最优的国家。

立足于"复兴号"中国标准动车组平台，我国高铁工作者目前正持续开展科技创新，研制时速250 km等级中国标动、时速400 km的"一带一路"跨国互联互通高速列车等不同速度等级、适应不同环境需求的系列自主产品，以更好地满足市场需求，不断改善出行品质。

思考：

（1）中国高铁如何从追赶者变为领跑者？

（2）中国高铁的快速发展对你有何启示？

第一节　管理创新概述

创新是企业进步的原动力。知识经济时代的企业管理者，必须把握管理创新的发展趋势，应在充分理解现代企业管理创新内涵的基础上，认真分析激发组织创新力的影响因素和基本特点，探索实现现代企业管理创新的基本途径，并不断进行创新实践，以增强企业核心竞争力，使企业获得跨越式发展，使企业实现良性、有序成长。

一、创新的概念与特点

（一）创新的概念

"创新"（innovation）这一概念，是由美国经济学家约瑟夫·熊彼特在1912年提出的。熊彼特认为创新是促进社会生产发展的最主要动力，指的是把一种从未有过的关于生产要素和生产条件的新组合引入生产体系，建立新的生产函数，其目的是获取潜在利润，并列举了创新的五种存在形式：引入一种新产品；采用新技术和新生产方法；开辟新的市场；获得原材料或半成品的新来源；实行新的企业组织形式。熊彼特的创新概念涉及的范围很广，既包括技术性变化的创新，又包括非技术性变化的组织创新。

（二）创新的特点

1. 创造性

创造性是创新的最基本特征，它是指创造出新的资源（如新材料）以及对生产要素的重新组合。其重点在于突破原有的思维定式和框架，创造具有新属性的、增值的东西。

2. 累积性

创新是一项长期的、持续的、动态的工作过程。每一轮新的创新都是以原先的创新成果为基础的，新一轮的创新并不是全盘否定原有的产品和生产要素组合，而是在已有知识积累到一定程度时对旧的产品和工艺的一种扬弃和突破。在企业管理创新中，大量成功的创新往往是渐进的，是通过点滴累积而得到的，但不一定是新的飞跃。

3. 效益性

效益性是企业进行创新活动的根本动力所在。任何层次及规模的创新活动，都需要一定数量的资源投入，这是实现预期创新目标的物资保证。伴随着这种投入，每一次成功的创新又总会获得比投入高得多的新增财富，这正是企业进行管理创新活动的根本动力所在。

4. 艰巨性

管理创新因其综合性、前瞻性和深层性而颇为艰巨。人们的观念、知识、经验以及组织目标、组织结构、组织制度，关系到人们的意识、权力、地位、管理方式和资源的重新配置，这必然会牵涉到各个层面的利益，使得管理创新在设计与实施中遇到诸多阻碍。

5. 风险性

创新的过程是一个充满不确定性的过程，主要表现在技术不确定和市场不确定两个方面。并不是所有的创新活动都必然会为企业带来增量收益，创新活动是一项风险系数很高的创造性活动，在这一过程中，有些因素是可控的，但也有一些因素是不可控的，是事先难以估计或把握的。即使在发达的工业化国家，也有将近90%的技术创新项目在进入市场实现商业化之前宣布失败。市场上的潜在需求信息是不完全的，这使得准确判断需求趋势变得更为困难，尤其是技术推动型产品，市场需求呈朦胧且多样化状态，给技术创新的预测和抉择带来了一定的风险。

二、企业的管理创新

（一）管理创新的概念

管理创新是指创造一种新的更有效的资源整合方式，这种方式既可以是新的有效整合资源以达到组织目标和责任的全过程管理，也可以是新的具体资源整合及目标制定等方面的细节管理。这个概念至少包括下列五种情况。

① 提出一种新发展思路并加以有效实施。新发展思路如果是可行的，这便是管理方面的一种创新。但这种新发展思路并非针对一个组织而言是新的，而应对所有的组织来说都是新的。

② 创设一个新的组织机构并使之有效运转。组织机构是组织内管理活动及其他活动有序化的支撑体系。新组织诞生后，如果不能有效运转，则只能是空想，而不是实实在在的创新。

③ 提出一个新的管理方式方法。一个新的管理方式方法，能提高生产效率，或能协调人际关系，或能更好地激励组织成员，等等，这些都将有助于组织资源的有效整合，以达到组织既定目标和责任。

④ 设计一种新的管理模式。所谓管理模式，是指组织综合性的管理模式，是指组织总体资源有效配置实施的方式。这么一个方式，如果对所有组织的综合管理而言都是新的，则自然是一种创新。

⑤ 进行一种制度的创新。管理制度是对组织资源整合行为的规范，既是对组织行为的规范，也是对员工行为的规范。制度的变革会给组织行为带来变化，进而有助于资源的有效整合，使组织更上一层楼。因此，制度创新也是管理创新之一。

（二）企业管理创新的必要性

1. 知识经济和现代科学技术的要求

目前，我国正由工业经济向知识经济转变。因此，对于知识型企业来说，必须以知识型人才为基础，以科技为支撑点，以创新为基础内容，把企业建成一个信息密集、人才密集和知识密集的综合体。

2. 深化企业改革的要求

企业管理要有一定的模式和方法，但不论什么模式或什么方法，根据形势的发展，都不可能是一成不变的，即所谓"管理无定式"。企业管理要合理组织生产力，同时又要不断调整生产关系。当今我国企业正处于生产力大发展、生产关系大变革的环境之中，处于由计划经济向市场经济的深刻转变之中。要提高企业经济效益，经济增长方式必须从粗放经营转到集约经营上来，即由"总量增长型"向"质量效率型"转变。

3. 消费市场提出的要求

由于知识经济和信息化的不断发展，利用新技术的速度大大加快，产品的生命周期大大缩短，加之消费者的消费水平不断提高，消费结构变化不断加快，这就要求企业不断地进行产品创新，开发出适应市场需求的新产品。

4. 市场竞争日益激烈的要求

企业为了在激烈的竞争中求生存谋发展，就要千方百计控制成本，提高质量，增加品种，扩大销售，这就要求企业创建新的组织结构，运用新的服务和销售模式，采取新的管理策略和程序，使管理组织能够灵活应变。"以产定销"的计划经济时代已经成为过去，信息化为经济市场化、国际化提供了生产力基础，企业的生存必将是全球范围内的生存。电子数据交换系统（EDI），使企业在产品生产和供应方面的地理概念与时间概念大大淡化，资金流通与商品流通日趋市场化、全球化。这些变化既给企业带来了机遇和挑战，又给企业带来了更高的要求与残酷的竞争。

（三）企业管理创新的意义

1. 管理创新是企业的立身之本

市场经济的发展一日千里，企业在市场经济的大潮中如逆水行舟，不进则退。企业在竞争中要想占据优势地位，出路只有一条，那就是贯彻落实科学发展观，提升管理水平，实现管理创新。企业必须尽快创新自身的管理体制，适应现代企业管理制度的要求，才能在竞争中站稳脚跟，在竞争中求得发展。创新是一种理念，更是企业生存发展的内在要求。只有通过管理创新才能使企业的管理体制和运行机制更加规范合理，实现人、财、物等资源的有效配置。

2. 管理创新是推进科技进步和创新的重要环节

企业是科技成果转化为现实生产力的中介环节，推进企业管理创新，对于推进科技进步和创新、不断提高我国生产力发展水平具有重要意义。随着改革开放的深入和社会主义市场经济的不断发展，我国科技事业取得长足进步，随着国外先进企业管理理论的引入，我国企业经营管理落后的局面有了较大改观，涌现了一大批管理水平较高、技术研发能力较强、拥有自主知识产权的优秀企业。但是，随着我国买方市场的形成和市场竞争的日趋激烈，一些企业为了追求短期利益，把注意力更多地放在了市场拓展上，疏于企业内部管理，影响了企业核心竞争力的提升。在新形势下，提高企业的核心竞争力，应高度重视管理在提高企业自主创新能力中的作用，只有让技术创新与管理创新协调发展，才能真正提高企业的自主创新能力。

3. 管理创新是企业制度创新和机制创新的基础

在企业的各项管理中起决定作用的是制度和机制。我国目前已按社会主义市场经济的要求对政府进行机构改革和职能转换，为企业进行管理创新提供了良好的氛围。但是，现代企业制度下的管理，要求引用先进科学的管理模式，要求企业管理实施全面整体创新。

三、企业管理创新的分类

1. 根据创新内容分类

根据创新内容的不同，管理创新可分为观念创新、手段创新和技巧创新。

① 观念创新是指形成能够比以前更好地适应环境的变化并更有效地利用资源的新概念或新构想的活动。

② 手段创新是指创建能够比以前更好地利用资源的各种组织形式和工具的活动。

③ 技巧创新是指在管理过程中为了更好地实施调整观念、修改制度、重组机构，或更好地进行制度培训和贯彻落实、员工思想教育等活动所进行的创新。

2. 根据创新程度分类

根据创新程度不同，管理创新可分为渐变性创新和创造性创新。

渐变性创新主要基于对原有事物的改进，创造性创新更多的是基于新事物的引入。例如，根据实践情况对现有的管理思想的实现方法加以改进或对运用范围加以拓展，应属于渐变性管理创新；根据环境的新变化提出新的管理思想，并在此基础上形成新的管理模式或管理方法，应属于创造性管理创新。

四、企业管理创新的压力和机遇

1. 压力

环境的迅速变化给予了企业创新的压力。人们创立企业的目的是要通过它来实现自己盈利的经济目标。在一个不变的环境里，如果企业没有任何创新，所有企业都基本相似，企业可以获得一个平均的收益，各参与方就也能够获得一个平均报酬，企业虽然不能够发展，但生存是没有问题的。

但现代社会环境变化十分迅速，一个企业如果不创新，其他创新企业就可能或者在成本上领先，或者在产品上领先。其他企业领先的结果是导致该企业或者是产品无人问津，或者是收入无法补偿成本。当投入各方无法实现自己的目的时，就不会有人继续投入资源到该企业，已经投入资源的参与者也会力图将自己的资源从该企业撤出来，那么等待该企业的命运就必然是灭亡了。

2. 机遇

迅速变化的环境也给企业来了创新的机遇。随着经济迅速发展，人们的经济收入持续提高，这使他们期望能够尝试和使用更多的产品和服务，这为创新提供了广阔的市场环境。特别是在全球化的发展过程中，即使是一些非常特殊的创新，也很容易在全球范围内发现足够数量的消费者。创新不仅需要有需求的拉动，还需要有足够的信息和知识来为创新提供原料。科学技术的快速发展和教育水平的提高，则为企业创新奠定了基础。大量高素质的人才，不仅视创新为获取利润的方式，而且也把创新视为满足个人内在需求的一种行动或者生活方式，这都为企业推动创新提供了非常有利的条件。

第二节　企业管理创新概述

一、企业管理创新的基本内容

企业是一个复杂的系统，它可以分为功能相对独立的多个子系统，子系统又可以进一步分为更小的子系统。这些子系统有机地联系在一起，在为外界提供产品和服务的过程中形成一个有活力的企业。所谓企业管理创新，既包括单独的子系统的创新、多个子系统的创新，也包括涉及所有子系统的整体创新。企业管理创新体系包括观念创新、组织创新、制度创新、技术创新、产品创新、环境创新、文化创新等。

（一）观念创新

管理观念又称为管理理念，指管理者或管理组织在一定的哲学思想支配下，由现实条件决定的经营管理的感性知识和理性知识构成的综合体。一定的管理观念必定受到一定社会的政治、经济、文化的影响，是企业战略目标的导向、价值原则，同时管理的观念又必定折射在管理的各项活动中。从20世纪80年代开始，经济发达国家的许多优秀的企业家、专家提出了许多新的管理思想和观念，如知识增值观念、知识管理观念、全球经济一体化观念、战略管理观念、持续学习观念等。近年来，我国企业的经营管理理念也发生了改变，为适应现代社会的需要，他们结合自身条件，构建自己独特的经营管理理念。

（二）组织创新

企业系统的正常运行，既要求具有符合企业及其环境特点的运行制度，又要求具有与之相适应的运行载体，即合理的组织形式。因此，企业制度创新必然要求组织形式的变革和发展。不同的企业有不同的组织形式，同一企业在不同的时期，随着经营活动的变化，也要求组织的机构和结构不断调整。组织创新的目的在于更合理地通过组织管理人员的努力，来提高管理活动的效率。

（三）制度创新

制度是企业运行的主要原则。企业制度主要包括产权制度、经营制度和管理制度三方面的内容。

① 产权制度是决定企业其他制度的根本性制度，它规定着企业最重要的生产要素的所有者对企业的权力、利益和责任。企业产权制度的创新应该朝着寻求生产资料的社会成员"个人所有"与"共同所有"的最适度组合的方向发展。

② 经营制度是有关经营权的归宿及其实施条件、范围、限制等方面的原则规定，它表明企业的经营方式。经营制度的创新方向应该是不断地寻求企业生产资料的最有效利用的方式。

③ 管理制度是行使经营权、企业日常运作的各种规则的总称。管理制度创新就是企业根据内、外环境需求的变化和自身发展壮大的需要，对企业自身运行方式、原则规定的调整和变革。

制度创新要以反映经济运行的客观规律、体现企业运作的客观要求、充分调动组织成员的劳动积极性为出发点和归宿。企业制度创新的方向是不断调整和优化企业所有者、经营者、劳动者三者之间的关系，使各个方面的权利和利益得到充分的体现，使组织的各种成员的作用得到充分发挥。

（四）技术创新

技术创新是管理创新的主要内容，因为企业中出现的大量创新活动是有关技术方面的，所以技术创新甚至被视为企业管理创新的同义词。现代企业的一个主要特点是在生产过程中广泛运用先进的科学技术，其技术水平是反映企业经营实力的一个重要标志，企业要在激烈的市场竞争中处于主动地位，就必须不断进行技术创新。由于一定的技术都是通过一定的物质载体和利用这些载体的方法来体现的，因此技术创新主要表现在要素创新、要素组合方法的创新及产品创新三个方面。

（五）产品创新

产品是企业向外界最重要的输出，也是组织对社会做出的贡献。产品创新包括产品的品种和结构的创新。

① 品种创新要求企业根据市场需求的变化，根据消费者偏好的转移，及时地调整企业的生产方向和生产结构，不断开发出用户喜欢的产品。

② 结构创新在于不改变原有产品的基本性能，对现有产品结构进行改进，使其生产成本更低，性能更完善，使用更安全，更具市场竞争力。

（六）环境创新

环境是企业经营的土壤，同时也制约着企业的经营。环境创新不是指企业为适应外界变化而调整内部结构或活动，而是指通过企业积极的创新活动去改造环境，去引导环境向有利于企业经营的方向变化。例如，通过企业的公关活动，影响社区、政府政策的制定；通过企业的技术创新，影响社会技术进步的方向等。

（七）文化创新

现代管理已发展到文化管理阶段，可以说已经到达顶峰。企业文化通过员工价值观与企业价值观的高度统一，通过企业独特的管理制度体系和行为规范的建立，使得管理效率有了较大提高。创新不仅是现代企业文化的一个重要支柱，而且还是社会文化的一个重要组成部分。如果文化创新已成为企业文化的根本特征，那么，创新价值观就能得到企业全体员工的认同，行为规范就会得以建立和完善，企业的创新动力机制就会高效运转。

二、企业管理创新的方法

（一）头脑风暴法

"头脑风暴"法的规则有以下几个：

① 不允许对别人的意见进行批评和反驳，任何人不做判断性结论；

② 鼓励每个人独立思考，广开思路，提出的改进设想越多越好，越新越好，允许相互之间的矛盾；

③ 集中注意力，针对目标，不私下交谈，不干扰别人的思维活动；

④ 可以补充和发表相同的意见，使某种意见更具说服力；

⑤ 参加会议的人员不分上下级，平等相待；

⑥ 不允许以集体意见来阻碍个人的创造性意见；

⑦ 参加会议的人数不超过 10 人，时间限制在 20 min～1 h。

这种方法的目的在于创造一种自由奔放的思考环境，诱发创造性思维的共振和连锁反应，产生更多的创造性思维。讨论 1 h 能产生数十个乃至几百个创造性设想，适用于问题较单纯、目标较明确的决策。

（二）综摄法

综摄法又称类比创新法，它以已知的东西为媒介，把毫不相关、互不相同的知识要素结合起来创造出新的设想，也就是吸取各种产品和知识精华，综合在一起创造出新产品或新知识。这样可以帮助人们发挥潜在的创造力，打开未知世界的窗口。综摄法有两个基本原则：异质同化，同质异化。

1. 异质同化

异质同化，即"变陌生为熟悉"。简单来说是指把看不习惯的事物当成早已习惯的熟悉事物。在发明没有成功前或问题没有解决前，它们对我们来说都是陌生的，异质同化就是要求我们在碰到一个完全陌生的事物或问题时，要用所具有的全部经验、知识来分析、比较，并根据分析、比较结果，做出很容易处理或很老练的态势，然后再考虑用什么方法才能达到这一目的。这实际上是综摄法的准备阶段。

2. 同质异化

同质异化，即"变熟悉为陌生"。所谓同质异化，就是指对某些早已熟悉的事物，根据人们的需要，从新的角度或运用新的知识进行观察和研究，以摆脱陈旧固定的看法的桎梏，产生出新的创造构想，即把熟悉的事物当成陌生的事物看待。这是综摄法的核心。

（三）逆向思维法

逆向思维是一种反常规、反传统的思维。顺向思维的常规性、传统性，往往导致人们形成思维定式，这是从众心理的一种反映，因而往往使人形成一种思维"框框"，阻碍着人们创造力的发挥。这时如果转换一下思路，用逆向思维法来考虑，就可能突破这些"框框"，取得出乎意料的成功。由于逆向思维法是反常规、反传统的，因而它具有与一般思维不同的特点，具体如下。

① 突破性。这种方法的成果往往冲破传统观念，常带有质变或部分质变的性质，因而往往能取得突破性的成就。

② 新奇性。由于思维的逆向性，导致思维结果必然是新奇的、新颖的。

③ 普遍性。逆向思维法适用的范围很广，几乎适用于一切领域。

（四）检核表法

检核表法几乎适用于任何类型与场合的创造活动，因此又被称作"创造方法之母"。它用一张一览表对需要解决的问题逐项进行核对，从各个角度诱发多种创造性设想，以促进创造发明、革新或解决工作中的问题。

实践证明，这是一种能够大量开发创造性设想的多渠道思考方法。包括以下一些创造技法：迁移法、引入法、改变法、添加法、替代法、缩减法、扩大法、组合法和颠倒法。它启发人们缜密地、多渠道地思考和解决问题，并广泛运用于创造、发明、革新和企业管理上。

（五）信息交合法

信息交合法通过若干类信息在一定方向上的扩展和交合，来激发创造性思维，提出创新性设想。信息是思维的原材料，大脑是信息的加工厂。通过不同信息的撞击、重组、叠加、综合、扩散、转换，可以诱发创新性设想。要正确运用信息交合法，必须注意抓好以下三个环节。

1. 搜集信息

不少企业已设立专门机构来搜集信息，而且网络化已成为当今企业搜集信息的发展趋势。如日本三菱公司，在全世界设置了115个海外办事处，约900名日本人和2 000多名当地职员从事信息搜集工作。搜集信息的重点应放在搜集新信息上，因为只有新的信息才能反映科技、经济活动中的最新动态、最新成果，这些往往与企业有着直接的利害关系。

2. 拣选信息

拣选信息包括核对信息、整理信息、积累信息等内容。

3. 运用信息

搜集、整理信息的目的都是运用信息。运用信息，一要快，快才能抓住时机；二要交汇，即这个信息与那个信息交汇、这个领域的信息与那个领域的信息交汇，把信息和所要实现目标联系起来进行思考，以创造性地实现目标。

（六）模仿创新法

人类的发明创造大多是从模仿开始的，然后再进入独创。勤于思考就能通过模仿做出创造发明。当今有许多物品模仿了生物的一些特征，以致形成了仿生学。模仿不仅被用于工程技术、艺术方面，也被应用于管理方面。

三、企业管理创新的策略

（一）根据创新程度分类

1. 首创型创新策略

首创型的创新是指观念上和结果上有根本突破的创新，通常指的是首次推出但对经济和社会发展产生重大影响的全新的产品、技术、管理方法和理论。这类创新要求全新的技术、工艺，以及全新的组织结构和管理方法，而且还常常引起产业结构发生变化，从而彻底改变组织的竞争环境和基础。

2. 改创型创新策略

改创型创新就是在借鉴别人的先进管理的基础上进行大胆创新，探索出新的管理思路、方式、方法。简单地说，就是在别人已有的先进成果上进行有创意的提高。日本是采用这种管理创新策略的典型国家。日本的企业管理水平在第二次世界大战后是很落后的，20 世纪50 年代日本派了大批人去美国学习企业管理技术，邀请许多美国的专家到日本讲学，并结合日本的传统文化和国民气质，创造出了全新的日本企业管理模式，最终使美国反过来向日本学习其某些管理方法。

3. 仿创型创新策略

仿创型创新策略是创新度最低的一种创新活动，其基本特征在于模仿性。虽然模仿不能算是创新，但是模仿是创新传播的重要方式，对于推动创新的扩散具有十分重要的意义。

（二）根据创新过程分类

1. 渐进式创新

渐进式创新是指通过不断的、渐进的、连续的小创新，最后实现管理创新的目的。这种创新策略从小的方面入手，不至于猛烈攻击既得利益者的利益，易于被这群人所接受。由于许多大创新需要有与之相关的若干小创新的辅助才能发挥作用，而且小创新的渐进积累效应常常促进创新发生连锁反应，导致大创新的出现，所以，单个小创新虽然带来的变化是小的，但它的重要性不可低估。

2. 突变式创新

突变式创新是指企业的管理首先在前次管理创新的基础上运行，经过一段时间，直到创新的条件成熟或企业运行到无法再适应新情况时，就打破现状，实现管理创新质的飞跃。它具有突变性，创新的周期相对较短，而创新的效果相对较好。这种突变式管理创新的实现通常由专业管理人员来实现。欧美的企业和政府的管理创新多采用这种策略。

四、企业管理创新的过程

企业管理面对的是不断变化的环境、时间、地点、人员和竞争对手，需要管理者具备很强的创新意识和创新能力，把握创新的基本过程，合理组织和发挥创新资源，从而推动企业稳定健康发展，以适应多变的市场。一般来说，企业管理创新过程包含四个阶段。

（一）对现状不满

管理创新的动机几乎都源于对公司现状的不满：或者公司遇到危机，或者商业环境变化以及新竞争者出现而形成战略性威胁，或者某些人对操作性问题产生抱怨。

当然，不论出于哪一种原因，管理创新都在挑战组织的某种形式，它更容易于产生于紧要关头。

（二）从其他来源寻找灵感

管理创新者的灵感可能来自其他社会体系的成功经验，也可能来自那些未经证实却非常有吸引力的新观念，有些灵感源自管理思想家和管理宗师，有些灵感来自无关的组织和社会体系，还有些灵感来自背景非凡的管理创新者，他们通常拥有丰富的工作经验。

通常，管理创新的灵感很难从一个公司的内部产生。很多公司盲目对标或观察竞争者的行为，导致整个产业的竞争高度趋同。只有通过从其他来源获得灵感，公司的管理创新者们才能够开创出真正全新的东西。

（三）创新

管理创新人员将各种不满的要素、灵感以及解决方案组合在一起，产生新的灵感。组合方式通常并非一蹴而就，而是重复的、渐进的，但多数管理创新者都能找到一个清楚的推动事件。

（四）争取内部和外部的认可

与其他创新一样，管理创新也有风险巨大、回报不确定的问题。很多人无法理解创新的潜在收益，或者担心创新失败会对公司产生负面影响，因而会竭力抵制创新。而且，在实施之前，我们很难准确判断创新的收益是否高于成本。因此对于管理创新人员来说，一个关键任务就是争取他人对创新的认可。

在管理创新的最初阶段，获得组织内部的接受比获得外部人士的支持更为关键。这个过程需要明确的拥护者。如果有一个威望高的高管参与创新的发起，就会大有裨益。另外，只有尽快取得成果才能证明创新的有效性，然而，许多管理创新往往在数年后才有结果。因此，创建一个支持同盟并将创新推广到组织中非常重要。

管理创新的另一个特征是需要获得外部认可，外部认可包括四种来源：

第一，商学院的学者，他们密切关注各类管理创新，并整理总结企业碰到的实践问题，以应用于研究或教学；

第二，咨询公司，他们通常对这些创新进行总结和存档，以便用于其他的情况和组织；

第三，媒体机构，他们热衷于向更多的人宣传创新的成功故事；

第四，行业协会。

外部认可具有双重性：一方面，它增加了其他公司复制创新成果的可能性；另一方面，它也增加了公司坚持创新的可能性。

第三节 铁路运输企业管理创新发展趋势

铁路运输企业具有机构庞大、业务环节多，各环节、部门的联动性强等特点，而且其运营过程管理复杂。因此，铁路运输企业管理创新面临许多困难，尤其是牵一发而动全身的联动性，使任何一项和铁路相关的活动（如思想意识、服务理念、行业政策、铁路技术）要进行创新，都会带来一系列的调整工作和关联问题。

但是，创新是铁路运输企业持续发展的不竭动力。创新就像一只无形的手，推动铁路运输企业不断前进。铁路运输企业必须紧紧依靠创新，不断完善自我，激发企业发展活力，才能实现建立现代物流企业的宏伟目标。

一、铁路企业管理创新的方向

1. 要围绕建立现代企业制度

在我国铁路运输系统中建立现代企业制度，既不能照搬国外的管理制度和方法，也不能沿用已有的方式，必须结合我国的国情和铁路的路情，而且管理创新应当与制度创新并举。

2. 要和企业内部改革相配套

目前，铁路企业内部改革不断深化，如财务和会计制度、人力资源的有效利用、薪资结构、社会保险制度的改革等，都需要有新的管理方式与之配套。

3. 要与技术进步相适应

目前，技术创新和管理创新在齐头并进。管理创新必须与技术创新相协调，这也是生产关系适应生产力的具体表现。

4. 要结合市场竞争的需要

市场是经营活动的起点和终点，企业适应市场是一个动态的过程，中间可能会出现不协调的东西。铁路运输企业在很长一段时间里，面对的竞争不是很充分，现在逐步走向市场，既是机会，也是挑战。

二、铁路技术创新

（一）铁路技术创新的定义

铁路技术创新是铁路运输企业研究开发并应用新技术、新工艺，采用新的生产方式和经营管理模式，提供具有市场竞争力的产品与服务的经济技术活动。铁路技术创新以运输市场需求为导向，以经济效益为中心，以运输安全为前提，以提高铁路运输综合能力为突破点，以新技术开发应用为手段，以全面提高铁路发展质量和市场能力为目标。铁路运输企业是市场竞争的主体，也是技术创新的主体。

（二）铁路技术创新的主要方法

铁路技术创新的主要方法有技术开发、技术改造和技术引进。铁路的发展是以技术装备为重要支撑和基本要素的。技术装备现代化是铁路提高综合运输能力、运输效益的重要基础，是确保运输安全、提升服务质量的关键环节，也是铁路现代化的重要标志。提高铁路运输能力，既要扩大路网规模扩张，也要提升技术装备水平。我国铁路与发达国家的差距，在很大程度上也是与技术装备的落后联系在一起的。因此，加强自主研发和技术改造工作，迅速提高铁路技术装备水平，已经成为快速扩充铁路运输能力、提高运输服务质量、适应全面建设小康社会要求的迫切需要。

（三）铁路技术创新的主要类型和表现形式

铁路技术创新的主要类型和表现形式有产品创新、服务创新和工艺创新。

1. 产品创新

产品创新指的是在产品的生产和经营过程中，对生产或经营的产品进行改进、提高或发明的创新活动。由于我国铁路运输企业特殊的产品属性，其产品创新也和别的企业有所不同。在客运方面，夕发朝至、朝发夕归、特快列车、城际列车、旅游列车等客运产品得到了新的发展；货运"五定"班列、行邮、冷藏和集装箱快运专列、大宗货物直达列车、重载列车、中欧班列等货运新产品得到进一步巩固。

２. 服务创新

它既包括新构思、新设想转变成新的或者改进的服务，又包括改变现有的组织机构，推出新的服务。目前，我国铁路运输企业的服务创新主要表现在：客运方面，提供网络异地购票和送票上门服务；货运方面，提供点对点的货物运输服务。

３. 工艺创新

工艺创新指的是研究和采用新的或有重大改进的生产方法，从而改进现有产品的生产，或提高产品的生产效率。我国铁路运输企业的工艺创新主要有大力推行机车长交路、轮乘制等。

（四）铁路运输企业技术创新的重点领域和关键技术

我国铁路运输企业技术创新的重点领域包括四个方面：列车提速、重载运输、铁路信息化和铁路行车安全控制，技术创新的关键技术主要在路轨建设、运行控制和现代通信技术方面，采用的主要创新方法是技术改造和技术引进，创新的主要表现形式有产品创新、工艺创新和服务创新，其直接表现是增加了许多新的产品类型和服务内容。我国铁路运输服务从此有了质的飞跃。

１. 列车提速

快速是衡量一个国家现代化交通水平最本质的特征。从 1997 年到 2007 年，我国铁路通过六次大面积提速调图，2007 年 4 月 18 日，全国铁路正式实施第六次大面积提速，时速达到 200 km 以上，其中京哈、京沪、京广、胶济等提速干线部分区段可达到时速 250 km。此后，高速铁路迅速发展，截至 2018 年年底，我国高速铁路运营里程达 2.9 万 km。通过提高速度，压缩列车追踪间隔，进一步增加列车密度，使路网整体能力得到扩充，带动了铁路运输整体发展。列车提速是一个系统工程，涉及工程建设、机车车辆、运行控制、运营管理、安全保障等方方面面的成套技术。

２. 重载运输

我国铁路从 20 世纪 80 年代开始发展重载运输，起步较晚，但发展迅速。自 2006 年以来，随着大秦线 2 万吨组合列车的大量开行及 23 t 轴重通用货车在全路推广使用，我国铁路的重载运输已形成两种主要模式：①在重载运煤专线大秦线及其相邻衔接线路上开行万吨单元列车和万吨、2 万吨组合列车；②在京广、京沪、京哈、陇海等既有主要繁忙干线上开行万吨级的整列式重载列车。随着我国铁路的发展，重载运输技术有待进一步提高。

中国铁路总公司把重载运输作为挖潜扩能的重大举措，在能力紧张的繁忙干线和煤运通道，对线桥隧涵、通信信号、牵引供电设备等实施“短平快”的技术改造，采用大功率机车，大幅增加重载列车开行数量。2014 年 4 月 2 日，由中国铁路总公司在大秦铁路组织实施的牵引重量 3 万吨重载列车运行试验取得了圆满成功，这是我国铁路重载运输发展的新里程碑，中国也成为世界上仅有的几个掌握 3 万吨铁路重载技术的国家之一。

３. 铁路信息化

铁路信息化是铁路现代化的重要标志，也是增强市场竞争能力的重要手段。我国铁路信息化的核心思路是把运输组织、客货营销、经营管理作为信息化的重点，带动其他方面的信息化，建设一个技术先进、功能可靠、保障有力的铁路信息系统。近些年来，我国铁路运输企业在产品及工程设计、生产过程控制、基础数据采集和经营管理等方面，普遍采用微电子和计算机技术，相继建成了运输管理信息系统、调度指挥系统、客票发售和预订系统、成本核算系统以及电子商务系统等，基本实现了铁路信息化。

4. 铁路行车安全控制技术

行车安全是铁路运输的核心。铁路运输企业已充分利用现代通信技术和计算机网络技术，将地面上分散的状态监控检测点、行车安全相关的作业和施工现场，与各级安全管理决策部门连接起来，实现通畅快捷的安全信息流动和大范围的安全信息联系，建立集监测、控制和管理决策为一体的高度信息化的安全监控网络。

案例分析

华为公司通过技术创新提升企业核心竞争力

华为公司是由员工持股的高科技民营企业，位于深圳市龙岗区布吉坂田华为基地，创办于1987年，1988年开始营业。华为公司目前是全球通信业具有领导地位的供应商之一，也是全球领先的下一代电信网络解决方案供应商，从事通信设备的研发、生产、营销和服务。

华为公司的持续快速成长与其坚持技术创新的发展战略是密不可分的。为适应技术创新的需要，华为公司采取一系列措施，主要有：

① 大量招聘名牌大学优秀大学生、硕士生、博士生；
② 重视员工的培训工作，建立了完善的员工培训体系；
③ 形成了提倡学习、鼓励创新的企业文化，学习气氛浓厚；
④ 采用有利交流、相互促进、取长补短的网络化组织结构；
⑤ 建立完整的技术创新体系。

通过坚持不懈的技术创新，华为公司拥有了自己独特的核心能力，积累了大量的自主知识产权成果及核心技术，研发并生产了大量适合市场需要、性能先进、质量稳定可靠、成本较低、价格适中的核心产品。极大提高了企业的核竞争力，赢得了竞争优势，为公司持续快速成长奠定了坚实的基础。

华为公司的成功经验有力证明，技术创新是提升企业核心竞争力、促进企业持续成长的根本途径。

思考：

（1）分析华为的企业发展战略。
（2）你认为应该怎样评价技术创新在企业发展中的作用？

复习思考题

1. 简述创新的特点及概念。
2. 简述企业管理创新的过程。
3. 简述企业管理创新的方法与战略。
4. 查询资料，了解铁路运输企业创新成果还有哪些。